中华传世藏书

《图文珍藏版》

钦定古今图书集成

精华本

第一册

［清］陈梦雷　蒋廷锡·原著

刘宇庚·主编

线装书局

图书在版编目（CIP）数据

钦定古今图书集成 : 精华本 : 全12册 / (清) 陈梦雷, (清) 蒋廷锡原著 ; 刘宇庚主编. -- 北京 : 线装书局, 2016.1（2021.6）

ISBN 978-7-5120-1960-7

Ⅰ. ①钦… Ⅱ. ①陈… ②蒋… ③刘… Ⅲ. ①百科全书—中国—清代 Ⅳ. ①Z225

中国版本图书馆CIP数据核字(2015)第246680号

钦定古今图书集成（精华本）

作　　者：［清］陈梦雷 蒋廷锡

主　　编：刘宇庚

责任编辑：高晓彬

出版发行：线装书局

　　　　　地　址：北京市丰台区方庄日月天地大厦B座17层（100078）

　　　　　电　话：010-58077126（发行部）010-58076938（总编室）

　　　　　网　址：www.zgxzsj.com

经　　销：新华书店

印　　制：北京彩虹伟业印刷有限公司

开　　本：787mm×1092mm　1/16

印　　张：336

字　　数：3800千字

版　　次：2021年6月第1版第2次印刷

印　　数：3001-9000套

线装书局官方微信

定　　价：4680.00元（全十二册）

诸葛亮《奇门遁甲》

黄帝《龙首经》

佚名《大六壬》

洪迈《容斋随笔》

术数篇

　　术数泛指在中华文化中用以推算未来、趋吉避凶的各种方术系统，对我国古代政治、军事、文化、科技曾产生过广泛影响。术数以卜筮、风水、命理、占梦等各种形态的预知方法，推算对象由人、事物、家居、先人墓地，以至地运、国运不等，术数学有着科学内涵，并超越了科学，是中国文明史中特有的文化现象。术数篇具体包括术数汇考、术数名流、术数艺文、术数纪事和术数杂录等，如《太乙淘金歌》《太医人道命法》《奇门遁甲》《日家奇门》《金匮玉衡经》《龙首经》《五变中黄经》《大六壬类集》《南齐书》《容斋随笔》《荆川稗编》和《图书编》等。

徐子平《玉照神应经》　　　　　张果《张果星宗》

耶律楚材《耶律真经》　　　　　万民英《三命通会》

星命篇

　　星命术就是人们所熟知的算命术，泛指各种推算个人命运的术数。古人认为，人的富寿贫夭，吉凶祸福，皆由冥冥之中的那位最高的主宰者预先定制，谁也脱离不了命中的定数。中国的星命学经过千百年的发展、累积和转变，不同时代的思想与资料逐次叠压于文本之中。星命篇绝大部分内容都是《四库全书·子部·术数类》所未曾收录的文献资料，具体包括星命汇考、星命总论、星命名流、星命艺文、星命纪事和星命杂录等，如《玉照神应真经》《天元秀气巫咸经》《张果星宗》《耶律真经》《五星壁奥经》《壁奥经》《望斗经》《琴堂步天警句》《琴堂五星会论》《琴堂指金歌》《磨镌赋》《兰台妙选》和《三命通会》等。

郭璞《古本葬经》

谢和卿《神宝经》

刘基《堪舆漫兴》

王允《论衡》

堪舆篇

　　堪舆即风水，本为相地之术，汉族传统文化之一，堪舆术是一门历史悠久的玄术，是对宅地或墓地的地脉、山形、水流及坐向的统称。堪舆篇具体包括堪舆汇考、堪舆总论、堪舆名流、堪舆艺文、堪舆纪事和堪舆杂录等，如《黄帝宅经》《九天元女青囊海角经》《青乌先生葬经》《管氏地理指蒙》《古本葬经》《青囊奥旨》《十二杖法》《十六葬法》《至宝经》《神宝经》《天宝经》《乘生秘宝经》《橘林国宝经》《空石长者五星捉脉正变明图》《杨再谪仙人杨公金钢钻本形法葬图诀》《堪舆漫兴》《总索》《堪舆杂著》《葬经翼》《司马头陀论葬》《水龙经》《阳宅十书》以及《论衡》等。

严助《相儿经》

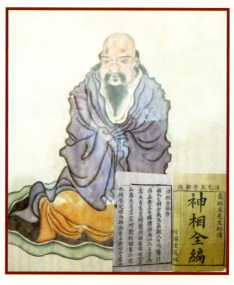

陈抟《神相全编》

荀况《荀子》

王符《潜夫论》

相术篇

　　相术又称相人术，古代汉族术数之一种，以人的面貌、五官、骨骼、气色、体态、手纹等推测吉凶祸福、贵贱夭寿的相面之术。相术篇具体包括相术汇考、相术总论、相术名流、相术艺文、相术纪事和相术杂录等，如《相儿经》《人相篇》《神相全编》《照胆经》《荀子》《论衡》和《潜夫论》等。其实，命运是不可预知且时刻存在变数，人的命运掌握在自己手中，只有努力上进，正确判断人生的选择才可把握命运，假使真有上天，其也只是自然（道）的实体代表，依自然（道）根据不同人的人生予以不同的考验，正所谓：谋事在人，成事在天，其只可用于趋利避凶，故而切勿迷信相术。

周文王《周易》

宋真宗《册府元龟》

邵康节《梅花易数》

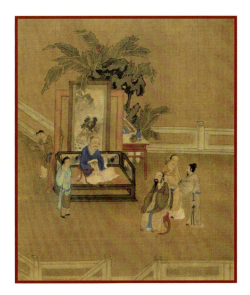

孔子《问礼老聃图》

卜筮篇

　　卜筮，指用龟甲，筮草等工具预测某些事项，卜筮之术流布汉族民间广为流行，而军国大事则常常借助《易》卦或占星来预卜吉凶。卜筮从统治者辉煌的供堂来到了汉族民间，卜筮之术因而得到了迅速发展，被广泛地理用之于人们的日常生活，许多迷信神灵的人遇有疑难不决或其他一些事情，总是下意识地想求术士占卜一下。卜筮篇具体包括卜筮汇考、卜筮总论、卜筮名流、卜筮艺文和卜筮纪事等，如《周易》《书经》《周礼》《仪礼》《礼记》《史记》《册府元龟》《周易古占》《梅花易数》《启蒙节要》《通元妙论》《天元赋》《阐奥歌章》《黄金策》和《阐幽精要》等。

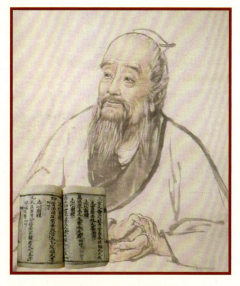

扁鹊《子午经》

孙思邈《元女房中经》

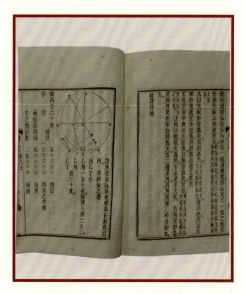

薛凤祚《历学会通》

佛经书《吉凶时日善恶宿曜经》

选择篇

　　选择篇是民俗文化的巅峰之作，是选择智慧的灿烂宝典，是趋吉避凶的家中必备之书，绝大部分内容都是《四库全书·子部·术数类》所未曾收录的文献资料，是对中华五千年文明一个侧面的梳理，更是为当今传统文化研究者提供了一个不可或缺的宝库。选择篇具体包括《选择会考》《选择总论》《选择艺文》《选择纪事》《选择杂录》《拆字汇考》和《拆字纪事》等，如《礼记》《太乙经》《子午经》《元女房中经》《吉凶时日善恶宿曜经》《白黑月所宜吉凶历》《二十七宿所为吉凶历》《臞仙肘后神枢》《臞仙肘后经》《历学会通》《挂影纪事》《拆字数》和《新订指明心法》等内容的经典大成之作。

前　言

　　《古今图书集成》原名《文献汇编》或称《古今图书汇编》，原系康熙皇三子胤祉奉康熙之命与侍读陈梦雷、蒋廷锡等编纂的一部大型类书，康熙皇帝钦赐书名，雍正皇帝写序，《古今图书集成》为此冠名"钦定"，开始于康熙四十年（1701），印制完成于雍正六年（1728），历时两朝二十八年。《钦定古今图书集成》采集广博，内容丰富，上起经史子集的典籍，下及至康熙晚年所出的律令、方志等悉数汇纳，共有四十二万余筒子页，一亿六千万字。全书分为六汇编、三十二典、六千一百一十七部，按天、地、人、物、事次序展开，层层隶统，举凡天文地理、人伦规范、文史哲学、自然艺术、经济政治、教育科举、农桑渔牧、医药良方、百家考工等无所不包，图文并茂。作为我国现存最大的类书，《钦定古今图书集成》傲视古今中外，是查找古文献所需最重要的百科全书。其规模宏大、分类细密、纵横交错、次序井然，国内外学者一致认为它是获取中国古代知识的百宝库，被尊称为"大清百科全书"。

　　由于之后的《四库全书》受清文字狱影响，大量书籍被列为禁书，遭到销毁删改，因此收书不全，错漏甚多，而成书时间较早的《古今图书集成》则收录了《四库全书》不收或未曾收录的典籍，还包括康熙晚年所出的律令、方志等。被称为"古代百科全书"的《古今图书集成》与《永乐大典》《四库全书》并列为中国古代三部皇家巨作。

　　相比于《古今图书集成》，成书于明朝的《永乐大典》属于类书，但因毁于清朝八国联军的战乱，现存不足4%；成书于清乾隆年间的《四库全书》属于现存最大的丛书；成书于清雍正年间的《古今图书集成》由于有国家图书馆至今保存完好的雍正版内府铜活字本，成为现存规模最大、保存最完整的类书。作为"类书之最"，该书也是中国铜活字印刷上卷帙最浩繁、印制最精美的一部旷世奇作。《钦定古今图书集成》自出版以后，因其较为完备的文献功能，备受朝廷、民间，尤其是文人学者的青睐。乾隆皇帝对《钦定古今图书集成》更尤为钦敬和尊重，多次题诗赞及此书"文宗今古，空前绝后"。至清末，北京琉璃厂一套原版《钦定古今图书集成》已价至一万两白银。

　　近现代，《钦定古今图书集成》仍显示出资料宝库的魅力，中外学者利用甚多。我国科学家竺柯桢先生在其研究领域翻阅最多、引用最多的一部书就是《钦定古今图书集成》；英、俄、日等国非常重视对《钦定古今图书集成》运用和研究，并编制了索引；英国著名学者、《中国科学技术史》著者李约瑟博士曾满怀感激地提道："我们经常查阅

1

的最大的百科全书是《钦定古今图书集成》……这真是一件无上珍贵的礼物。"国外的学者尊称此书为"康熙百科全书(Kang Hsi Imperial Encyclopaedia)"。

《钦定古今图书集成》自陈梦雷、蒋廷锡着手编纂,至今已有300余年,历经沧桑、时事变迁,其流传版本也各有演绎。除初印版之外,另外还有三个版本:分别为光绪十四年(1888)图书集成局的"扁铅字本"、光绪二十年(1894)上海同文书局的"石印本"和1934年中华书局的"缩印版"。由于战乱和保存的不善,完整保存下来的极为稀少,而最初的雍正铜活字本《钦定古今图书集成》则更是弥足珍贵。即便是本研究领域的学者,平常也难以窥见原版本一面,更不用谈及对本书的深入研究、引用和校对。这样的现状,极大地限制了学术队伍的成长和人才的培养,也使得这笔珍贵的文化遗产蒙上了厚厚的历史尘埃。

为了方便广大读者学习和研究中国古代传统文化,我们特组织有关专家学者编辑整理出版了这套《钦定古今图书集成》精华本,此书是《钦定古今图书集成》"博物汇编"及"艺术典"中术数类典籍的集大成之作,是以"博物汇编·艺术典"中所收古代中国术数类部分典籍为底本,精心校勘而成,全书简体横排,分类详细,结构严谨,体例完备,收录广泛,图文并茂,具体包括术数篇、星命篇、堪舆篇、相术篇、卜筮篇、选择篇共六大部分内容,主要记载中国古代的占卜方法、星相命理、阴阳五行等知识,对于古人如何相命,如何以出生年月日等生辰八字去推算吉凶祸福,以及如何利用四时、五行、生克、衰旺之理来趋吉避凶,都有详尽介绍,其中绝大部分内容都是《四库全书》中"子部·术数类"所未曾收录的文献资料,秉承"还原古书风貌,再现版本韵味"的宗旨,以"传承中华文化血脉,展示皇家御制善本",原汁原味地恢复典籍其本真,为后人研究提供最珍贵的资料,现在看来,更具特殊的历史价值和研究价值,我们相信,本书的出版,将是对中华五千年文明的一个侧面的梳理,更是为当今中华传统文化研究者提供了一个不可或缺的古代风水典籍宝库。

目 录

第一部·术数篇

第一章　术数汇考一 …………… （3）

《太乙淘金歌》…………… （3）

第二章　术数汇考二 …………… （28）

《太乙局》一 …………… （28）

第三章　术数汇考三 …………… （40）

《太乙局》二 …………… （40）

第四章　术数汇考四 …………… （62）

《太乙局》三 …………… （62）

第五章　术数汇考五 …………… （85）

《太乙局》四 …………… （85）

第六章　术数汇考六 …………… （108）

《太乙局》五 …………… （108）

第七章　术数汇考七 …………… （130）

《太乙局》六 …………… （130）

第八章　术数汇考八 …………… （152）

《太乙局》七 …………… （152）

第九章　术数汇考九 …………… （175）

《太乙局》八 …………… （175）

第十章　术数汇考十 …………… （197）

《太乙局》九 …………… （197）

第十一章　术数汇考

　　　　十一 …………… （219）

《太乙人道命法》一 …………… （219）

第十二章　术数汇考

　　　　十二 …………… （232）

《太乙人道命法》二 …………… （232）

第十三章　术数汇考

　　　　十三 …………… （269）

《太乙人道命法》三 …………… （269）

第十四章　术数汇考

　　　　十四 …………… （318）

《太乙人道命法》四 …………… （318）

第十五章　术数汇考

　　　　十五 …………… （368）

《太乙人道命法》五 …………… （368）

第十六章　术数汇考

　　　　十六 …………… （427）

《太乙人道命法》六 …………… （427）

第十七章　术数汇考

　　　　十七 …………… （473）

《奇门遁甲》一 …………… （473）

第十八章　术数汇考

　　　　十八 …………… （494）

《奇门遁甲》二 …………… （494）

第十九章　术数汇考

　　　　十九 …………… （519）

《奇门遁甲》三 …………… （519）

第二十章　术数汇考

　　　　二十 …………… （542）

《奇门遁甲》四 ………………（542）

第二十一章 术数汇考
二十一 …………（565）

《奇门遁甲》五 ………………（565）

第二十二章 术数汇考
二十二 …………（605）

《奇门遁甲》六 ………………（605）

第二十三章 术数汇考
二十三 …………（619）

《奇门遁甲》七 ………………（619）

第二十四章 术数汇考
二十四 …………（650）

《奇门遁甲》八 ………………（650）

第二十五章 术数汇考
二十五 …………（688）

《奇门遁甲》九 ………………（688）

第二十六章 术数汇考
二十六 …………（719）

《奇门遁甲》十 ………………（719）

第二十七章 术数汇考
二十七 …………（757）

《日家奇门》一 ………………（757）

第二十八章 术数汇考
二十八 …………（787）

《日家奇门》二 ………………（787）

第二十九章 术数汇考
二十九 …………（810）

《金匮玉衡经》 ………………（810）

《龙首经》一 …………………（820）

第三十章 术数汇考
三十 ……………（840）

《龙首经》二 …………………（840）

《五变中黄经》 ………………（852）

《六壬金口》 …………………（865）

第三十一章 术数汇考
三十一 …………（873）

《大六壬类集》一 ……………（873）

第三十二章 术数汇考
三十二 …………（896）

《大六壬类集》二 ……………（896）

第三十三章 术数汇考
三十三 …………（926）

《大六壬类集》三 ……………（926）

第三十四章 术数汇考
三十四 …………（947）

《大六壬类集》四 ……………（947）

第三十五章 术数汇考
三十五 …………（972）

《大六壬类集》五 ……………（972）

第三十六章 术数汇考
三十六 …………（991）

《大六壬类集》六 ……………（991）

第三十七章 术数汇考
三十七 …………（1017）

《大六壬类集》七 ……………（1017）

第三十八章 术数汇考
三十八 …………（1031）

《大六壬类集》八 ……………（1031）

第三十九章 术数汇考
三十九 …………（1067）

《大六壬类集》九 ……………（1067）

第四十章 术数汇考
四十 ……………（1096）

《大六壬类集》十 ……………（1096）

第四十一章　术数汇考

　　　　　　四十一　………… （1125）

《大六壬类集》十一　……… （1125）

第四十二章　术数汇考

　　　　　　四十二　………… （1155）

《大六壬类集》十二　……… （1155）

第四十三章　术数汇考

　　　　　　四十三　………… （1182）

《大六壬类集》十三　……… （1182）

第四十四章　术数汇考

　　　　　　四十四　………… （1214）

《大六壬类集》十四　……… （1214）

第四十五章　术数汇考

　　　　　　四十五　………… （1233）

《大六壬类集》十五　……… （1233）

第四十六章　术数汇考

　　　　　　四十六　………… （1251）

《大六壬类集》十六　……… （1251）

第四十七章　术数汇考

　　　　　　四十七　………… （1288）

《大六壬立成大全钤》一　…… （1288）

第四十八章　术数汇考

　　　　　　四十八　………… （1319）

《大六壬立成大全钤》二　…… （1319）

第四十九章　术数汇考

　　　　　　四十九　………… （1350）

《大六壬立成大全钤》三　…… （1350）

第五十章　术数汇考

　　　　　　五十　……………… （1381）

《大六壬立成大全钤》四　…… （1381）

第五十一章　术数汇考

　　　　　　五十一　………… （1411）

《大六壬立成大全钤》五　…… （1411）

第五十二章　术数汇考

　　　　　　五十二　………… （1442）

《大六壬立成大全钤》六　…… （1442）

第五十三章　术数汇考

　　　　　　五十三　………… （1473）

《大六壬立成大全钤》七　…… （1473）

第五十四章　术数汇考

　　　　　　五十四　………… （1504）

《大六壬立成大全钤》八　…… （1504）

第五十五章　术数汇考

　　　　　　五十五　………… （1535）

《大六壬立成大全钤》九　…… （1535）

第五十六章　术数汇考

　　　　　　五十六　………… （1566）

《大六壬立成大全钤》十　…… （1566）

第五十七章　术数汇考

　　　　　　五十七　………… （1597）

《大六壬立成大全钤》十一　… （1597）

第五十八章　术数汇考

　　　　　　五十八　………… （1628）

《大六壬立成大全钤》十二　… （1628）

第五十九章　术数总论　……… （1659）

《南齐书》　……………………… （1659）

《容斋随笔》　…………………… （1660）

《荆川稗编》　…………………… （1661）

《图书编》　……………………… （1663）

第六十章　术数名流

　　　　　　列传一　………… （1666）

周　……………………………… （1666）

前汉　…………………………… （1667）

后汉　…………………………… （1668）

晋 …………………… （1669）

北魏 ………………… （1669）

北齐 ………………… （1670）

北周 ………………… （1671）

唐 …………………… （1671）

后梁 ………………… （1674）

后晋 ………………… （1674）

宋 …………………… （1675）

元 …………………… （1679）

第六十一章　术数名流

列传二 ………… （1682）

明 …………………… （1682）

第六十二章　术数艺文 … （1688）

第六十三章　术数纪事 … （1691）

第六十四章　术数杂录 … （1699）

第二部：星命篇

第一章　星命汇考一 ……… （1709）

《玉照神应真经》 ………… （1709）

第二章　星命汇考二 ……… （1731）

《天元秀气巫咸经》 ……… （1731）

第三章　星命汇考三 ……… （1765）

《张果星宗》一 …………… （1765）

第四章　星命汇考四 ……… （1787）

《张果星宗》二 …………… （1787）

第五章　星命汇考五 ……… （1808）

《张果星宗》三 …………… （1808）

第六章　星命汇考六 ……… （1831）

《张果星宗》四 …………… （1831）

第七章　星命汇考七 ……… （1851）

《张果星宗》五 …………… （1851）

第八章　星命汇考八 ……… （1886）

《张果星宗》六 …………… （1886）

第九章　星命汇考九 ……… （1920）

《张果星宗》七 …………… （1920）

第十章　星命汇考十 ……… （1937）

《张果星宗》八 …………… （1937）

第十一章　星命汇考

十一 ………… （1967）

《张果星宗》九 …………… （1967）

第十二章　星命汇考

十二 ………… （1982）

《张果星宗》十 …………… （1982）

第十三章　星命汇考

十三 ………… （2003）

《张果星宗》十一 ………… （2003）

第十四章　星命汇考

十四 ………… （2025）

《张果星宗》十二 ………… （2025）

第十五章　星命汇考

十五 ………… （2093）

《张果星宗》十三 ………… （2093）

第十六章　星命汇考

十六 ………… （2107）

《张果星宗》十四 ………… （2107）

第十七章　星命汇考

十七 ………… （2159）

《张果星宗》十五 ………… （2159）

第十八章　星命汇考

十八 ………… （2189）

《张果星宗》十六 ………… （2189）

第十九章　星命汇考

十九 ……………… （2211）

《张果星宗》十七 ……… （2211）

第二十章 星命汇考

二十 ……………… （2240）

《张果星宗》十八 ……… （2240）

第二十一章 星命汇考

二十一 …………… （2261）

《张果星宗》十九 ……… （2261）

第二十二章 星命汇考

二十二 …………… （2277）

《耶律真经》 …………… （2277）

《五星壁奥经》 ………… （2283）

第二十三章 星命汇考

二十三 …………… （2289）

《壁奥经》 ……………… （2289）

《望斗经》一 …………… （2302）

第二十四章 星命汇考

二十四 …………… （2308）

《望斗经》二 …………… （2308）

第二十五章 星命汇考

二十五 …………… （2329）

《琴堂步天警句》 ……… （2329）

《琴堂五星会论》 ……… （2338）

第二十六章 星命汇考

二十六 …………… （2349）

《琴堂指金歌》 ………… （2349）

第二十七章 星命汇考

二十七 …………… （2368）

《磨镌赋》 ……………… （2368）

《兰台妙选》一 ………… （2371）

第二十八章 星命汇考

二十八 …………… （2390）

《兰台妙选》二 ………… （2390）

第二十九章 星命汇考

二十九 …………… （2398）

《三命通会》一 ………… （2398）

第三十章 星命汇考

三十 ……………… （2411）

《三命通会》二 ………… （2411）

第三十一章 星命汇考

三十一 …………… （2426）

《三命通会》三 ………… （2426）

第三十二章 星命汇考

三十二 …………… （2447）

《三命通会》四 ………… （2447）

第三十三章 星命汇考

三十三 …………… （2461）

《三命通会》五 ………… （2461）

第三十四章 星命汇考

三十四 …………… （2473）

《三命通会》六 ………… （2473）

第三十五章 星命汇考

三十五 …………… （2494）

《三命通会》七 ………… （2494）

第三十六章 星命汇考

三十六 …………… （2512）

《三命通会》八 ………… （2512）

第三十七章 星命汇考

三十七 …………… （2525）

《三命通会》九 ………… （2525）

第三十八章 星命汇考

三十八 …………… （2548）

《三命通会》十 ………… （2548）

第三十九章 星命汇考

三十九 ………… （2571）

《三命通会》十一 ………… （2571）

第四十章　星命汇考

四十 ………… （2606）

《三命通会》十二 ………… （2606）

第四十一章　星命汇考

四十一 ………… （2625）

《三命通会》十三 ………… （2625）

第四十二章　星命汇考

四十二 ………… （2641）

《三命通会》十四 ………… （2641）

第四十三章　星命汇考

四十三 ………… （2657）

《三命通会》十五 ………… （2657）

第四十四章　星命汇考

四十四 ………… （2676）

《三命通会》十六 ………… （2676）

第四十五章　星命汇考

四十五 ………… （2694）

《三命通会》十七 ………… （2694）

第四十六章　星命汇考

四十六 ………… （2717）

《三命通会》十八 ………… （2717）

第四十七章　星命汇考

四十七 ………… （2747）

《三命通会》十九 ………… （2747）

第四十八章　星命汇考

四十八 ………… （2779）

《三命通会》二十 ………… （2779）

第四十九章　星命汇考

四十九 ………… （2792）

《三命通会》二十一 ………… （2792）

第五十章　星命汇考

五十 ………… （2805）

《三命通会》二十二 ………… （2805）

第五十一章　星命汇考

五十一 ………… （2831）

《三命通会》二十三 ………… （2831）

第五十二章　星命汇考

五十二 ………… （2856）

《三命通会》二十四 ………… （2856）

第五十三章　星命汇考

五十三 ………… （2868）

《三命通会》二十五 ………… （2868）

第五十四章　星命汇考

五十四 ………… （2894）

《三命通会》二十六 ………… （2894）

第五十五章　星命汇考

五十五 ………… （2907）

《三命通会》二十七 ………… （2907）

第五十六章　星命汇考

五十六 ………… （2920）

《三命通会》二十八 ………… （2920）

第五十七章　星命汇考

五十七 ………… （2938）

《三命通会》二十九 ………… （2938）

第五十八章　星命汇考

五十八 ………… （2952）

《三命通会》三十 ………… （2952）

第五十九章　星命汇考

五十九 ………… （2975）

《三命通会》三十一 ………… （2975）

第六十章　星命汇考

六十 ………… （2992）

中华传世藏书

钦定古今图书集成

精华本

目
录

《三命通会》三十二 ………… （2992）

第六十一章　星命汇考
　　　　　　六十一 ………… （3008）

《三命通会》三十三 ………… （3008）

第六十二章　星命汇考
　　　　　　六十二 ………… （3028）

《三命通会》三十四 ………… （3028）

第六十三章　星命汇考
　　　　　　六十三 ………… （3046）

《三命通会》三十五 ………… （3046）

第六十四章　星命汇考
　　　　　　六十四 ………… （3055）

《三命通会》三十六 ………… （3055）

第六十五章　星命总论、星命名流列传
　　　　　　及星命艺文 …… （3081）

星命总论 ………… （3081）

星命名流列传 ………… （3087）

　北齐 ………… （3087）

　宋 ………… （3088）

　明 ………… （3091）

星命艺文（一）………… （3094）

星命艺文（二）………… （3101）

第六十六章　星命纪事与星命
　　　　　　杂录 ………… （3103）

星命纪事 ………… （3103）

星命杂录 ………… （3113）

第三部：堪舆篇

第一章　堪舆汇考一 ………… （3121）

《黄帝宅经》………………… （3121）

《九天元女青囊海角经》一 … （3129）

第二章　堪舆汇考二 ………… （3162）

《九天元女青囊海角经》二 … （3162）

第三章　堪舆汇考三 ………… （3191）

《九天元女青囊海角经》三 … （3191）

第四章　堪舆汇考四 ………… （3213）

《九天元女青囊海角经》四 … （3213）

第五章　堪舆汇考五 ………… （3241）

《青乌先生葬经》………… （3241）

《管氏地理指蒙》一 ………… （3245）

第六章　堪舆汇考六 ………… （3267）

《管氏地理指蒙》二 ………… （3267）

第七章　堪舆汇考七 ………… （3285）

《管氏地理指蒙》三 ………… （3285）

第八章　堪舆汇考八 ………… （3311）

《管氏地理指蒙》四 ………… （3311）

第九章　堪舆汇考九 ………… （3324）

《管氏地理指蒙》五 ………… （3324）

第十章　堪舆汇考十 ………… （3342）

《管氏地理指蒙》六 ………… （3342）

第十一章　堪舆汇考
　　　　　　十一 ………… （3358）

《管氏地理指蒙》七 ………… （3358）

第十二章　堪舆汇考
　　　　　　十二 ………… （3382）

《管氏地理指蒙》八 ………… （3382）

第十三章　堪舆汇考
　　　　　　十三 ………… （3404）

《管氏地理指蒙》九 ………… （3404）

第十四章　堪舆汇考
　　　　　　十四 ………… （3422）

《管氏地理指蒙》十 ………… （3422）

第十五章　堪舆汇考
　　　　　十五 …………（3451）
《古本葬经》…………（3451）
《青囊奥旨》…………（3454）
第十六章　堪舆汇考
　　　　　十六 …………（3466）
《十二杖法》…………（3466）
《博山篇》…………（3488）
第十七章　堪舆汇考
　　　　　十七 …………（3499）
《十六葬法》…………（3499）
《至宝经》…………（3508）
《神宝经》…………（3510）
《天宝经》…………（3519）
《乘生秘宝经》…………（3522）
《璚林国宝经》…………（3524）
第十八章　堪舆汇考
　　　　　十八 …………（3549）
《五星捉脉正变明图》………（3549）
《杨再谪仙人杨公金钢钻
　　本形法葬图诀》…………（3566）
第十九章　堪舆汇考
　　　　　十九 …………（3575）
《堪舆漫兴》…………（3575）
《总索》…………（3609）
《堪舆杂著》…………（3617）
第二十章　堪舆汇考
　　　　　二十 …………（3626）
《葬经翼》…………（3626）
《论葬》…………（3642）
第二十一章　堪舆汇考
　　　　　二十一 …………（3657）

《水龙经》一 …………（3657）
第二十二章　堪舆汇考
　　　　　二十二 …………（3690）
《水龙经》二 …………（3690）
第二十三章　堪舆汇考
　　　　　二十三 …………（3720）
《水龙经》三 …………（3720）
第二十四章　堪舆汇考
　　　　　二十四 …………（3739）
《水龙经》四 …………（3739）
第二十五章　堪舆汇考
　　　　　二十五 …………（3765）
《阳宅十书》一 …………（3765）
第二十六章　堪舆汇考
　　　　　二十六 …………（3798）
《阳宅十书》二 …………（3798）
第二十七章　堪舆汇考
　　　　　二十七 …………（3829）
《阳宅十书》三 …………（3829）
第二十八章　堪舆汇考
　　　　　二十八 …………（3865）
《阳宅十书》四 …………（3865）
第二十九章　堪舆总论 …………（3884）
《论衡》…………（3884）
第三十章　堪舆名流列传
　　　　　…………（3890）
秦 …………（3890）
汉 …………（3890）
晋 …………（3891）
隋 …………（3891）
唐 …………（3892）
宋 …………（3897）

元 ……………………………（3903）

明 ……………………………（3903）

第三十一章　堪舆艺文 ………（3910）

第三十二章　堪舆纪事 ………（3929）

第三十三章　堪舆杂录 ………（3938）

第四部：相术篇

第一章　相术汇考一 …………（3945）

《相儿经》……………………（3945）

《人相篇》……………………（3946）

《神相全编》一 ………………（3948）

第二章　相术汇考二 …………（3977）

《神相全编》二 ………………（3977）

第三章　相术汇考三 …………（3995）

《神相全编》三 ………………（3995）

第四章　相术汇考四 …………（4032）

《神相全编》四 ………………（4032）

第五章　相术汇考五 …………（4060）

《神相全编》五 ………………（4060）

第六章　相术汇考六 …………（4083）

《神相全编》六 ………………（4083）

第七章　相术汇考七 …………（4113）

《神相全编》七 ………………（4113）

第八章　相术汇考八 …………（4127）

《神相全编》八 ………………（4127）

第九章　相术汇考九 …………（4144）

《神相全编》九 ………………（4144）

第十章　相术汇考十 …………（4167）

《神相全编》十 ………………（4167）

第十一章　相术汇考

十一 ……………………（4190）

《神相全编》十一 ……………（4190）

第十二章　相术汇考

十二 ……………………（4218）

《神相全编》十二 ……………（4218）

第十三章　相术汇考

十三 ……………………（4247）

《神相全编》十三 ……………（4247）

第十四章　相术汇考

十四 ……………………（4277）

《神相全编》十四 ……………（4277）

第十五章　相术汇考

十五 ……………………（4306）

《照胆经》（上）………………（4306）

第十六章　相术汇考

十六 ……………………（4328）

《照胆经》（下）………………（4328）

第十七章　相术总论 …………（4355）

《荀子》………………………（4355）

《论衡》………………………（4358）

《潜夫论》……………………（4360）

第十八章　相术名流

列传一 …………………（4362）

周 ……………………………（4362）

前汉 …………………………（4363）

后汉 …………………………（4364）

宋 ……………………………（4365）

北齐 …………………………（4366）

隋 ……………………………（4367）

唐 ……………………………（4369）

后唐 …………………………（4373）

宋 ……………………………（4374）

元 ……………………… （4376）

第十九章　相术名流
　　　　　列传二 ……… （4378）

明 ……………………… （4378）

第二十章　相术艺文 …… （4385）

相术艺文（一） ………… （4385）

相术艺文（二） ………… （4389）

第二十一章　相术纪事一
　　　　　…………………… （4395）

第二十二章　相术纪事二
　　　　　…………………… （4404）

第二十三章　相术纪事三
　　　　　…………………… （4418）

第二十四章　相术杂录 … （4435）

第五部：卜筮篇

第一章　卜筮汇考一 …… （4443）

《周易》 ………………… （4443）

《书经》 ………………… （4451）

《周礼》 ………………… （4453）

《仪礼》 ………………… （4468）

《礼记》 ………………… （4469）

第二章　卜筮汇考二 …… （4473）

《史记》 ………………… （4473）

第三章　卜筮汇考三 …… （4486）

《龟经》 ………………… （4486）

《周易古占》 …………… （4489）

《邵康节易数》 ………… （4492）

《袪疑说》 ……………… （4515）

第四章　卜筮汇考四 …… （4519）

《卜筮全书》一 ………… （4519）

《启蒙节要》 …………… （4520）

第五章　卜筮汇考五 …… （4561）

《卜筮全书》二　《通元妙论》 …
　　　　　…………………… （4561）

《阐奥歌章》（上） ……… （4565）

第六章　卜筮汇考六 …… （4581）

《卜筮全书》三　《阐奥歌章》（下）
　　　　　…………………… （4581）

第七章　卜筮汇考七 …… （4636）

《卜筮全书》四　《天元赋》（上）
　　　　　…………………… （4636）

第八章　卜筮汇考八 …… （4661）

《卜筮全书》五　《天元赋》（下）
　　　　　…………………… （4661）

第九章　卜筮汇考九 …… （4673）

《卜筮全书》六　《黄金策》（一）
　　　　　…………………… （4673）

第十章　卜筮汇考十 …… （4696）

《卜筮全书》七　《黄金策》（二）
　　　　　…………………… （4696）

第十一章　卜筮汇考
　　　　　十一 …………… （4708）

《卜筮全书》八　《黄金策》（三）
　　　　　…………………… （4708）

第十二章　卜筮汇考
　　　　　十二 …………… （4719）

《卜筮全书》九　《黄金策》（四）
　　　　　…………………… （4719）

第十三章　卜筮汇考
　　　　　十三 …………… （4751）

《卜筮全书》十　《黄金策》（五）
　　　　　…………………… （4751）

第十四章　卜筮汇考
　　　　十四 ……………… （4767）

《卜筮全书》十一　《黄金策》（六）
　　…………………… （4767）

第十五章　卜筮汇考
　　　　十五 ……………… （4793）

《卜筮全书》十二　《黄金策》（七）
　　…………………… （4793）

第十六章　卜筮汇考
　　　　十六 ……………… （4816）

《卜筮全书》十三　《黄金策》（八）
　　…………………… （4816）

《阐幽精要》（上） ……… （4832）

第十七章　卜筮汇考
　　　　十七 ……………… （4841）

《卜筮全书》十四　《阐幽精要》（下）
　　…………………… （4841）

第十八章　卜筮总论 ……… （4860）

《周易》 ………………… （4860）

《乾凿度》 ……………… （4860）

《京房易略》 …………… （4861）

《白虎通》 ……………… （4861）

《申鉴》 ………………… （4862）

《关朗易传》 …………… （4862）

《颜氏家训》 …………… （4864）

《元包》 ………………… （4864）

《卜论》 ………………… （4865）

《鼠璞》 ………………… （4865）

《周易古占》 …………… （4866）

《元包数义》 …………… （4867）

《箕龟论》 ……………… （4874）

《梦溪笔谈》 …………… （4874）

《演繁露》 ……………… （4875）

《易学启蒙》 …………… （4876）

《辨惑论》 ……………… （4876）

《通志》 ………………… （4877）

《论蓍》 ………………… （4877）

《祛疑说》 ……………… （4879）

《文献通考》 …………… （4880）

《椟蓍记》 ……………… （4880）

《论易数》 ……………… （4882）

《图书编》 ……………… （4885）

第十九章　卜筮名流
　　　　列传一 ………… （4887）

周 ………………………… （4887）

前汉 ……………………… （4890）

后汉 ……………………… （4894）

魏 ………………………… （4894）

第二十章　卜筮名流
　　　　列传二 ………… （4908）

吴 ………………………… （4908）

晋 ………………………… （4909）

宋 ………………………… （4921）

第二十一章　卜筮名流
　　　　列传三 ………… （4923）

北魏 ……………………… （4923）

北齐 ……………………… （4924）

隋 ………………………… （4928）

唐 ………………………… （4929）

后唐 ……………………… （4932）

辽 ………………………… （4933）

宋 ………………………… （4934）

第二十二章　卜筮名流
　　　　列传四 ………… （4938）

金 …………………（4938）

元 …………………（4939）

明 …………………（4943）

第二十三章　卜筮艺文 …………（4953）

卜筮艺文（一）…………（4953）

卜筮艺文（二）…………（4965）

第二十四章　卜筮纪事一

…………（4966）

第二十五章　卜筮纪事二

…………（4992）

第六部：选择篇

第一章　选择汇考一 …………（5007）

《礼记》…………………（5007）

《太乙经》………………（5007）

《扁鹊子午经》…………（5008）

《元女房中经》…………（5011）

《吉凶时日善恶宿曜经》……（5012）

《白黑月所宜吉凶历》……（5018）

《二十七宿所为吉凶历》……（5021）

第二章　选择汇考二 …………（5030）

《曜仙肘后神枢》…………（5030）

第三章　选择汇考三 …………（5064）

《曜仙肘后经》一 …………（5064）

第四章　选择汇考四 …………（5176）

《曜仙肘后经》二 …………（5176）

第五章　选择汇考五 …………（5208）

《历学会通》……………（5208）

第六章　选择总论与

选择艺文 …………（5243）

选择总论 …………（5243）

选择艺文 …………（5245）

第七章　选择纪事与

选择杂录 …………（5248）

选择纪事 …………（5248）

选择杂录 …………（5252）

第八章　射覆纪事 …………（5256）

第九章　挂影纪事与

挂影杂录 …………（5261）

挂影纪事 …………（5261）

挂影杂录 …………（5262）

第十章　拆字汇考一 …………（5263）

拆字数 …………（5263）

第十一章　拆字汇考二 …………（5277）

《新订指明心法》上 …………（5277）

《新订指明心法》下 …………（5301）

第十二章　拆字纪事 …………（5328）

钦定古今图书集成

［清］陈梦雷 蒋廷锡⊙原著

刘宇庚⊙主编

术数篇

第一部

线装书局

导　读

　　术数是养生学术语，是调养、锻炼身体的方法。中国术数，简称术数，泛指在中华文化中用以推算未来、趋吉避凶的各种方术系统。术，指法术（方式方法）；数，指理数、气数（运用方法时的规律），即阴阳五行生克制化的运动规律。术数为道家之术（所谓阴阳家皆出自道家），而阴阳五行理论也一直为道教所推行（儒家、佛教都没其理论，儒家所谓子不语乱神怪力，故不提倡），用阴阳五行生克制化的数理，来推断人事吉凶；即以种种方术观察自然界可注意的现象，用以推测人和国家的气数和命运，对我国古代政治、军事、文化、科技曾产生过广泛影响。术数以卜筮、风水、命理、占梦等各种形态的预知方法，推算对象由人、事物、家居、先人墓地，以至地运、国运不等，术数学有着科学内涵，并超越了科学，是中国文明史中特有的文化现象。术数篇具体包括术数汇考、术数名流列传、术数艺文、术数纪事和术数杂录，如《太乙淘金歌》《太乙局》《太医人道命法》《奇门遁甲》《日家奇门》《金匮玉衡经》《龙首经》《五变中黄经》《六壬金口》《大六壬类集》《大六壬立成大全钤》《南齐书》《容斋随笔》《荆川稗编》和《图书编》等。

第一章　术数汇考一

《太乙淘金歌》

叙

太乙者，太极也。二目者，两仪也。大小四将者，四象也。合其数而为七者，七政也。日月五星，垂象于天，知乾坤否泰，明岁时灾祥。黄帝则以成书，传于后世，而元妙幽微，习者亦寡。愚与呆子牟生用六陈子坐谈，或谓兵机神秘，不可得而闻也。愚曰：法固有在，所贵先知。先知者，三式耳。愚校三式，编《太乙时成》，以《淘金歌》为捷旨，纪验灾祥，用之于兵，无不刻应。其知天、知地、知人，岂特知彼知己而已哉！时天启七年丁卯正月十八日，巴西刘养鲲书于桐梓公署。

数命源流太乙入局法

黄帝元年上元头，五元六纪除为则。

盖黄帝生而神灵，气合造化，正位之始，命大挠占斗建而作甲子，命风后瞻微垣以作是书。天地之气，至此清明。衣冠文物，至此大备。所以即位元年之始，正为上元，甲子之首也。每太乙一元，该七十二局。盖太乙官行二十四，天地支分十二，天目行度数十八，合三象齐一，故以七十二局为一元，五元合而为三百六十年。数为六纪。六十年为一纪，即甲子一周也。六纪而为三百六十年是也。与数齐一，合周天之数，故为一运终，始置上元。今将黄帝元年为始，细列后来各上元年于下。

太乙三年一宫游，

夫太乙者，水位也。遇土即止，故避而不入中五也。河图之数，五十有五，而太乙之数去五，止用五十也。错综而成八宫，盖上驾天一生水而地六，故为乾也。下驾地二生火而天七，故为兑也。左驾天三生木而地八，故为艮也。右驾地四生金而天九，故为离也。故一宫为乾在西北，二宫为离居正南，三宫为艮居东北，四宫为卯居正东，五宫居中，太乙不入。六宫为酉正西，七宫为坤居西南，八宫为子居正北，九宫为巽居东南，并八间神申戌亥丑寅辰巳未，共十六神，所以统天地之气，测天地之候也。

二十四年一周毕。

太乙游行八宫，每宫住三年。二十四年为一周者，周而复始，不入中五。

一天二火三为鬼，四木六金坤在七。八水九巽中应五，神宫定位天机秘。

乐产曰：太乙理治，以明人事，已知未来。王者得一以为天下正，故差一宫以就乾也。

一乾，天门也。主冀州。文昌临之，若关囚，有迫胁君父之象。

二离，火门也。主荆州。太乙临之，诛将相。

三艮，鬼门也。主青州。始击临之，主后妃宠嬖进用中宫，有兵事之象。

四震，日门也。主徐州。及胡兵，始击临之，西戎侵扰。

六兑，月门也。主雍州。客大将临之，南蛮来侵扰。

七坤，人门也。主梁、益。主大将临之，其分有兵革灾发。

八坎，水门也。主兖州。太乙临之，大臣被诛，青、徐有乱。

九巽，风门也。主扬州。客大将临之，主北狄侵扰。

大乙仍须甲子求，诸将皆当依此识。

求甲子者，以上元甲子为始推算也。诸将者，二目并主客大小将也。求上元者，截至元世祖至元元年甲子为上元第一纪起算是也。自帝尧甲子至正统甲子，共六十三甲子。

此二解互相参考，则差一元六十年。

求天目

天目上元起于申，

天目者，文昌也。照鉴万物，故云天目。居斗魁之前，为台辅之象，在天为阳，号文昌，属主将之首。乃荧惑之星，建南方，旺夏三月，上元甲子岁起申。

依数顺行十六神。阳局天地重留算，阴局艮巽亦重轮。

天目文昌，自上元甲子岁，起武德，顺行十六神，阳遁至乾坤，重留一算；阴局至艮巽，重留一算，俱十八年一周天。以太乙入局之数，用十八累除之。不及者，命起武德行，阳遁乾坤，重留一算；阴遁遇艮巽，重留一算。惟乾坤重之，余则一位一算，数尽处为天目所在。

假令第二丙子元辛丑年，太乙入二十六局，以十八除之，余八数。初起武德顺行，历乾重留一算，则八至丑宫为天目也。余仿此。

子为地主丑阳德，艮称和德吕申寅。高丛卯位太阳辰，大炅为巽巳大神。大威是午天道未，大武为坤武德申。酉宫太簇戌阴主，阴德大义乾亥神。

《律历志》云：太极运三辰五星于上，而元气转三统五行于下。

而太易流行，分布四维，行于十二支辰，故有十六神名。

求计神

子岁计神寅上起，丑牛寅鼠逆周流。

计神者，岁星之使也。图计之宿，为太乙烛笼，用以筹度军国动静、主客胜负，为二目之首，四将之源。上元甲子岁，起于吕申，逆行十二支，不用四维，故子年常加寅，丑年常加丑，寅年子，卯年亥，辰年戌，巳年酉，午年申，未年未，申年午，酉年巳，戌年辰，亥年卯，逆行十二次为一周也。

假令辛丑年，则计神在丑是也。余仿此。

求客目

次求客目因何向？计神用加和德上。下看天目所临辰，其宫便为始击将。

始击者，地目也。属客将之计，乃填星之精，建中央之气，旺四季之月，常以计神加和德艮，顺行十六神，看天目所临之下，为始击将，乃客目也。盖地目由天目而生，计神加和德者。艮乃鬼门，司幽冥之事，以计神加之，可以计谋阴暗秘密之事，度军国存亡之动静，察主客胜负之机微也。

假令辛丑年便以计神加丑和德艮上，则天目临艮，乃客目在艮。余仿此。

求主客算

二目投算复如何？只观其中数几多。八宫起八七宫七，间神起一数不过。顺行数至太乙前，得算之数是其源。满十去之余零者，便为大将宫自然。

此求主客大将之算也。求主算者，视天目何在。如在子艮卯巽午坤酉乾八正宫者，各依宫分起算，顺数所过宫分间神，不用至太乙前一宫止，通得几数，乃主算之数也。如在丑寅辰巳未申戌亥八间辰者，皆初一算起，至顺数所过宫数间神，不用至太乙前一宫止，得数，乃主大之算。弃十不用余零者，主大将宫也。凡得数，以十去之，零一则大将在一宫，零二在二宫是也。余仿此。

求客算者，视始击所在，亦如主算法。顺行所至太乙前一宫，是客算也。盖太乙者岁君之象，算主宫前而止者，是以尊君之义而不敢凌越也。

假令太乙在一宫，天目在申申，系间神初起一算，顺行除所过间神，历酉属六宫，通得七数，乃主算得单七也。太乙在一宫，不敢越过乾也。

求大将宫

若也自一至于九，随得便为诸将首。十算仍将九去之，余零大将依宫究。

此求主客大将之宫也。天目所在，数至太乙前一宫止，得数，乃主大将之宫。始击所在，数至太乙前一宫止，得数，乃客大将之宫。如三数，即大将在三宫；四数，即大将在四宫也。如或一十、二十、三十者，则以九除之。不及者，大将宫也。大抵不及十与零。凡见一则在一宫，见二则在二宫。余仿此。

假令第二丙子元辛丑年太乙在一宫，阳德为天目，乃间神初起一算，历艮卯巽午坤至酉止，通得三十二，乃主算也。则主大将在二宫，客目则在艮，顺数至太乙宫前，客算得三十一，乃客大将在一宫也。余仿此。

求参将宫

三因大将满十去，余零参将契于天。客将还从客目数，主将由主法如前。

由天地二目所数主客二大将，三因乃为主客二参将。如大将在三宫而三因之，则参将在九宫也。

释将

假令第二丙子元辛丑年主大将在二宫，则主参将在六宫；客大将在一宫，则客参将在三宫也。余仿此。

入式之法要有八

第一，先推积年在何上元，属何甲子，得数多少，以七十二除之，视太乙在何局。

第二，详太乙所到何宫，不令越犯。

第三，详天目所在何宫，以定诸将。

第四，详计神属在何神，用加和德，以求始击。

第五，详天目所到宫与间神位，起算至太乙前止，取主算，以求大将。

第六，详始击所临宫与间神位，起算至太乙前止，取客算，以求客大将。

第七，详上下二目所到别宫分，则以宫数为首起算历数所过数，至太乙前一宫止，看得算多少。如在间神初起一算为首顺数所过宫数间神，不用至太乙前一宫，看得数多少。如二目临太乙宫。只算本宫便住。第八，详二目所积之数，满十去之。余零者，大将所住之宫也。

杜塞

有算无门又无将，名曰杜塞不可向。只因五算出无缘，为将记此是榜样。

凡主客数得单五十五、二十五、三十五者，名杜塞。所向不通。由太乙不入中五，则主客大小将俱无所主。若主算得杜，则将败兵亡，须切忌之。岁计遇之，不可出兵，只宜固守，吉否则凶。假令陈后主祯明三年己酉，系第一甲子元四十六局，其年太乙在九宫，吕申为天目，主算得单五，则主算杜塞。后主当修德慎政则可，乃遣萧摩诃等妄弄兵事，遂至败亡。

关囚

主客大小将既知，亟定关囚格对是。

立式有关囚、格、对。关囚谓太乙同宫为囚。数齐为关，天目入太乙宫为囚，不利主人。岁计遇关囚，大凶，主有崩亡篡弑之事，将为奔败之祸。若天目主客大小诸将与太乙同宫，总名曰囚。若在易绝之地，大凶；在绝阳绝阴之宫，大臣诛。凡诸将与太乙同宫，近天目者，谋在内及同姓；近地目者，谋在外及异姓。算和，谋成；算不和，内挟谋不成。若主囚而客对格战，则客胜；若客囚而主对格战，则主胜。如文昌将囚，始击将格，客胜。格对者，谓对冲太乙之宫也。客目与客大小将冲太乙之宫为格，主目与主大小将冲太乙之宫为对。详见下文。

主客忽然同一位，客关主人最可忌。为将便须切记之，先起为良后灾至。

谓主客大小将相值同宫，数齐为关。关之为义，将相自相嫉忌，事不由君而相攻克，以算多者胜，和者胜。大抵先有主而后有客，主不能关客也。当此时，宜先举者胜。

汉献帝建安二十四年己亥，系第一甲子元三十六局。其年太乙四宫，天目在大武，计神在高丛，始击临大威，客算得二十七。大将在七宫，与天目同宫，此乃客关主目也。故蜀、魏、吴不尊献帝，自相攻伐。关侯攻樊城，破曹仁，吕蒙袭荆州，破关侯，乃先举者胜也。

诸将若同太乙宫，名曰囚兮有悲泣。

天目主客大小四将与太乙同宫，号曰囚。囚者，拘系而执之之义。主有奔亡篡弑之祸，若在易绝之地，大凶；在绝阳绝阴之地，自败宦官之算。和者成；不和者谋不成也。行兵遇囚；所当之将有凶。宜避之也。

梁元帝承圣三年甲戌，系第一甲子元第十一局。其年太乙在四宫，高丛为天目，主算得单四，主将在四宫。此即齐数为关，同宫为囚，元帝身被俘馘也。

格

格在太乙望始击，只此一名须秘密。

始击与主客大小将与太乙宫对为格。格，言上下相格。变易其君之义，臣挟君主之象，若在绝阳之宫，必败。岁计遇之，人君不利有为。

梁简文帝大宝二年辛未，系第一甲子元第八局。太乙在三宫，天目在阳德，计神在天道，始击临大武。此年始击格太乙，侯景逼梁主禅位于豫章王，寻弑之。

对

天目若冲太乙宫，号曰对兮必无贰。

文昌宫与太乙宫相冲为对，主大臣怀二心，君逐忠良，将吏奸回，民多徂诈，以不逊君故也。

晋惠帝永兴元年甲子，系第二丙子元四十九局。太乙在一宫，天目临大炅，与太乙宫对，其年刘渊诳归。

掩

客目太乙同为掩，客非利兮定遭遭。始击掩主最为凶，算不利兮殃此年。

始击将与太乙同宫为掩。掩者，掩袭击杀之义。岁计遇之，王纲失序，君弱臣强，不然外郡侵伐，盗贼蜂起，如在绝阳之乡，为人君凶；绝阴之宫，则大臣诛。

隋炀帝大业七年辛未，系第一元甲子六十八局。太乙在八宫，大神为天目，天道为计神，始击临地主，格掩太乙。其年王纲繁苛，徭役频兴，烟尘蜂起，天下骚动。

击

若在左右鸣为击，内外仍分后与先。

击者，上凌下替击搏之谓。乃始击在太乙先后一宫也。在前为外击，在后为内击。外击则诸侯逆命，大臣悖叛，外夷侵凌；内击则主同姓内宫后妃之属专权背叛。间神急，正宫缓。岁计遇之，凶，不利先举。

汉安帝延光二年癸亥，系第五壬子元第十二局。太乙在四宫，天目在太阳，计神在高丛，始击临寅，在太乙后一位间神之宫内击。是年内宫张让、段珪等专政卖官，诛戮大臣也。

晋安帝义熙十四年戊午，系第四庚子元十九局。太乙在八宫，天目在武德，计神亦在武德，始击艮三宫，在前一宫外击。是年赫连据长安，刘裕废帝。

迫

文昌主客大小将，太乙前后慎勿向。此为宫迫太乙尊，间神之道更凶论。遇此之时须守分，用将行兵去不存。

文昌主客大小四将在太乙前后一宫者皆为迫。在宫为宫迫，在辰为辰迫。宫迫灾缓，辰迫灾急。在前为外迫，在后为内迫。迫者，逼迫挟持之义。上不以道驭下，下不以义忠上，上下凌迫，有挟持之象。外迫大臣逆命，内迫或后妃同姓之属有谋算。和者谋成，不和者谋不成。若在绝阳之地，先胜后败，用将行兵，去不回也。岁计遇迫，人主忌之。

晋简文帝咸安元年辛未，系第三戊子元四十四局。太乙在八宫，阳德为天目，外辰迫；主算三十三，主大将三宫，外宫迫，是年桓温废帝。

汉成帝阳朔元年丁酉，系第三戊子元第十局。太乙在四宫，天目在吕申，主算单一，内辰迫。其年姻戚王氏专权，内通宫室。

提挟

次论提挟灾难测，太乙天目挟于客。客与太乙挟主凶，用兵遇此行多厄。

提挟者，推势挟持之义。主客二目，或一与太乙在正宫为提，在间神为挟。主文臣专权之象。算和，凶；不和，死。文昌与太乙挟客，客凶；始击与太乙挟主，主凶也。

晋安帝隆安元年丁酉，系第三戊子元七十局。太乙在九宫，天目在天道，主算得三十，主大将三宫。计神在大神，始击临高丛，客算单四，客大将四宫。太乙与主将挟客子四宫，则主胜而客败也。是年魏主拓跋珪图中山，破慕容鲜。

大忌挟持太乙宫，为将用之丧其躬。

此谓主客将挟太乙宫也。客大将、客参将或客目挟太乙。则客将死；若主目、主大小将挟太乙，则主将死。如遇提挟，不可兴师出战，战必败。为将者慎之。

汉献帝建安三年戊寅，系第一甲子元十五局。太乙在六宫，天目在大威，计神在地主，始击临大武，客算得单七，客大将在七宫，客参将在一宫，乃客挟太乙，不利为客。是年曹操攻吕布，杀之。操得为主之道也。

四郭固

经中更有四郭固，不离提挟在其中。

四郭固者，经中皆不直指。盖固者执滞不通之谓。乃客主大小将皆提挟或囚迫掩击为四郭固，盖重叠之语也。岁计遇之，主有篡弑之事。此内外环围迫挟君父之象。人君宜修德政，远谗佞，纳忠良，求直谏也。

汉灵帝中平二年乙丑，系第一元甲子第二局。太乙在一宫，太簇为天目，主算单六，主大将在六宫，主参将在八宫。此提挟也。客目临阴，主客算得单一，客大将在一宫，客参将在三宫。此掩击也。乃主客二目并主客大小将提挟掩击太乙宫，是四郭固也。是年黄巾反乱，董、曹兵起。

门发将具

仍看五将发不发，三门具时听细说。客目击将将有囚，主目发时君欢悦。

五将发者，太乙为监将，文昌为主目将，始击为客目将，主目所生为主大将，客目所生为客大将，是谓五将。值关囚、挟迫、格对等向为不发，若不值，是为发也。三门者，开、休、生也。如主将发，又会三门之下，此大吉也。

文昌之宿若无迫，始击纵横不对格。谓之将发喜来迎，大利兴师宜远征。

此复解上文五将发不发之意。文昌与主大小将无囚迫挟者为主将发，利为主也。若始击与客大小将无掩击格挟者为客将发，利为客也。反此皆为不发。发则宜扬兵出战，攻击取胜；不发则宜屯兵固守，潜以待隙为吉。

八门起例

常以开门加太乙，各门临处有凶吉。杜死惊伤有灾沴，开休生下欢盈溢。

凡阳遁，皆以开门；阴遁，皆以杜门。为直事，常加太乙宫。二遁皆顺行八三四。以开、休、生、伤、杜、景、死、惊为序，视主将在开、休、生门下者吉。如岁计占用三门下分野，物阜民安，不然则灾沴作矣。

假令第三丙子元辛丑年二十六局，其年太乙在一宫，便以开门加乾一宫，顺行则休临坎，生临艮，伤临震，杜临巽，景临离，死临坤，惊临兑是也。余仿此。

又法：二遁直事所加则异，八门定向则同。

以上十条皆释局之要旨，人能触类究理，则天意明于上，人事验于下矣。

开门为直使，加太乙一宫，顺行则休门临正北，生门临东北，死门临西南。此阳遁例也。

夏至后用阴遁。太乙初起，九宫为首，次八、七、六、四、三、二、一为序。

天目起寅，亦顺行，遇艮巽，重留一算。计神起申，亦逆行十二支，求始击将。计神仍加和德上，顺行十六神，视天目下为始击将，自二目所在，亦顺行，数至太乙前一宫止。为主客算，乃大将官，弃十不用余。一数乃一宫也，二数乃二宫也。

大抵阴阳遁惟时计用之余岁月日三季皆不用也。凡太乙在宫，八门直事，计神所在，主目位次，皆以阳遁对冲，推客目并八门定向与遁皆同。各依宫数顺算正宫间神，悉如阳遁法。对冲者，一九对、二八对、三七对、四六对是也。

假令夏至后庚子日寅时用事，仍以甲子日起算，积至庚子日，得三十七算。

夫太乙者，人君之象，不可得而凌犯。盖天目者主将，我之辅翼也。在太乙同宫，曰关，曰囚，由臣之入于宫掖也。君暴则臣诛，臣奸则君弑，各相衰旺，以定之也。如在太乙前后一宫者为迫，由臣之迫胁君父，以犯阙廷，则诸侯逆命，臣下反叛。理也。与太乙宫冲，冲则名为对，此不逊君也。主大臣怀奸。阴蓄异志，与夫客目、客将，我之仇敌也，可远而不可近。同宫曰掩，则有篡弑之祸。冲宫曰格，则多侮犯之虞。挨宫之前后者，通名曰击，则侵凌畿甸，毁渎朝廷，是不期而然矣。宫前曰外击，乃异姓王臣之辈；宫后曰内击，乃后妃阉寺之类。皆详其衰旺易和而休咎自不容逃矣。

数主阴阳

一三七九属单阳，不宜出军可自防。二四六八十单阴，伏匿隐藏作主强。

一、三、五、七、九，数为阳；二、四、六、八、十，数为阴。若太乙主客二目在阳宫，数得阴为和；在阴宫，数得阳为和。和则利攻战。不和则利固守潜伏。经曰：能识奇伏，转祸为福。斯之谓也。

十四十八为上和，将军更有喜情多。二十三逢祯祥见，经中更有说次和。二十九并三六二，塞休兵静偃干戈。下和十二连十六，二十七兮有资福。又占三十四为祥，三十八兮多天禄。

十四、十八、二十三为上和，国有祯祥，主客二目得此为将者大利。二十九、三十二、三十六为次和，天下休兵，兆民丰乐。十二、十六、二十七、三十四、三十八为下和，岁计遇之，人民安乐。

汉文帝元年壬戌，系第五壬子元七十一局。太乙在九宫，天目在大武，主算得二十九，乃为次和。是年天下安平，兆民富庶。

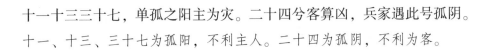

十一十三三十七，单孤之阳主为灾。二十四分客算凶，兵家遇此号孤阴。

十一、十三、三十七为孤阳，不利主人。二十四为孤阴，不利为客。

宫数易和

一是纯阳九绝阴，二方之气最凶深。次二与八为易气，三七为和最须记。四六为绝正旺乡，若遇休关灾自至。

一属乾，阴极而绝于阳。九属巽，阳极而绝于阴。阴阳到此而穷极，此为绝阳绝阴之数，得此最极。二为离，应午；八为坎，应子。子午为冬、夏二至之首。阴减而阳生，阳消而阴长，乃阴阳将易之数也。三属艮，而三阳用事，万物欲苏也。七属坤，三阴用事，万物将成。此阴阳相生之数也。四属震而应卯，六属兑而应酉，乃春秋之分，阳盛交而衰，阴盛交而败。卯为阳气正而盛，酉为阴气正而盛，主各逢客，自招祸也。若主凶格而主凶。太乙在阳绝之地，遇凶关迫击者，则主大凶也。

天变

岁计单一至于九，天有变兮生灾咎。彗见从来灾渐生，雷电四时还总有。

天变谓彗孛飞流出现，五星差度，雷电霜雹非时，云霞变怪推日月薄蚀也。谓太乙初入宫一年，主算得一二三四五六七八九，或关囚格对，及阴阳不和，则有天变也。又曰：无天则有天变，谓算无十也。若遇午而下上不相连接，则有灾变出现，尤重人君，冢宰当之。

宋仁宗庆历八年戊子，系第三戊子元第一局。太乙在一宫，初入一年，天目在申，主算得单七，是为天变。其年无云而震者五，夏竦免相，不利冢宰也。

地变

十一十二二十二，三十二分号无地。十三十四二十三，三旬之数尽合记。二十一并二十四，两旬一二相连次。三十一同三十三，三十四逢亦须记。太乙经中乃明载，算没五号号无地。年忧地震预年知，虫虎山河为变异。

以上为无地之算。为算不及五，主地震山崩，海溢河竭，飞蝗竟天，人民相食之变，应司空之象也。谓岁计逢十一、十二、十三、十四或二十一、二十二、二十

三、二十四，及三十一、三十二、三十三、三十四，皆为无地之算。号曰地变。更遇关囚掩迫，绝气相死，尤凶。

鲁襄公二十四年，即周灵王二十三年，壬子，系第五壬子元第六十局。太乙在六宫，天目在子，主算得二十三，是为无地。其年大水，人民大饥。

人变

单十二十三四十，口舌妖言交杂入。谓之人变好修禳，莫待临期有悲泣。

主算得单十、二十、三十、四十，谓之人变。主有口舌妖言，盗贼聚起，兵丧流亡，怪异瘟疫，大人庶人之象也。

魏明帝孝昌四年戊申，系第五壬子元五十七局。太乙在三宫，天目在阴主，主算得单十。是年盗贼蜂起，尒朱荣反，应人变也。

三才足

若得十六二十六，名曰三才天地足。十八十九二十九，国有祯祥天降福。

算得十六、二十六、三十六、十七、二十七、十八、二十八、三十八、十九、二十九、三十九，岁计遇此，即有祯祥，民安年丰，为三才俱足之算。若无关囚、掩迫、格对、提挟等，则应祯祥也。汉高祖七年辛丑，系第五壬子元五十局。其年太乙在一宫，天目在六神，主算得十六。是年长乐宫成，四海偃戈，人民安乐，礼乐初兴，知皇帝之贵也。

评十数

一二为宫占在君，阴阳和合气氤氲。

一为正宫，二为比宫。岁计遇此，占在君，算和，无囚迫，则人君有庆；不和，囚迫，则天变有忧也。

后赵石勒建平元年庚寅，系戊子元第三局。太乙在一宫，天目在阴主，主算得单一。其年石勒称号即位。缘天目迫太乙宫为急，故享国不久，国亦寻灭。

三四徵兮宗庙尊，和与不和细区分。

三为正徵，四为比徵。有变在宗庙，算和，则有增饰，迁神主，加尊号；不和，更囚迫掩击，则主废陷。

新莽建国三年辛未，系第三戊子元四十四局。太乙在八宫，天目在阳德，主算得二十三。是年王莽修饰太庙，追赠伊祖尊号。缘主大将宫迫太乙，迫后宗庙遂废毁也。

五六为羽后妃属，吉凶便益依经局。

五为羽，六为比。羽占在后妃，算和，无囚迫、击挟等则有庆立之吉；反此，则有丧废之忧也。

汉惠帝元年丁未，系第五壬子元五十六局。太乙在三宫，天目在太簇，主算得十五。杜塞不通，兆在后妃。是年吕氏专政，戚姬遭人彘之祸。

唐睿宗景云元年庚戌，系第三戊子元二十三局。太乙在九宫。天目在阴德，主算得十六，天目对太乙在九宫。是年韦后毒中宗而遭诛。

七八商音应子孙，数中得此细重论。

七为商，八为比。商岁计得此，占在子孙，无关掩囚迫等，则太子有成立之象；算不和，更兼囚迫关格，则有废黜之忧也。

唐中宗景龙元年丁未，系第三戊子元二十局。太乙在八宫，天目在太簇，主算得单七。其年太子重浚诛，武三思被左右所杀。

九十自来属角音，岁计临之算庶人。

九为角，十为比。角，占在庶人，算和，无囚迫，民安物阜；若不和，更值囚迫等，则疫疠饥馑，人民流亡。

晋穆帝永和八年壬子，系第三戊子元三十五局。太乙在一宫，天目在地主，主算得三十九。算不和，兼天目宫迫太乙宫。是年兵戈疫疠天下，人民流荒。

算数气和无囚迫，乐产经中应自神。

此总结上文之意。是数计之数，各以类占。若无掩击、囚、迫、关格、提挟，则各有喜庆；反此，则各有凶灾也。

主客定计

为客最难详定计，便以合神加太岁。文昌临处审根源，依数算来太乙前。亦如主客推之法，是为定计各军全。得此故为偏助客，关囚格对类前篇。

定计者，是为客重审之算。盖以客难而主易，是以再审而用之。定计若无关格掩击等咎，为客大利。用年则以年支合加太岁。用月则以月支合加月建，用日则以日支合加日支，用时则以时支合加时支。顺行十六神，看文昌所临之下，是为定计之目，即于本目下起数，亦如前求主客数法。命之得算而为客定计大将之宫，是以重而审计，以助客之吉也。合神者，如子与丑合，寅与亥合，卯与戌合，辰与酉合，巳与申合，午与未合是也。

汉献帝建安五年庚辰，系第一甲子元十七局。太乙在七宫，天目在大武，主算得单七。主大将在七宫。乃关而又囚。计神在阴主，始击在大义，客算得二十七。客大将在七宫，此乃主客同关。经曰：主不能关客。又见客算长利深入，便以庚辰年合神酉加太岁辰位。天目临吕申，起算太乙前，十六乃为定计目也。计大将在六宫，计参将在八宫是也。此局利于为客，故颜良攻刘延，关侯救刘延，二家皆屯黎阳。此乃陈兵原野，旗鼓相望，先动为客，故关侯先动而斩颜良于万众之中也。余仿此。

审主客

主客前后如何断？备此歌中条条贯。平安之岁八方宁，先起客兮合天算。后起为主合古义，鸷鸟猛兽潜其迹。掩人不备暗中窥，累岁用兵战必克。

此言主客先后之义也。审动静之机，察吉凶之兆，推威德之应，若陈兵原野，旗鼓相望，先动为客，后应为主。若安居之时，相征相战，先举者为主，后应者为客。王希明曰；审天道顺逆，必须先定主客之算。若主客算善，三门俱，五将发，阴阳和，利于兴师，所向必克；若主客算恶，三门不具，五将不发，阴阳不和，陈师必凶，所向必败。又须明主客动静而分吉凶。若算长，和，必胜；若算短，不和，必败。凡太乙所在，明天道顺逆、主客动静之用。夫主者，兵所归也。客者，兵所举也。大抵安居之代，四境宁静，先起为主，如鸷鸟猛兽，敛身弭后，掩人之不备也。但为主，不必求定计。

大抵主客机微，最难辨认，动静万状，变化无穷。或有变客为主，亦有化主为客，非可胶柱论也，在智者临机推测。而本经言陈兵原野，旗鼓相望，先动为客，后应为主，此言彼我兵皆出疆，两营相对，彼若先动，我守彼攻，此我主而彼客也。我若先动，彼营未动，则我客而彼主也。至于安居之代，先举为主，后应为客，此变客为主也，其道非止主客之论。诚使彼兵先举，临我边疆，营垒久待，我兵出攻，彼反为主，我反为客，此先举为主也。或彼虽先起，我有预备，来则战，彼虽先举，犹客也。如此其可概论哉！要不过静则为主，动则为客也。

论浅深

算长宜利于深入，为将行兵宜急速。算短觑长利浅攻，误用之时救无及。

算长者，利深入，行兵宜急。算短者，利浅攻，行兵宜缓。数得十以上为长，以下为短。客算长而主算短，则主败；客算短而主算长，则客败也。

定胜负

将将相关多恐惧，一泉二蛟林二虎。为将先须细辨论，五行相克谨搜寻。二目纳音何以定？主来克客主军赢。客克主兮主不利，若也同音三阵平。

此为主客诸将相关也。犹一林居二虎，一泉住两蛟，其势必争而分胜负。谓太乙主客各有胜衰，势不两立，若不得已而战，以二目纳音决之，取五行生克为用，谓武德、太簇、阴德属金，吕申、高丛、太炅属木，大义、地主属水，大神、大威属火，和德、太阳、天道、大武、阴主、阳德属土。

假令主目在高丛卯木上，客目在阳德丑土上，木克土，主胜客败；若客目在阳德丑土上，主目在武德申金上，金土相生，阴阳和同，战必和解也。

岁乙相格

太乙太岁如相格，举动兵戈有忧结。

太乙格太岁之年，主有兵戈。元女曰：岁乙相格，主有兵戈之患。详见下文。

太岁忽居未与申，三宫太乙格为津。彗星若见东北隅，助太岁兮喜复新。若见西南为囚迫，疾病兵丧多凶厄。

太乙在三宫，太岁临未申，为格对，当彗出东北助太岁，有庆。我比虽有格战，灾亦轻。如第一甲子元辛未、壬申、乙未、丙申、己未、庚申，第二丙子元癸未、甲申、丁未、戊申、辛未、壬申，第三戊子元乙未、丙申、己未、庚申、癸未、甲申，第四庚子元丁未、戊申、辛未、壬申、乙未、丙申，第五壬子元己未、庚申、癸未、甲申、丁未、戊申：此三十也。

太乙移来在四宫，酉年为格灾难测。当应太白出西方，兵宁道泰强家国。木星东北不为祥，岁月灾迍为兵革。

太乙在四宫，太岁在酉，当为太白出西方助太岁。东国前败，西国后败。彗星东见，却主崩亡民流，兵革疾疫也。如第一甲子元癸酉、丁酉、辛酉，第二丙子元乙酉、已酉、癸酉，第三戊子元丁酉、辛酉、乙酉，第四庚子元已酉、癸酉、丁酉，第五壬子元辛酉、乙酉、已酉年是也。

若也太岁居于午，太乙八宫相格苦。南方或有荧惑星，助太岁兮为甘露。辰星北现变为凶，兵革崩亡伤旱雨。

太乙在八宫，太岁在午，当有荧惑出南方助太岁。其占北国先败，南国后败。若辰星北出，则反为兵革崩亡，时雨不调，若伤民疫，为灾尤甚。如第一甲子元壬午、丙午、庚午，第二丙子元甲午、戊午、壬午，第三戊子元丙午、庚午、甲午，第四庚子元戊午、壬午、丙午，第五壬子元庚午、甲午、戊午年是也。

岁次加临戌亥年，太乙居九最迍邅。五谷丰登何宿现，彗星为出巽方边。更兼挟迫恶疾疫，人民寥落为兵迁。

太乙在九宫，太岁次戌亥，彗星出乾助太岁。五谷丰登。若出东南，则反主民亡兵革，瘟疫流行也。如第一甲子元丙戌、丁亥、庚戌、辛亥、甲戌、乙亥，第二丙子元戊戌、已亥、壬戌、癸亥、丙戌、丁亥，第三戊子元庚戌、辛亥、甲戌、乙亥、戊戌、已亥，第四庚子元壬戌、癸亥、丙戌、丁亥、庚戌、辛亥，第五壬子元甲戌、乙亥、戊戌、已亥、壬戌、癸亥是也。

五福 十神

五福太乙行次宫，乾艮巽坤末兼中。四十五年移一位，上元甲子起一宫。

每宫常住四十五，除之不及，命起一宫，主四十五年，满则交入二宫。

唐太宗贞观八年甲午，是年五福入中宫，故京洛之分，四十年物阜民安，而有贞观之治也。

自贞观八年甲午起，至明天启三年癸亥止，凡九百九十年。以二百二十五年为一周，两除为四百五十，四除去九百，尚余九十年。

以宫法二除去九十，自天启甲子起，五福入艮宫，至丁卯，四年矣。

大游

大游太乙最为凶，入宫逆数见形踪。七六四三二一九，数论原来八是终。三十六年移一位，上元起七逆回宫。

大游太乙，天地凶神，逆游八宫，不入中五。起自七宫，三十六年移一宫，十二年治天，十二年治地，十二年治人者。察人君善恶，二百八十八年一周，复起七宫，所临邦国之分，主水旱兵荒、流亡恶事。智者宜预避之。

经曰：大游在阳宫，蜀汉可全身。大游在阴宫，辽东不用兵。大游在一八三四，为治阳宫，则西南巴蜀之地无凶事。若在九二七六，为治阴宫，则辽东之间无事。

七六四三二一九八，此大游所行之序。自始建甲子起，一积至所用之年，以二百八十八累除之，余者不及数。命起七宫，主三十六年，满则交入六宫。又主三十六年，满则交入四宫也。隋炀帝大业元年乙丑，是年大游入三宫，艮地为青州之分，自陈、隋以来，连年灾旱兵戈，民人死伤无算。

查自大业元年乙丑入三宫算起，至天启四年甲子止，共一千二十年。以小周法三除去，尚余一百五十六算。又以宫法三十六数四除之，零一十二算。入八宫子地，至天启七年丁卯，十五年矣。

太乙统宗，自后唐明宗长兴元年庚寅岁大游入七宫起，至天启三年癸亥止，共六百九十四算。以小周法二除之，尚余一百一十八数。又以三十六宫法三除之，尚零十算，顺行则在乾一宫，已十年，自甲子至丁卯年，已十四年。俱与淘金歌顺逆不同，俟考。

三基

三基太乙行宫别，君主三十为定则。臣基三岁民基一，君臣午上为初说。民基起戌是根源，顺行十二为真诀。

三基者，君、臣、民基也。盖君基太乙，人君之象，圣人南面而治，顺天之道，治天之位，故起午宫也。臣基太乙同起午宫，顺行十二支，三年移一宫，三十六年一周，复起午宫。盖君臣承赞王业，不可相离之象，故君臣同起午也。民基太乙起于戌宫，顺行十二支，一年移一宫，十二年一周，复起戌宫。盖人君化民而治，庶民不可与人君同行也。金镜式云：凡三基，太乙所在之邦，不可攻伐，主钝兵挫锐，惟遁世者利往其国也。

君基太乙者，人君之象。若所临之国主守而强，五谷丰登，兵强将勇，远近归服，所临分野，若人君修德，上浃天道，下合人心，王化升平，民登富寿。若妄行徭役，窃弄兵戈，重征赋税，广营宫室，此为不浃天道，反为水旱灾异也。

自上元甲子起卯邦，顺行十二支，每三十年移一宫。

君基于天启三年甲子入辰宫。

臣基太乙者，辅佐之象。所临之邦，当生义士忠臣，文武辅佐。所在分野，人民富寿，五谷丰登。

自上元甲子起午宫，行十二支，每三年移一宫，三十六年一周。复起午邦，以三十六累除之，不及者起午。

臣基于天启三年甲子入戌宫，三年至丁卯，入亥宫。民基所临之邦，其民富寿，五谷丰登，无兵戈疫疠之患。自上元甲子起戌，顺行十二支，每一年移一宫，积算以十二累除之，十二年一周，起戌。

民基卯年在丑。

图邦二十基三

晋韩燕吴齐魏
卫周赵楚宋
申午巳辰卯寅丑子亥

四神　绛官　明堂　玉堂

次第推求四太乙，水火金木为殃疾。每常三岁移一宫，上元甲子起于一。九宫尽后接绛宫，通共十二为原则。

四神太乙者，乃天乙水气之元神，立纲正纪，所在之分，有道之邦则昌，无道之代则凶。如其方不吉，人主谨德慎政，则改为吉；不然，兵革水旱，人民相食。

自上元甲子起一宫，顺行十二宫，每三年移一宫，三十六年一周，复起一宫也。

一、二、三、四、五、六、七、八、九、绛、明、玉，十二宫之次序也。自上元甲子积至所用之年，以三十六累除之，不及者命起一宫，每三年移一宫，顺行也。

天乙

天乙太乙乃金精，顺次推排十二宫。甲子上元从六起，三年一徙顺行踪。

天乙太乙，即乾宫真一之气，取六宫逆金之气，其体属金，肃杀万物，兵革相徙。所临之邦，即有胜负，谓金有决断之气。所在分野，兵戈大起。

自上元甲子起六宫，顺行十二宫，每三年移一宫，三十六年一周，复起六宫。

六、七、八、九、绛、明、玉、一、二、三、四、五，此天乙所行之序也。自上元甲子起，至所用之年，以三十六累除之，不及者命起六宫，每三年移一宫，顺行也。

地乙

地乙死丧最凶言，上元甲子九宫九。顺行十二宫中序，三年亦易亦如前。

地乙太乙者，六己土神也，掌握方隅，所守之土舍，主兵戈饥荒，人民流亡。若临无道之邦，凶灾尤甚。所临分野，五谷不收，兵革水旱尤旺四季之宫。

自上元甲子起九宫，顺行十二宫，每三年移一宫，三十六年一周，复起九宫。

九、绛、明、玉、一、二、三、四、五、六、七、八，此地乙所行之序也。

自上元甲子，积至所用之年，以三十六累除之，不及者命起九宫，每三年移一宫，顺行也。

直符

直符旱涝厄虫蝗，阴旺尤甚作灾殃。上元甲子元从五，十二宫中顺数详。

直符太乙者，阳元之火神也，天地之使星，天遣观察人间善恶，掌万民祸福。若临无道之邦，兵革水旱，蝗虫饥馑，人民流亡，赤地千里，若乘生旺之宫，为灾尤甚。

自上元甲子起五宫，顺行十二宫，每三年移一宫，三十六年一周，复起五宫。

起法五、六、七、八、九、绛、明、玉、一、二、三、四，此直符所行之序也。

自上元甲子，积至所用之年，以三十六累除之，不及者命起五宫，顺行，每三年一宫也。

阳九

太乙阳九灾要算，四千五百六十看。一元为首灾甚明，天急斯时宜修善。又有四百五十六，亦有灾兮小数足。小元必定是饥荒，大数终时天下哭。

此乃阳九厄六之期，以四百五十六年为一元，十元为一大元，乃四千五百六十年。自始有甲子之年除起，值小元临终，饥馑兵荒；值大元临终，天下荒荒，厄会之期矣。凡入厄会之期，大则百年，小则旬岁之灾。

自始有甲子，积至所用之年，得数以四百五十六年累除之也。

阴六

太乙在厄要参详，二百八十八数当。大厄之末别有数，四千三百二十殊。小厄尽时灾较可，大厄穷终都会亡。

此乃阴六厄会之期，以二百八十八为小厄，十五小厄乃一大元，计四千三百二十年也。小元临终，犹有旬载之凶；大厄终时，则有百年之乱也。

自始有甲子，积至所用之年，得数以二百八十八累除之是也。

十二宫分野

一宫冀州	二宫荆州	三宫青州
四宫徐州	五宫豫州	六宫雍州
七宫梁州	八宫兖州	九宫扬州
绛宫交州 离	明堂益州 坤	玉堂幽州 艮

释太乙式仪

昔者燧人氏仰观斗极而定方位，庖羲氏因而画八卦。逮乎黄帝受命，创制式仪，为体三重，上青、中赤、下黄，天地人备矣。天有十二次，地有十二辰，旋斡十二中并罗合六神，以定神位也。

释运式仪

第一，详太岁所在辰。

欲求计神合神，故先计之。计神者，太岁在寅，计神在子，以次逆行十二辰，俱十二年一周。

第二，详太乙所在宫。

以算求之而得其数，备在前术也。

第三，详何神为天目。

天目者，文昌将是也。以算求之，从武德行十六神，遇阴德、大武，重留一算，而得所在。阴德为乾，大武为坤，乾为天门，坤为地户。天目之神，行至天门地户之方，以伺其命，故重留一算以待之。

第四，详何神为计神。

欲加和德宫，求客目计，以立始击将也。

第五，详以计神加和德之宫。

和德为艮宫之名。艮为鬼门，方求幽冥吉凶之初，故曰鬼门。神户以计谋之，加和德宫，文昌将临之，所得为始击将也。文昌将为主人，始击将为客是也。曰主而得客之义也。

第六，视天地二目各在何所。

文昌将名上目，亦曰天目，属主计用之也。始击将名曰下目，亦曰地目，属客。天有动而机无穷。客主静，故始击将属客，客计用之也。配天者地也，静以待之。主注静，故文昌之将属主，配地。然求之曰：主以待客也。其上下二目，亦总名之曰天目。

第七，直算求客主将所在。

先视天目所在，为主人计之首。天目在正宫，从正宫数所起；若在间神数，从一起。常左门依宫数数于地位来，至太乙之宫止。所得之数，名为主算。次计神加和德宫，视上天目所临，为始击将。在正宫，从正宫数起；若在间神，从一数起。常左行数于地位来，亦至太乙之宫止，名曰客算。盖算者，筹算之谓。二目者，二相之谓。是二相定筹于算上，以禀君命；而行太乙法人君，故至太乙宫前止而算之数也。故算多者、长者胜，少者、短者负也。

第八，论主客置算以命大将。

凡算得十则置一，算得二十则置二，算得三十则置三，算得四十则置四，算若得十六，弃十置六，余者皆去其整以取其零数者，为大将之宫也；因而三之，则参将所在之宫也。

第九，论定计所在。

定计即重审客也。为客难先起不易故也。常以太岁合神，加太岁所合，视下所临为定计，置算立大小将，不同前法也。

太乙式不同

一宫在乾，主冀州、并州。若文昌将关囚，必有相迫挟之义。

乾者，君之位也。文昌将关囚，是谓相佐迫挟之象。

二宫在离，主荆州、豫州。太乙临之，人君诛将相。

离者，南方之卦，明堂之位也。故太乙在离宫，犹人君处明堂布政。人君当审顺逆，察正邪，则诛戮应之。

三宫在艮，主青州。主后妃。始击将临之，嬖宠进官，中兵起。

客之所在，以应所冲；主之所在，以应所临。始击将即客上将，在艮宫，其应在坤。乾为父，坤为母，故坤为纯阴之卦，主后妃。又坤属土，主中宫，始击主后兵，是以嬖宠进中宫，兵起也。

四宫在震，主徐州。若始击临之，西戎侵。

始击属客，以应所冲。其冲兑，兑主雍州之郊，有西戎在焉，故主西戎侵也。

六宫在兑，主雍州。若客大将临之，南楚侵。

客大将所临，以应所冲。兑冲震，震主徐州之郊，而有南楚，故主南楚侵。始击临之亦然。

七宫在坤，主梁州、益州。若主大将临之，梁益兵起。

主大将所应，即在所临。临坤，主梁、益州兵起。

八宫在坎，主兖州。太乙临之，大臣诛。

坎者，北方之卦，紫微宫帝庭之所，太乙居之，向明而治，以考善恶。为名二目因对大臣悖逆，人君诛之也。

九宫在巽，主扬州。若客大将临之，北狄侵。

客大将所在，以应所冲。巽冲乾，主冀州、并州之郊，西北狄在焉。故主北狄侵。

八、三、四、九为阳宫，二、七、六、一为阴宫。一宫为纯阳，九宫为纯阴。

五月一阴，至戌月单阴，至亥月纯阴。戌、亥一宫之地故曰纯阴也。十一月一阳，至辰月单阳，至巳月纯阳。辰巳九宫之地。故曰纯阳也。

四、六为绝，二、八为易。

四卯六酉，春秋分位，阴阳气别，故曰绝气二八为易，二午八子。冬夏二至之位，阴阳之气交易之始，故曰：易气太乙，与掩迫关击，在易绝之地，皆凶。

八门所主

天有八门，以通八风。地有八方，以镇八卦。仍取纪纲，从其年，即各随其门吉凶而行矣。

开门以远行，拓土开疆，宜西北出师，建旗帜，立城隍，凡举百事，吉。

休门宜进伐，聚众理兵宜北行，凡举百事，战伐大胜。生门宜营建，拜官宜东北行，吉。战伐大胜，凡百事吉。伤门宜渔猎，讨捕见血之事行，掩袭刑杀向方，吉也。杜门宜隐伏，讨伐恶逆，不宜战伐出军，坚守待敌，吉。凡举百事，凶。

景门宜振扬，士卒及突围不敢战，宜和亲。向南出，吉。凡举百事，大凶。

死门宜死丧，弋猎埋葬，向西南行，吉。宜固守，不利战斗，大败。惊门宜攻城，击战扬兵宜西行，吉。宜伏兵掩袭。凡举百事，凶。

又八门，开、休、生三门大吉，景门小吉，杜、伤、死门大凶，惊门小凶。

吉门有气，大吉；无气，中平。凶门有气，大凶；无气，中平。

释十六神所主

《尔雅》曰：气和为玉烛。《律历志》曰：太极运三辰五星于上，而元气转三统五行于下。大易之一气分为二，谓刚柔也。化而为四时，谓春夏秋冬也。行于十二次，四维代序不同，是为十六神也。

乾神曰阴德。秋交将变，阴气大行，故曰阴德。

亥神曰大义。建亥之月，六阴皆备，阴之义大，故曰大义。

子神曰地主。建子之月，阴气尚行，一阳初生于下，与地为主，故曰地主。

丑神曰阳德。建丑之月，二阳用事，见龙在田，阳德施普，故曰阳德。

艮神曰和德。冬春相交，阴阳气和，群物方生，故曰和德。

寅神曰吕申。建寅之月，木之气旺，万物初生，吕屈者申，故曰吕申。

卯神曰高丛。建卯之月，木气大旺，万物初出而布地丛，故曰高丛。

辰神曰太阳。建辰之月，阴气退藏居天位，故曰太阳。

巽神曰太炅。大明之甲也。春夏相交，盛暑方至，阳气大，故曰太炅。巳神曰大神。

午神曰大威。建午之月，阳气上行，一阴初生，逼于阳。阳气盛极，天地交酷，故曰大威。

未神曰天道。建未之月，二阴用事。是坤之六二，直方大。象曰：直方大，不习无不利，地道光也。故曰天道。金照曰：建未之月，火能生土，土于此旺。故未曰天道也。

坤神曰大武。金火相交，阴气始令，杀伤万物，故曰大武。

申神曰武德。建申之月，金之气旺，万物将死，荠将生，故曰武德。

酉神曰大簇。建酉之月，阴气大旺，万物皆熟，大有品族，故曰大簇。

戌神曰阴主。建戌之月，阳气居藏，阴气居天位，故曰阴主。

释始击将临四七之舍

始击将者，荧惑之精，随岁之所加，临二十八舍于岁中，各有所主之事。

东方七舍：角，大人有忧兵亡。亢，有疾病之灾。氐，内有大灾。房，将相有忧。心，太子诸王有忧。尾，后宫有惊。箕，士卒流亡。

北方七舍：斗，关梁闭塞。牛，籴贵岁饥，牺牲鸟死。女，后妃疾，火灾。虚，诸侯有变，更改政令，有赦，王哭泣。危，岁多疾病，兵起。室，岁不收。壁，文章发。

西方七舍：奎，神为蘖。娄，山林有贼，道路不通。胃，五谷不登。昴，胡人疾病，燕兵起。毕，边兵刑罚。觜，牛马急行。参，宫室有移动，事将有忧。

南方七舍：井，有水灾。鬼，民安疾病。柳，民流亡。星，忧火灾。张，礼义多变。翼，阴阳失序，雨水。轸，有大丧。

释定目将主八门之方

八门占吉凶，定计推灾变。此八门直事，加定计大将之宫，以占九州之灾变。开门临处，所向通达。休门临处，疾病灾伤。杜门临处，闭塞不通。景门临处，火光怪异。死门临处，死丧埋葬。惊门临处，惊恐民流。

十一神所属

始击，火。	定计，水。	主大将，金。	文昌，土。
太阴，水。	太乙，金。	主参将，水。	合神，水。
客大将，水。	计神，金。	客参将，水。	

附：八方风

乾坎艮上有风至，利客先举莫留停。震巽离宫信风至，后举为主定成功。坤风谋败两不利，风来兑上客伏兵。主宜备设方获吉，过此之时必见凶。

又

太乙不值文掩迫，将发门具顺阴阳。更得算和中上下，百事逢之总吉昌。

第二章 术数汇考二

《太乙局》一

求甲子年岁计太乙

自上古天皇上元甲子起，至大明天启四年甲子，计一千零一十五万五千五百四十一年。以周法三百六十累除之，余三百零一算，以七千二元法除去四次，以作四元，剩一十三算。则太乙入第五壬子元十三局。又以宫法自乾离艮震各留三算，剩一算，系今下元甲子太乙人兑宫一年，理天也。

阳遁十三局

太乙六宫　　计神寅宫　　文昌大炅
主算十八　　主大将八宫　　主参将四宫
始击太阳　　客算十九　　客大将九宫
客参将七宫

求甲子月计太乙

自上古天皇上元甲子起，至大明天启四年正月丙寅月，积一千零一十五万五千五百四十一年减一，以月法十二乘之，得一万二千一百八十六万六千四百八十算。以周法三百六十累除之，至天启三年十月癸亥止，除尽无余。另加十一月、十二月、正月三数，则丙寅月是太乙入第一甲子元三局，在乾一宫理人也。

阳遁三局

甲子月　一局_{乾官}　乙丑月　二局_{乾官}

丙寅月　三局_{乾官}　计神_{坎官}

文星阴主　主算一算　主大将一宫

主参将三宫

始击大义　客算四十　客大将四宫

客参将二宫

求甲子日计太乙

　　求天启三年十一月初八甲子日，则以魏太武始光元年起，至今癸亥闰十月三十日止，计一千二百年。用十二月法乘之，得一万四千四百个月。以闰月法三十二分五十七秒归除之，得四百四十二个月。加前月，实通共一万四千八百四十二个月。以日平法二十九日五十三分零六秒乘之，得四十三万八千二百九十三算，零者不用。以六十甲子法累除之，余五十三，系自甲子日起至闰十月三十日丙辰也。又将四十三万八千二百九十三算，加十一月初一至初八日八算，以大少周法三百六十累除之，余一百八十一算。以局法七十二除之，二次剩三十七，乃太乙第三戊子元三十七局。又将三十七算以宫法二十四除之，止剩一十三算。自乾一宫、离二宫、艮三宫、震四宫各留三算外。余一算。则此日太乙在兑六宫，理天也。

阳遁三十七局

太乙兑宫

文昌武德　主算一算　主大将一宫

主参将三宫

始击大武　客算七算　客大将七宫

客参将一宫

　　天启七年六月二十九日甲子，又从一元甲子起一局，太乙在一宫。

求甲子时计太乙

癸亥年十一月初一日交冬至。后初八日遇甲子日。遁得甲子时。用阳遁起。则此时太乙入第一甲子元第一局，在乾一宫，理天也。

阳遁一局

太乙一宫　计神寅宫
文昌武德　主算七算　主大将七宫
主参将一宫
始击大武　客算十三算　客大将三宫
客参将九宫

太乙十精定风晴雨露

一、天皇主御万灵，与太乙合，主日晕、大风。合在旺相之地，风遍天下。合在东方，日晕，大风。合在西方，日晕，有云气。合在南方，日色大晕。合在北方，日色阴昏。

以下凡遇击迫等局，皆有变色。

天皇与大尊主，大阴雨，日月有变。

天皇飞鸟合，阴雨。

天皇与五风合，有疾风起。

天皇与太乙计数合，有风雨。

二、帝符天节之使与太乙合，日晕，风。若合在太乙旺相之地，小雨，小阴，云与疾风卒起。

帝符与天目合，小阴，疾风，日月有变。

三、天时维星之使与太乙合，在旺相之地，有风云卒起，或即阴雨。

四、大尊黄星之长与太乙合，在旺相之地，大阴雨，寒。若在八宫，日晕。合在六宫，阴晕。合在二宫，大阴，晕。合在四宫，日晕。

大尊与飞鸟合，天温，小雨。

大尊与帝符合，阴雨，大昏。

大尊与天目合，阴雨。

五、飞鸟七星之使与太乙合，在旺相之地，天星有变，非在旺相之地，则有大风。

与太乙合，风从其下来。

飞鸟与天时合，有阴风。合在九六宫，日晕。

飞鸟与三风五风合，有大风。

六、五行五星之使与太乙合，在旺相之地，暴风，大寒，云气昏暗，或雨阴。

五行与天目合，天出大风，阴变，月变。

五行与八风合，小阴雨。

五行与大尊合，日月变色，小阴。

五行与天时合，大阴昏，风云起。

七、八风毕星之使与太乙合，在旺相之地，云气小雨。

合在阴宫，为雨。合在阳宫，为风。

八风与五风合，阴。

八风与三风合，天昏。

八风与天时合，阴昏，日月有变。

八风与天皇合，大风，疾阴，日月有变。

八风与帝符合，阴雨。

八、五风箕星之使与太乙合，在旺相之地，日月有变，连阴，暴风雨作。

五风与大尊合，小阴雨，日月有变。

五风与飞鸟合，疾风。

五风与帝符合，有大风。

五风与天目合，大风。

五风与天日合，大阴，小风。

九、三风心星之使与太乙合，在旺相之地，日月无光，寒云四起。三风与天目合，大阴雨。

三风与天时合，小阴雨。

三风与飞鸟合，疾风云起，日月有变。

三风与五风合，小阴。

三风与大尊合，小阴雨，有冲，日晕。

三风与帝符合，小阴。

三风与天皇合，天阴，小风。

十、太乙五元七十二局之数。

数与太乙合，日晕，大风。

数与太乙冲，日晕，风起。

数得三十，大风，日晕。

数得四十，阴雨，黄雾。

数得五十，与天目旺相合，日晕。

数与太乙挟天目，阴雨，日晕，大风。

数与飞鸟合于六八九，日晕。

数与天地并，日晕。天为一，地为九。数与主计合，日晕。

数与天地相当，大风。天为上，地为下。

数与太乙飞鸟合，疾风。

合者数同，冲者相对。一九二八是也。又一十为一，迫击风雷，若天目冲太乙，

当雨不雨，诸星冲天目，旱。

太乙十精

太乙九宫，不入五合，八三四九，阳宫。三九者，阳之阳也。一六七二，阴宫。二六者，阴之阴也。数同为合，相对为冲。阳明阴晦，击迫风雷，合多阴雨，冲多晴晕。五行消息，衰旺轻重。旺相则盛衰废减半合。太乙为最，天目次之。与天目冲则雨不成。冲合各半，有晦有明。太乙上一层，定前三甲子；次一层，定后三甲子。合一百八总六甲子五元七十二局，为三百六十周，纪之数也。

衰旺立成

	旺	相	胎	没	死	囚	休	废
立春	八宫	三宫	四宫	九宫	二宫	七宫	六宫	一宫
春分	三	四	九	二	七	六	一	八
立夏	四	九	二	七	六	一	八	三
夏至	九	二	七	六	一	八	三	四
立秋	二	七	六	一	八	三	四	九
秋分	七	六	一	八	三	四	九	二
立冬	六	一	八	三	四	九	二	七
冬至	一	八	三	四	九	三	七	六

十精定局

前三元太乙	后三元太乙	天目	天皇	帝符	天时	大尊	飞鸟	五行	八风	五风	三风
甲子一元	一百六八一起 一百八十一起	申	申	戌	寅	八	一	一	二	一	三
一	六	酉	酉	乾	卯	六	二	八	三	三	七
一	六	戌	戌	亥	辰	二	三	三	四	五	二
二	七	乾	乾	子	巳	四	四	九	五	七	六
二	七	乾	乾	子	午	八	五	七	六	九	一
二	七	亥	亥	丑	未	六	六	一	七	二	五
三	八	子	子	艮	申	二	七	八	八	四	九
三	八	丑	丑	寅	酉	四	八	三	九	六	四
三	八	艮	艮	卯	戌	八	九	九	一	八	八
四	九	寅	艮	卯	亥	六	一	七	二	一	三
四	九	卯	寅	辰	子	二	二	一	三	三	七
四	九	辰	卯	巽	丑	四	三	八	四	五	六
六	一	巽	辰	巳	寅	八	四	三	五	七	六
六	一	巳	巽	午	卯	六	五	九	六	九	一
六	一	午	巽	午	辰	二	六	七	七	二	五
七	二	未	巳	未	巳	四	七	一	八	四	九

太前乙	太后乙	天目	天皇	帝符	天时	大尊	飞鸟	五行	八风	五风	三风
七	二	坤	午	坤	午	八	八	八	九	六	四
七	二	坤	未	坤	未	六	九	三	一	八	八
八	三	申	坤	酉	申	二	一	九	二	一	三
八	三	酉	坤	酉	酉	四	二	七	三	三	七
八	三	戌	申	戌	戌	八	三	一	四	五	二
九	四	乾	酉	乾	亥	六	四	八	五	七	六
九	四	乾	戌	亥	子	二	五	三	六	九	一
九	四	亥	乾	子	丑	四	六	九	七	二	五
一	六	子	乾	子	寅	八	七	七	八	四	九
一	六	丑	亥	丑	卯	六	八	一	九	六	四
一	六	艮	子	艮	辰	二	九	八	一	八	八
二	七	寅	丑	寅	巳	四	一	三	二	一	三
二	七	卯	艮	卯	午	八	二	九	三	三	七
二	七	辰	艮	卯	未	六	三	七	四	五	二
三	八	巽	寅	辰	申	二	四	一	五	七	六
三	八	巳	卯	巽	酉	四	五	八	六	九	一
三	八	午	辰	巳	戌	八	六	三	七	二	五
四	九	未	巽	午	亥	六	七	九	八	四	九
四	九	坤	巽	午	子	二	八	七	九	六	四
四	九	坤	巳	未	丑	四	九	一	一	八	八
庚子元	一	申	午	坤	寅	八	一	八	二	一	三
六	一	酉	未	申	卯	六	二	三	三	三	七
六	一	戌	坤	酉	辰	二	三	九	四	五	二
七	二	乾	坤	酉	巳	四	四	七	五	七	六
七	二	乾	申	戌	午	八	五	一	六	九	一
七	二	亥	酉	乾	未	六	六	八	七	二	五
八	三	子	戌	亥	申	二	七	三	八	四	九
八	三	丑	乾	子	酉	四	八	九	九	六	四
八	三	艮	乾	子	戌	八	九	七	一	八	八
九	四	寅	亥	丑	亥	六	一	一	二	一	三
九	四	卯	子	艮	子	三	二	八	三	三	七
九	四	辰	丑	寅	丑	四	三	三	四	五	二
一	六	巽	艮	卯	寅	八	四	九	五	七	六
一	六	巳	艮	卯	卯	六	五	七	六	九	一

太前乙	太后乙	天目	天皇	帝符	天时	大尊	飞鸟	五行	八风	五风	三凤
一	六	午	寅	辰	辰	二	六	一	七	二	五
二	七	未	卯	巽	巳	四	七	八	八	四	九
二	七	坤	辰	巳	午	八	八	三	九	六	四
二	七	坤	巽	午	未	六	九	九	一	八	八
三	八	申	巽	午	申	二	一	七	二	一	三
三	八	酉	巳	未	酉	四	二	一	三	三	七
三	八	戌	午	坤	戌	八	三	八	四	五	二
四	九	乾	未	申	亥	六	四	三	五	七	六
四	九	乾	坤	酉	子	二	五	九	六	九	一
四	九	亥	坤	酉	丑	四	六	七	七	二	五
六	一	子	申	戌	寅	八	七	一	八	四	九
六	一	丑	酉	乾	卯	六	八	八	九	六	四
六	一	艮	戌	亥	辰	二	九	三	一	八	八
七	二	寅	乾	子	巳	四	一	九	二	一	三
七	二	卯	乾	子	午	八	二	七	三	三	七
七	二	辰	亥	丑	未	六	三	一	四	五	二
八	三	巽	子	艮	申	二	四	八	五	七	六
八	三	巳	丑	寅	酉	四	五	三	六	九	一
八	三	午	艮	卯	戌	八	六	九	七	二	五
九	四	未	艮	卯	亥	六	七	七	八	四	九
九	四	坤	寅	辰	子	二	八	一	九	六	四
九	四	坤	卯	巽	丑	四	九	八	一	八	八
一	六	申	辰	巳	寅	八	一	三	二	一	三
一	六	酉	巽	午	卯	六	二	九	三	三	七
一	六	戌	巽	午	辰	二	三	七	四	五	二
二	七	乾	巳	未	巳	四	四	一	五	七	六
二	七	乾	午	坤	午	八	五	八	六	九	一
二	七	亥	未	申	未	六	六	三	七	二	五
三	八	子	坤	酉	申	二	七	九	八	四	九
三	八	丑	坤	酉	酉	四	八	七	九	六	四
三	八	艮	申	戌	戌	八	九	一	一	八	八
四	九	寅	酉	乾	亥	六	一	八	二	一	三
四	九	卯	戌	亥	子	二	二	三	三	三	七
四	九	辰	乾	子	丑	四	三	九	四	五	二

太前乙	太后乙	天目	天皇	帝符	天时	大尊	飞鸟	五行	八风	五风	三风
六	一	巽	乾	子	寅	八	四	七	五	七	六
六	一	巳	亥	丑	卯	六	五	一	六	九	一
六	一	午	子	艮	辰	二	六	八	七	二	五
七	二	未	丑	寅	巳	四	七	三	八	四	九
七	二	坤	艮	卯	午	八	八	九	九	六	四
七	二	坤	艮	卯	未	六	九	七	一	八	八
八	三	申	寅	辰	申	二	一	一	二	一	三
八	三	酉	卯	巽	酉	四	二	八	三	三	七
八	三	戌	辰	巳	戌	八	三	三	四	五	二
九	四	乾	巽	午	亥	六	四	九	五	七	六
九	四	乾	巽	午	子	二	五	七	六	九	一
九	四	亥	巳	未	丑	四	六	一	七	二	五
一	六	子	午	坤	寅	八	七	八	八	四	九
一	六	丑	未	申	卯	六	八	三	九	六	四
一	六	艮	坤	酉	辰	二	九	九	一	八	八
二	七	寅	坤	酉	巳	四	一	七	二	一	三
二	七	卯	申	戌	午	八	二	一	三	三	七
二	七	辰	酉	乾	未	六	三	八	四	五	二
三	八	巽	戌	亥	申	二	四	三	五	七	六
三	八	巳	乾	子	酉	四	五	九	六	九	一
三	八	午	乾	子	戌	八	六	七	七	二	五
四	九	未	亥	丑	亥	六	七	一	八	四	九
四	九	坤	子	艮	子	二	八	八	九	六	四
四	九	坤	丑	寅	丑	四	九	三	一	八	八
壬子元 六	一	申	艮	卯	寅	八	一	九	二	一	三
六	一	酉	寅	卯	卯	六	二	七	三	三	七
六	一	戌	卯	辰	辰	二	三	一	四	五	二
七	二	乾	卯	巽	巳	四	四	八	五	七	六
七	二	乾	辰	巳	午	八	五	三	六	九	一
七	二	亥	巽	午	未	六	六	九	七	二	五
八	三	子	巽	午	申	二	七	七	八	四	九
八	三	丑	巳	未	酉	四	八	一	九	六	四
八	三	艮	午	坤	戌	八	九	八	一	八	八
九	四	寅	未	申	亥	六	一	三	二	一	三

太前乙	太后乙	天目	天皇	帝符	天时	大尊	飞鸟	五行	八风	五风	三风
九	四	卯	坤	酉	子	二	二	九	三	三	七
九	四	辰	坤	酉	丑	四	三	七	四	五	二
一	六	巽	申	戌	寅	八	四	一	五	七	六
一	今乙六丑	巳	酉	乾	卯	六	五	八	六	九	一
一	六丙寅	午	戌	亥	辰	二	六	三	七	二	五
二	七丁卯	未	乾	子	巳	四	七	九	八	四	九
二	七	坤	乾	子	午	八	八	七	九	六	四
二	七	坤	亥	丑	未	二	九	一	一	八	八
三	八	申	子	艮	申	六	一	八	二	一	三
三	八	酉	丑	寅	酉	四	二	三	三	三	七
三	八	戌	艮	卯	戌	八	三	九	四	五	二
四	九	乾	艮	卯	亥	六	四	七	五	七	六
四	九	乾	寅	辰	子	二	五	一	六	九	一
四	九	亥	卯	巽	丑	四	六	八	七	二	五
六	一	子	辰	巳	寅	八	七	三	八	四	九
六	一	丑	巽	午	卯	六	八	九	九	六	四
六	一	艮	巽	午	辰	九	七	一	一	八	八
七	二	寅	巳	未	巳	四	一	二	二	一	三
七	二	卯	午	坤	午	八	二	八	三	三	七
七	二	辰	未	申	未	六	三	三	四	五	二
八	三	巽	坤	酉	申	二	四	九	五	七	六
八	三	巳	坤	酉	酉	四	五	七	六	九	一
八	三	午	申	戌	戌	八	六	一	七	二	五
九	四	未	酉	乾	亥	六	七	八	八	九	四
九	四	坤	戌	亥	子	二	八	三	九	六	四
九	四	坤	乾	子	丑	四	九	九	一	八	八
一	六	申	乾	子	寅	八	一	七	二	一	二
一	六	酉	亥	丑	卯	六	二	一	三	三	七
一	六	戌	子	艮	辰	二	三	八	四	五	二
二	七	乾	丑	寅	巳	四	四	三	五	七	六
二	七	乾	艮	卯	午	八	五	九	六	九	一
二	七	亥	艮	卯	未	六	六	七	七	二	五
三	八	子	寅	辰	申	二	七	一	八	四	九
三	八	丑	卯	巽	酉	四	八	八	九	六	四

太前乙	太后乙	天目	天皇	帝符	天时	大尊	飞鸟	五行	八风	五风	三风
三	八	艮	辰	巳	戌	八	九	三	一	八	八
四	九	寅	巽	午	亥	六	一	九	二	一	三
四	九	卯	巽	午	子	二	二	七	三	三	七
四	九	辰	巳	未	丑	四	三	一	四	五	二
六	一	巽	午	坤	寅	八	四	八	五	七	六
六	一	巳	未	申	卯	六	五	三	六	九	一
六	一	午	坤	酉	辰	二	六	九	七	二	五
七	二	未	坤	酉	巳	四	七	七	八	四	九
七	二	坤	申	戌	午	八	八	一	九	六	四
七	二	坤	酉	乾	未	六	九	八	一	八	六
八	三	申	戌	亥	申	二	一	三	二	一	三
八	三	酉	乾	子	酉	四	二	九	三	三	七
八	三	戌	乾	子	戌	八	三	七	四	五	二
九	四	乾	亥	丑	亥	六	四	一	五	七	六
九	四	乾	子	艮	子	二	五	八	六	九	一
九	四	亥	丑	寅	丑	四	六	三	七	二	五
一	六	子	艮	卯	寅	八	七	九	八	四	九

太乙	太乙	天目	天皇	帝符	天时	大尊	飞鸟	五行	八风	五风	三风
一	六	丑	艮	卯	卯	六	八	七	九	六	四
一	六	艮	寅	辰	辰	二	九	一	一	八	八
二	七	寅	卯	巽	巳	四	一	八	二	一	三
二	七	卯	辰	巳	午	八	二	三	二	三	七
二	七	辰	巽	午	未	六	三	九	四	五	二
三	八	巽	巽	午	申	二	四	七	五	七	六
三	八	巳	巳	未	酉	四	五	一	六	九	一
三	八	午	午	坤	戌	八	六	八	七	二	五
四	九	未	未	申	亥	六	七	三	八	四	九
四	九	坤	坤	酉	子	二	八	九	九	六	四
四	九	坤	坤	酉	丑	四	九	七	一	八	八

日计合并在九宫。

日之计数，同居风雨阴浓。在九宫，昏。在六宫，日晕。帝符太乙同宫，日晕，有风。帝符与天目合，小阴风，或日月有变。

帝符与太乙合在阳宫，晴，旱。合在阴宫，为雨。凡天时、五行、八风、五风，皆仿此。凡合在旺相之合，则如其应也。

自甲子起，岁计三百六十年一周。月计三十年一周，三百六十个月。日计一年一周，三百六十日。时计一月一周，三十日，共三百六十时。

又日计加和德宫，占太乙所行宫。从天目看遇掩迫风雨。太乙数即五子元十二局数也。数若与太乙合，日晕有风；与太乙冲，日晕，风起。

先看岁计，其年为雨为旸，次看月计，同旸则其月多晴，同阴则其月多雨。若有雨旸，则雨旸减半。又次看日计，先看其月雨旸，亦从前法辨之。

第三章　术数汇考三

《太乙局》二

时计阴遁成局

太乙阴遁一局

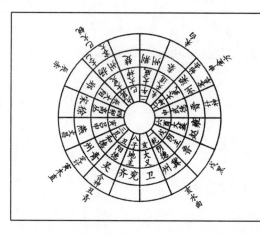

太乙在九宫理天

计神在武德

主目文昌将吕申

主算五

主大将中宫

主参将中宫

客目始击将大武

客算二十九

客大将九宫

客参将七宫

甲子一局　丙子七十三局

戊子一百四十五局　庚子二百一十七局

壬子二百八十九局

此局算得太乙九宫，理天，天外助客。

此时声息，有贼入即寇。有自相执杀者。有将兵多从西南来。闻事吉虚凶实，敌使不可信。奸细入觇。贼出入俱临休囚气，可以伏兵攻击。

文昌寅，在内地。可攻外。

主算单五，杜塞不通，且无门，主二将固守不出。

始击七宫，关客参，有同类相谋侵凌之祸。客算二十九，长和，将吏全。太乙助，可以举兵征伐。客大将九宫，值囚，有拘执奔败之祸。不利有为。又乘休气，不宜出兵攻战，宜运策遣将，伏兵攻击。

客参将七宫，受制于始击，不利有为，乘囚气。

出兵举赤旗，列锐阵，此称神之术也。出向南地，向算而出也。战向北，乃背算之道也。奇兵安坤地，此始击大杀之方也。战备西南，避大杀之气。辰巳方可伏兵，乘掩迫之气也。风云飞鸟从西北来。有大战者，太乙之杀气也。风云飞鸟从算而来，背算而冲者，得天助，宜顺击之也。

客将行兵，车骑在前，步兵在后，大将居中，鼓噪登高而出，向东南行，遇敌勒兵向西北，先举兵攻击，此为客先起之义。

太乙阴遁二局

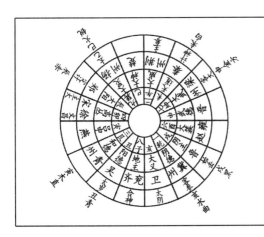

太乙在九宫理地
社神在天道
主目文昌将高丛
主算四
主大将四宫
主参将二宫
客目始击将阴主
客算十七
客大将七宫
客参将一宫

乙丑二局　丁丑七十四局

己丑一百四十六局　辛丑二百一十八局

癸丑二百九十局

此局算得太乙九宫，理地，地有倾陷，山有崩颓，水有泛涨，天外助客。

此时声息有惊，贼入不寇而窥觇。有将兵多从西北来。闻事吉虚凶实，敌使言实，奸细入觇。

文昌四宫，在内地，可攻外。又内迫，有近臣外戚攻外，囚主大，有同类相谋。

主算四，单阴，不和，短而无将吏。又不得地利，不宜举兵深入攻战。

主大将四宫，值内迫，文昌囚，不利有为。乘王气，不宜出兵攻战，宜固守。

主参将二宫，值外迫，大臣内外连谋，举事攻内。乘囚气，不利有为，宜固守，不宜用兵。逼迫之时用兵，主客俱败。

出兵举赤旗，列锐阵，出向正东，战向正西，奇兵安卯地，战备东方，辰巳方可伏兵。风云飞鸟从西北冲太乙方来，急大战。风云飞鸟从正东方来冲，向正西去，此得天助，急宜顺而击之，大胜。

主将行兵，步卒在前，车骑在后，大将居中，静默而出，向正东行，遇敌，勒兵向西，伺彼先举，然后举兵攻击，此为主人后起之义。始击在戌。

客算十七，重阳，长而不和，太乙虽助，不宜大举征伐，宜浅近攻击，军中防火。

客大将七宫，发，乘囚气，不宜举兵战斗攻伐，然军中防火灾。缺水浆。

客参将一宫，值格。凡事格易。夷狄侵掠。不利有为，乘休气。出兵举白旗，列方阵，出向西南，战向东北，奇兵安戌地，战备西北，辰巳方可伏兵。有风云飞鸟从西北冲太乙方来，急宜准备有战。风云飞鸟从西南来，向东北去，为天助，宜顺急击之，大胜。客将行兵，车骑在前，步兵在后，大将居中，鼓噪急出，向西南行，通敌旋兵向东北，先举兵攻之，为客人先起。

太乙阴遁三局

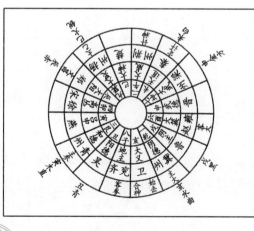

太乙在九宫理人
社神在大威
主目文昌将太阳
主算一
主大将一宫
主参将三宫
客目始击将大义
客算十六
客大将六宫
客参将八宫

丙寅三局　戊寅七十五局

庚寅一百四十七局　壬寅二百一十九局

甲寅二百九十一局

此局算得太乙九宫，理人，天外助客。

此时声息有庆，夷人入贡或降。有将兵多从西北来。闻事吉实凶虚。敌使不可信。奸细不入。贼初入临休气，可击；贼去临相气，不可攻。

文昌辰，在内地，可以攻外。内辰迫，近臣内戚攻外。主算一，单阳不和，短而无将吏，不宜深入大举征伐。主大将一宫，值格，主上下欺，因自败。乘休气，不利有为，不宜出兵攻战，止宜固守。

主参将三宫发，乘相气，可率锐兵浅近攻击，亦可捷胜，不宜深入，算短故也。

出兵举黑旗，列曲阵，出向西北，战向东南，奇兵安辰地，战备东南，辰巳方可伏兵。风云飞鸟从西北冲太乙方来，急备大战。风云飞鸟从西北方来，向东南方去，为天助，宜顺击之，大胜。主将行兵，步卒在前，车骑次之，大将居中，静出向西北行，遇敌旋兵向东南，伺彼先举，而后举兵攻击。

始击在亥。

客算十六，长和，得太乙助，将吏全，可以大举深入，缓攻克胜。客大将六宫，发，乘死气，不宜出兵攻击。

客参将八宫，发，乘相气，可率锐兵先驱，攻战必获捷胜，树功。出兵举白旗，列方阵，出向正西，战向正东，奇兵安亥地，战备西北，辰巳方可伏兵。有风云飞鸟从西北方冲太乙宫。急备大战。风云飞鸟从正西方来，冲向正东方去，为天助，急顺击之，大胜。客将行兵，车骑在前，步兵次之，大将居中，鼓噪急出，向西行，遇敌提兵向东，先举兵攻击，此为客人先起。

太乙阴遁四局

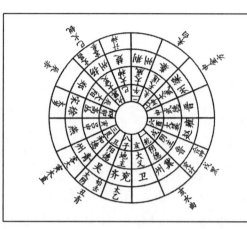

太乙在八宫理天
计神在大神
主目文昌将大炅
主算二十五
主大将中宫
主参将中宫
客目始击将阳德
客算三十三
客大将三宫
客参将九宫

丁卯四局　　已卯七十六局

辛卯一百四十八局　　癸卯二百二十局

乙卯二百九十二局

此局算得太乙八宫，理天，天有变异，天内助主。

此时声息，贼入寇，有将兵多不和，从东北来。闻事吉虚凶实。敌使不可信。奸细入觇。有私通外夷者。贼来临相气，不可犯；贼去临死气，可以掩击。

文昌九宫，在外地可攻内，囚客参将，有同类相谋。

主算二十五，杜塞无门，主二将不出。

始击在丑。

客算三十三，重阳长而不和，虽可以深入速攻，不能成功。军中慎火灾，乏水。客大将三宫，值外迫，大臣举事攻内。不利有为。乘休气，犹可出兵指挥将士攻击，不宜亲自出战。

客参将九宫，受文昌制，不利有为，乘休气。

出兵举青旗，列直阵，出向东北，战向西南，奇兵安丑地，战备东北，亥子丑方可伏兵。飞鸟风云从南冲太乙宫，急备大战。风云飞鸟从东北来，冲西南去，顺击之，大胜，得天助之道也。

客将行兵，步卒在前，车骑在后，大将居中，静出向东北行，遇敌掣兵向西南，先举兵击之，此客人先起之义也。

太乙阴遁五局

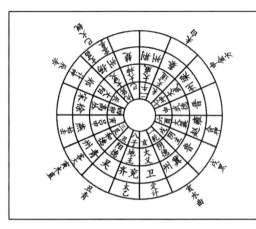

客参将九宫
客大将三宫
客算三十
客目始击将吕申
主参将中宫
主大将中宫
主算二十五
主目文昌将大炅
计神在太阳
太乙在八宫理地

戊辰五局　　庚辰七十七局

壬辰一百四十九局　　甲辰二百二十一局

丙辰二百九十三局

此局算得太乙八宫，理地，天内助主。

此时声息，有贼，有奸细来觇。有将兵多而不和，从东北来。闻事吉实凶虚。敌使不可信。贼兵出入乘王相气，不可触犯。有私通外夷者。文昌九宫，在外地，可攻内，囚客参将，有同类相谋。

主算二十五，杜塞无门，不通，主二将不出。始击在寅。

客算三十，孤阳长而不和，不宜举兵深入，宜浅近截击。客大将三宫，值外迫，大臣举事攻内。不利有为。乘相气，可运策发兵，按伏攻击。

客参将九宫，受制文昌，不利有为。乘休气，犹可出兵浅近邀击，以获小捷。

出兵举青旗，列直阵，出向东北，战向西南，奇兵安寅地，战备东北，亥子丑方伏兵。有风云飞鸟从正南冲太乙方来，急备大战。风云飞鸟从东北来，冲向西南方去，为天助，宜急顺击之，大胜。客将行兵，步卒在前，车骑在后，大将居中，静出向东北行，遇敌勒兵向西南。先举兵攻击，为客先起。

太乙阴遁六局

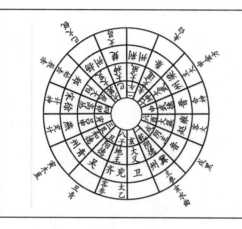

太乙在天宫理人

计神在高丛

主目文昌将大神

主算十七

主大将七宫

主参将一宫

客目始击将太阳

客算二十六

客大将六宫

客参将八宫

己巳六局　辛巳七十八局

癸巳一百五十局　乙巳二百二十二局

丁巳二百九十四局

此局算得太乙八宫，理人，天内助主。

此时声息，在敌人入寇。有将兵多不和，从东南来。闻事吉虚凶实，敌使不可信。奸细不入。贼初入临王气，不可攻；贼去临囚气，无备，可追击。文昌已在外地，可攻内。

主算十七，重阳长而不和，太乙虽助，不宜大举深入。

主大将七宫发，乘凶气，不宜出兵攻战，宜发兵按伏截击。

主参将一宫，值内迫，有近臣外戚攻外，乘休气，宜陈兵固守，不宜出兵攻战。

出兵举白旗，列方阵，出向西南，战向东北，奇兵安巳地，战备东南，亥子丑方宜伏兵。有飞鸟风云从正南方来，急备战。有风云飞鸟从西南来，冲东北方去，为天助，宜顺击之，大胜。

主将行兵，车骑在前，步兵在后，大将居中，鼓噪急出，向西南行。遇敌旋向东北，何彼先举，而后举兵攻之。

始击在辰。

客算二十六，重阳，长而不和，不宜大举征伐。又以重阴，军中防水厄。

客大将六宫，发，乘死气，宜固守，不宜出兵攻战。

客参将八宫，值囚，有拘执奔败事，不利有为。乘相气，不宜出兵攻战，宜陈兵固守。

出兵举白旗，列方阵，出向正西，战向正东，奇兵安辰地，战备东南，亥子丑方伏兵。风云飞鸟从正南冲太乙方来，急备有战。风云飞鸟从正西方来，冲正东方去，为天助，宜急顺击之，大胜。客将行兵，车骑在前，步卒在后，大将居中，鼓噪急出，向正西行，遇敌兵向正东，先举兵攻击。

太乙阴遁七局

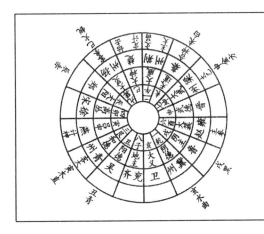

太乙在七宫理天
计神在吕申
主目文昌将大威
主算二
主大将二宫
主参将六宫
客目始击将大神
客算三
客大将三宫
客参将九宫

庚午七局　壬午七十九局

甲午一百五十一局　丙午二百二十三局

戊午二百九十五局

此局算得太乙七宫，理天，天有变异，天内助主。

此时声息虚惊，贼来不寇而觇。兵少无将，从东南来。敌使不可信。奸细不入。贼出入皆乘休囚之气，可以攻击。

文昌午宫迫，近臣贵戚在内地，攻外。上相谋易大将。主算二，单阴，不和，短而将吏不全。不利为主。太乙虽助，亦不宜深入交战。

主大将二宫，值内迫而无气，不宜举兵深入交战，惟可勒兵拒敌，不利有为，乘囚气故尔。

主参将六宫，外迫，大臣举事攻内。乘死气，不宜攻战。出兵举黄旗，列圆阵，出向正南，战向正北，奇兵安正南方，战斗备南方，未申方可伏兵。风云飞鸟从东北方来，急备有战。风云飞鸟从正南方来，向正北方去，此得天助，宜顺而击之，大胜。

主将行兵，步卒在前，车骑在后，大将居中，静默而出，向正南行，遇敌旋兵向正北而驻，候其先举而后应之，此得主人之义。始击在巳。

客算三，单阳，短而不和，又缺将吏，不利为客。太乙不助，不宜举兵深入，恐兵中乏水。

客大将三宫，格，盗来侮，事格，易乘相气，不利有为。可以按伏窃发取胜，不宜明攻。

客参将九宫，虽发而乘休气，宜扬兵拒敌，不宜交战。出兵举青旗，列直阵，出向东北，战向西南，云鸟风从东北方来，急宜准备有战。云鸟风从东北方来，向西南去，此为天助，宜顺击之，大胜。客将行兵，步卒在前，车骑在后，大将居中，静默而出，向东北方行，遇敌旋兵向西南，先举击之，以应为客之义。

太乙阴遁八局

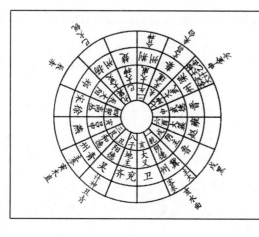

太乙在七宫理地
计神在阳德
主目文昌将天道
主算一
主大将一宫
主参将三宫
客目始击将大武
客算七
客大将七宫
客参将一宫

辛未八局　癸未八十局

乙未一百五十二局　丁未二百二十四局

己未二百九十六局

此局算得太乙七宫，理地，天外助客。

此时声息，有贼，贼来入寇，宜防慎。兵少无将而勇锐，鼠窃从西南方来。敌使言虚不可信。奸细不入。贼初至临囚气，可出其不意而掩击；贼去临休气，无备，亦可伏兵邀击。

文昌未在外地，可攻内。内辰迫，近臣贵戚攻外。

主算一，单阳，短而不和，无将吏，不利为主，不宜出兵深入攻战。

主大将一宫，关客参而不发，有同类相攻。不利有为。乘休气，可以驻兵拒敌，不利深入，宜遣兵按伏窃发截击。

主参将三宫，迫格。凡事格易，虽乘相气，不利有为。或扬兵拒贼，或按伏截击，不宜明战头。

出兵举黑旗，列曲阵，出向西北，战向东南，奇兵安未地，战备西南，未申方可伏兵。云鸟风从东北方来，急备有战。云鸟风从西北方来，向东南方去。为天助，宜顺而击之，大胜。

始击七宫，掩太乙，有盗起掩袭劫夺事。

客算七，单阳，短而不和，无将吏，不利为客。不宜举兵征伐。客大将七宫，值太乙、始击囚，有拘执奔败事。不利有为，乘囚气。客参将一宫。关主大。不利有为，乘休气。

太乙阴遁九局

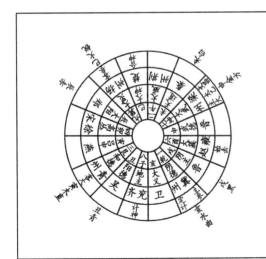

太乙在七宫理人
计神在地主
主目文昌将大武
主算七
主大将七宫
主参将三宫
客目始击将大簇
客算三十三
客大将三宫
客参将九宫

丙申一百五十三局　　戊申二百二十五局

庚申二百九十七局

此局算得太乙七宫，理人，天外助客。

此时闻声息，有贼，贼来远寇不得利。贼兵有将无谋，从西方来。敌使不可信。奸细不入。贼初至临囚气，宜出奇急击之，可胜；贼去临休气，可从兵邀击。

文昌七宫，在外地，可攻内。囚太乙宫，有拘击奔败之事。

主算七，单阳，短而不和，无将吏，三门不具，不利为主。不宜大将自出，只宜参副出兵。不宜深入近出速攻。主大将七宫，囚近将，自谋同类。又乘囚气，不利为主。宜固守营塞，不宜出兵战斗。

主参将一宫，发，乘休气，可出兵近便邀截，不宜远追。出兵举白旗，列方阵，出向西南，战向东北，奇兵安西南方，战斗备西南，未申方可伏兵。云鸟风从东北冲太乙而来，急备有战。云鸟风从西南方来，向东北方去，此为天助，宜顺而击之，大胜。

主将出兵，车骑在前，步兵次之，大将居中，鼓噪出门，急向西南行，遇敌驻兵，候彼先动而后应之，此为主算之义。

始击六宫，外击，有盗贼兵围逼迫事。

客算三十三，重阳，不和，不宜出兵，止宜深入急攻，不宜迟缓。又军中乏水，防火灾。

客大将三宫，格，凡事格易，不利有为。出兵恐有僭臣相抗，虽获胜而无功，可以扬兵拒敌固守。

客参将九宫，发而乘休气，不利有为。不宜出兵，固守可免难。出兵举青旗，列直阵，出向东北，战向西南，奇兵安正西方，战斗备西方，未申方可伏兵。云鸟风从东北冲太乙方来，急备大战。云鸟风从东北方来，向西南去，为天助，宜顺而击之，大胜。

客将出兵，步卒在前，车骑在后，大将居中，静默而出，向东北行，遇敌旋兵西南，先击，此应为客先举之义。

太乙阴遁十局

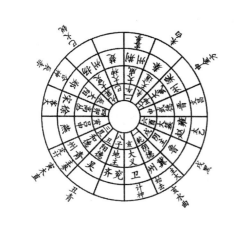

太乙在六宫理天
计神在大义
主目文昌将武德
主算一
主大将一宫
主参将三宫
客目始击将阴德
客算三十四
客大将四宫
客参将二宫

癸酉十局　乙酉八十二局

丁酉一百五十四局　己酉二百二十六局

辛酉二百九十八局

此局算得太乙六宫，理天，天有变异，天外助客。

此时闻声息，有贼，贼入寇，有杀将之祸。贼兵众。奸细不入。贼兵那至下营，临死气，宜出其不意。有将来，远从西北。敌使言实可信。掩击可胜。贼去有备，有伏兵，宜防慎。

文昌申，在外地，可攻内。内辰迫，有贵戚内臣攻外。主算一，单阳，短而不和，无将吏。不利有为。不宜大举征伐，宜近攻侯，不宜深入。

主大将一宫，为始击掩。乘休气，不宜出战，战必败死。主参将三宫，发，乘相气，不宜出兵交战。

出兵举黑旗，列曲阵，出向西北，战向东南，奇兵安申地，战斗备西南，申酉戌方可伏兵。云鸟风从正东来，急备有战。云鸟风从西北来，向东南方去，为天助，宜顺而急击之，大胜。

主将出兵，步卒在前，车骑在后，大将居中，静默而出，向西北行，遇敌驻兵，伺彼先动，勒兵向东南交战，此应为主之义。

始击一宫，掩主大。

客算三十四，长和，宜出兵征伐。

客大将四宫，格，主上下格易。不利有为。乘王气，可扬兵拒敌，不宜交锋斗战。

客参将二宫，发而乘囚气。

出兵宜举赤旗，列锐阵，出向正东，战向正西，奇兵安乾地，战斗备西北方，申酉戌地可伏兵。云鸟风从正东来，急宜准备有战。

云鸟风从正东来，向正西方去，此为天助，宜顺而急击之，大获，大胜。

客将出兵，步卒在前，车骑在后，大将居中，静默而出，向东行，遇敌旋兵向西，先举兵击之勿后，此应为客先举之义。

太乙阴遁十一局

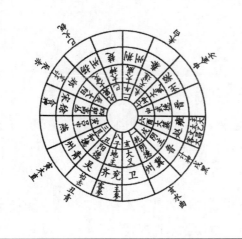

太乙在六宫理地
计神在阴主
主目文昌将大簇
主算六
主大将六宫
主参将八宫
客目始击将阳德
客算二十六
客大将六宫
客参将八宫

甲戌十一局　　丙戌八十三局

戊戌一百五十五局　　庚戌二百二十七局

壬戌二百九十九局

此局算得太乙六宫，理地，天外助客。文昌西，在外地，可攻内。囚太乙宫，关主客大将，为四郭固之时，有拘击之事，奔败之祸，大凶。

主算六，单阴，短而不和，无将吏。不利为主。不宜出兵。主大将六宫，囚关

客大，有同类相谋。乘死气，在绝气，大凶。

主参将八宫，关客参，不利有为，乘相气。

始击在丑。

客算二十六，长而不和，在四郭固之时，不宜出兵。

客大将六宫，囚关，有杀害奔败之事。在绝气，大凶，乘死气。客参将八宫，关主参，乘相气。

经云：囚者，拘击执正之义。诸将与太乙同宫，或近将自谋同类。乐产云：文昌与太乙同宫，不利为主。宋琨云：主客二将犯文昌宫为关，如一林二虎，一泉二蛟，势不两立，则以二目所临之神五行决之，盛衰可见，死生可知。淳风云：四计大小将同宫为关，多算胜，少算不胜。算和者胜，不和者负。然算斋为关，如单九、十九、二十九，又有长短、和不和之分。

是局也，以主客相关，当客胜。以算论之，主算短，客算长，亦客胜。以气数论之，主客皆乘死气，无胜负。以主客所临宫神论之，主大将属金，宫神亦属金，为主；客大将属水，为相，亦无胜负。以二目宫神五行决之，则文昌宫属金，始击宫属土，土生金，则又当和解，亦难以此决之。愚谓主将金，客将水，当以气数，于四季休旺决之。胜负定。以春三月属木，主大金克木为囚，则主大将气衰矣，当败；客大水生木为休，则客大将气亦衰矣，亦当败，俱无偏胜。夏三月属火，主大金乘死气，金又败在午，则主将之败无所逃矣；客大水克为乘囚气，则客将之败亦难逃外矣。秋三月属金，主大金乘王气，当胜；客大水受金之生，又乘相气，亦当胜，二将胜负亦未可决。冬三月属水，客大将水为相气，主大金将为休气，则当客胜而主负明矣。出兵遇此，先候风云助与不助，不须论八门吉凶，惟以四季气数决定。在春则主将败，客将庶可逃遁。在夏则主客俱败，无可逃者。在秋主将胜而客将亦难逃也。何以然？秋令金，主将金，见金为王，秋尤王，则将吏同心，士卒勇锐，有进死之荣，无退生之辱，虽算短，必可胜而难解矣。客将属水，借金之生为相，如两将相关胜负，一林二虎，岂有相让者？然客将必须得拔能脱难。以此论之，主客胜负明矣。冬令水王，客将之胜必矣。主将气休，其负可知。握兵机者，遇此四固之时，岂可不熟思决之？一或有谬，二军之命何如哉！

太乙阴遁十二局

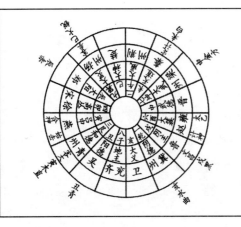

太乙在六宫理人

计神在大簇

主目文昌将阴主

主算三十五

主大将中宫

主参将中宫

客目始击将吕申

客算二十三

客大将三宫

客参将九宫

乙亥十二局　　丁亥八十四局

己亥一百五十六局　辛亥二百二十八局

癸亥三百局

此局算得太乙六宫，理人，天外助客。

此时声息，有庆，外夷入贡。有将兵和来远，从东北方来。使臣言实。奸细不入。夷人初至，临死无备；夷兵去，亦无备。

文昌戌，在外地，可攻内，外辰迫，有大臣举事攻内。

主算三十五，杜塞不通，又无门，主二将不出，不宜出兵，宜坚壁固守待时。

主二将不出。

始击在寅，乘王气。

客算二十三，长和，宜举兵征伐。

客大将三宫，发而乘相气，宜大振兵威，以防敌人，不可出战。

客参将九宫，发而乘休气，宜守不宜战。

出兵举青旗，列直阵，出向东北，战向西南，奇兵安寅地，战斗备东北，申酉戌地可伏兵。云鸟风从正东来，急备大战。云鸟风从东北方来，向西南方去，此为天助，宜顺而击之，必获大胜。客将出兵，步卒在前，车骑在后，大将居中，静默而出，向东北行，遇敌旋兵向西南，先击不可后也，此应客兵先起之义。

太乙阴遁十三局

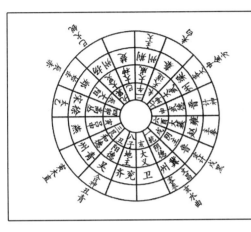

太乙在四宫理天
计神在武德
主目文昌将阴德
主算十二
主大将二宫
主参将六宫
客目始击将太阳
客算三十七
客大将七宫
客参将一宫

丙子十三局　　戊子八十五局

庚子一百五十七局　　壬子二百二十九局

甲子三百一局

此局算得太乙四宫，理天，天内助主。

此时声息，有贼，贼来入寇。有将兵多从东南方来。使臣言实。奸细来觇。有私通外夷者。贼初至临王气，不可遽攻；贼去临相气，有伏兵后备，不可邀截。

文昌一宫，在内地，可攻外。囚客参，近将谋同类。

主算十二，上和，宜举兵征伐，或吊伐。主大将二宫，发，乘囚气。

主参将六宫，格。凡事格易，不利有为。乘死气，不可出兵攻击，宜固守。

出兵举黄旗，列圆阵，出向正南，战向正北，奇兵安乾地，战斗备西北方，寅卯辰方向可伏兵。云鸟风从正西来，急备有战。云鸟风从正南方来，向正北方去，此为天助，可顺而击之，大胜。

主将出兵，步卒在前，车骑在后，大将居中，静默而出，向正南行，遇敌旋兵向北驻扎，伺彼先动，然后击之，乃应主人之算。

始击在辰外，辰击，有贼兵攻围逼迫，事急。

客算三十七。重阳，长而不和，不宜大举征伐。军中乏水，防火厄火攻。

客大将七宫，发，乘囚气，不宜出兵征伐。

客参将一宫，受制于文昌为囚，不利有为。休气可持，主守营，不宜轻挑出战。

出兵举白旗，列方阵，出向西南，战向东北，奇兵安辰地，战斗备东南，寅卯辰方伏兵。云鸟风从正西来，急宜准备有战。云鸟风从西南方来，向东北方去，为得天助，可顺而击之，大胜。

客将出兵，车骑在前，步卒在后，大将居中，鼓噪急出门，向西南行，遇敌旋兵向东北，先击不宜后也，先则为客，后则为主矣。

太乙阴遁十四局

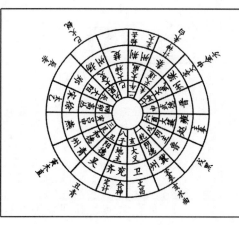

太乙在四宫理地
计神在天道
主目文昌将大义
主算十二
主大将二宫
主参将六宫
客目始击将大咸
客算二十七
客人将七宫
客参将一宫

丁丑十四局　　已丑八十六局

辛丑一百五十局　　癸丑二百三十局

乙丑三百二局

此局算得太乙四宫，理地，天内助主。

此时声息，有庆，夷人入境不寇，大将宜慎之。有将兵多从南方来。使臣言实。奸细不来。贼初入临囚气，无备；贼去，有伏兵以备。

文昌亥，在内地，可攻外。

主算十二，上和，太乙、文昌内助，可以举兵征伐。

主大将二宫，为始击所掩，宜整兵守营，不宜交战，乘休气。

主参将六宫，格。凡事格易，不利有为，乘死囚气。

出兵举黄旗，列圆阵，出向正南，战向正北，奇兵安亥地，战斗备西北，寅卯辰地可以伏兵。云鸟风从正西来，急备大战。云鸟风从正南来，向正北方去，此得天助，宜顺而击之，大胜。

主将行兵，步卒在前，车骑在后，大将居中，静默而行，向正南出门遇敌向正北，勒兵以伺彼先举，而后应之，此以为主人候敌应之义。

始击二宫，掩主大。

客算二十七，长和，可以举兵征伐。

客大将七宫，为主二将所挟，又乘囚气，不利有为。宜固守。

客参将一宫，发，乘休气。

出兵举白旗，列方阵，出向西南，战向东北，奇兵安午地，战斗备南方，寅卯辰方可以伏兵。云鸟风从西南方来，急宜准备大战。云鸟风从西南方来，向东北方去，此为天助，宜击之，大胜。

客将出兵，车骑在前，步卒在后，大将居中，鼓噪出门，向西南急行，遇敌旋兵。

太乙阴遁十五局

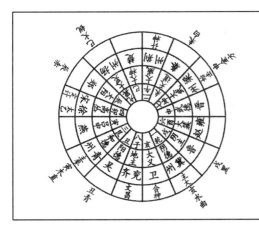

太乙在四宫理人

计神在大威

主目文昌将地主

主算十一

主大将一宫

主参将三宫

客目始击将大武

客算二十五

客大将中宫

客参将中宫

戊寅十五局　庚寅八十七局

壬寅一百五十九局　甲寅二百三十一局

丙寅三百三局

此局算得太乙四官，理人，天内助主。

此时声息，无事，敌人不来。敌使不入。奸细不入。

文昌八宫，在内地，可以攻外。

主算十一，重阳，不和，不宜出兵征伐。

主大将一宫，发，乘休气，宜守不宜战，宜静不宜动。

主参将三宫，值内迫，有贵戚大臣攻外，虽不利有为，然乘相气，犹可近境攻击。

出兵举黑旗，列曲阵，出向西北，战向东南，奇兵安子地，战斗备北方，寅卯辰地可以伏兵。风云鸟从西来，急准备有战。风云鸟从西北方来，向东南方去，此得天助，急击之，大胜。

主将出兵，步卒在前，车骑在后，大将居中，静默缓行而出，向西北行，遇敌按兵向西北行，伺彼先举兵攻击。

始击七宫。

客算二十五，杜塞无门，不通。客二将不出，宜坚壁固守待时，不宜妄动。

太乙阴遁十六局

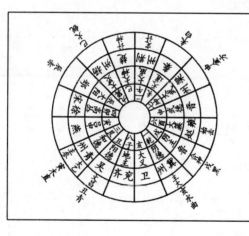

太乙在三宫理天
计神在大阳
主日文昌将阳德
主算一
主大将一宫
主参将三宫
客目始击将大簇
客算十五
客大将中宫
客参将中宫

己卯十六局　辛卯八十八局

癸卯一百六十局　乙卯二百三十二局

丁卯三百四局

此局算得太乙三宫，理天，天有变异，天内助主。

此时闻声息，无事，贼兵不来。奸细不入。

文昌丑，在内地，可攻外。内辰迫，有内臣贵宦有事攻外。

主算一，单阳，不和而短，无将吏。不宜举兵征伐。

主大将一宫，发，乘休气，可以整兵拒敌，不宜攻战。

主参将三宫，乘相气，值囚，有拘执奔败事。不利有为。

出兵举黑旗，列曲阵，出向西北，战向东南，奇兵安丑地，战斗备东北方，丑寅地可以伏兵。风云鸟从西南方来，急宜准备有战。风云鸟从西北方来，向东南方去，宜顺而击之，必胜。

主将出兵，步卒在前，车骑在后，大将居中，静默而出，向西北方行。遇敌按兵，伺彼先动而后应之，不可先举。

始击在酉。

客算二十五，杜塞无门，不通。客二将不出，宜坚壁固守。

太乙阴遁十七局

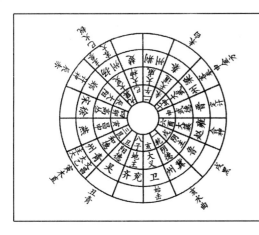

太乙在三宫理地
计神在太阳
主日文昌将和德
主算三
主大将三宫
主参将九宫
客目始去将大义
客算九
客大将九宫
客参将七宫

庚辰十七局　壬辰八十九局

甲辰一百六十一局　丙辰二百三十三局

戊辰三百五局

此局算得太乙三宫，理地，天内助主。

此时声息，有贼入寇觇。有兵无将。鼠窃贼临相气，初入有备，不可战。敌使不可信。奸细不来。此局主客用兵俱败，守之为可。

文昌三宫，在内地，可攻外。因太乙宫，有拘执奔败事。

主算三，单阳，不和，短而无将吏，又不得地利，不宜出兵征伐。

主大将三宫，囚近将，自谋同类。乘相气，宜守不宜用兵。

主参将九宫，关客大有猜忌，攻击侵夺。不利有为。又乘休气，不宜妄动取败，俱宜固守。

出兵举青旗，列直阵，出向东北，战向西南，奇兵安艮地，战斗备东北，丑寅方可以伏兵。风云鸟从西南方来，急备有战。风云鸟从东北来，向西南去，为天助，顺而击之，必可大胜。

主将出兵，步卒在前，车骑在后，大将居中，静默徐行而出，向东北行，遇敌勒兵向西南驻扎，伺彼先举，然后应之。

始击在亥。

客算九，单阳，不和而短，缺将不利，不宜出兵征伐。

客大将九宫，关主参，又乘休气，不宜深入，宜整兵拒敌，不利有为。客参将七宫，格而乘囚气，凡事格易，不利有为。

出兵举赤旗，列锐阵，出向东南，战向西北，奇兵安亥地，战斗备西北方，丑寅地可伏兵。云鸟风从西南来，冲太乙官，急备大战，云鸟风从东南方来，向西北方去，此为天助，宜急击，大胜。

客将出兵，车骑在前，步卒在后，大将居中，鼓噪急行出门，向东南行，遇敌旋兵向西北，先举而攻之，不可缓也。

太乙阴遁十八局

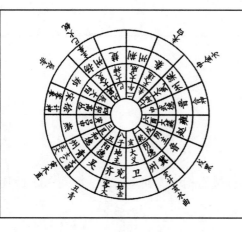

太乙在三宫理人
计神在大丛
主目文昌将和德
主算三
主大将三宫
主参将九宫
客目始击将地主
客算八
客大将八宫
客参将四宫

辛巳十八局　　癸巳九十局

乙巳一百六十二局　　丁巳二百三十四局

己巳三百六局

此局算得太乙三宫，理人，天内助主。

此时声息，有贼，贼入寇，兵少无将。鼠窃从北方来。敌使言实。奸细不入。

贼初入乘相气，其营不可攻；贼去无伏兵，无备，可以截击。

文昌在艮，内地，可以攻外。囚太乙宫。有拘击奔败事。

主算三，单阳，不和，无将吏，不利，将副不宜出兵征伐，宜遣小校相援伏击。

主大将三宫，值囚，不利有为。乘相气，可以整兵拒敌，不利攻战。主参将九宫，发，乘休气。

出兵举青旗，列直阵，出向东北，战向西南，奇兵安艮地，战斗备东北，丑宫地可以伏兵。有风云飞鸟从西南来，急备大战。风云飞鸟从东北方来，向西南去，宜顺击之，大胜。

主参将出兵，步卒在前，车骑在后，大将居中，静默而出，向东北行，遇敌勒兵驻扎，伺彼先举，然后旋兵向西南应之。

始击八宫，内击，有盗贼兵围逼迫事，在易气宫。

客算八，单阴，不和，无将，不利为客。不宜举兵征伐。

客大将八宫，值内迫，有近臣贵戚攻外，不利有为。乘相气，亦有相谋之者，不宜出兵，宜整兵固守。

客参将四宫，值外迫，有僭臣攻内，不利有为。虽乘王气，宜伏兵窃发邀击，不利明攻。

出兵举黑旗，列曲阵，出向正北，战向正南，奇兵安子地，战斗备北方，丑寅方可伏兵。有风云飞鸟从西南来，必有大战。云鸟风从正北来，向正南方去，为天助，顺而击之，大胜。

客将出兵，车骑在前，步卒在后，大将居中，鼓噪出门，急向北行，遇敌旋兵向南，先击不可后也，必应为客先举之义也。

第四章 术数汇考四

《太乙局》三

时计阴遁成局

太乙阴遁十九局

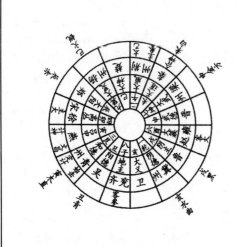

太乙在二宫理天

计神在吕申

主目文昌将吕申

主算十四

主大将四宫

主参将二宫

客目始击将和德

客算十六

客大将六宫

客参将八宫

壬午十九局　甲午九十一局

丙午一百六十三局　戊午二百三十五局

庚午三百七局

此局算得太乙二宫，理天，天外助客。

此时声息，有庆，夷狄入贡。兵多而有将，从东北方来。夷初入，临囚气，无备，可攻。敌使言不可信。奸细不入。贼去临王气，不可邀击。

文昌寅，在内地，可以攻。

主算十四，上和而长，宜兴师吊伐。

主大将四宫，发而乘王气，可以大举兵卒，深入贼境，徐缓攻击，必获大胜，立功。

主参将二宫，囚，有拘执奔败事。又乘囚气，不利有为。不宜出兵用事，如或妄动，必有伏兵拘执之事。

出兵举赤旗，列锐阵，出向正东，战向正西，奇兵安寅地，斗战备东北，巳午未地可以伏兵。有风云飞鸟从正北来，急备大战。云鸟风从我军后冲敌方去，为天助，顺而击之，大胜。

主将行兵，步卒在前，车骑在后，大将居中，静默缓行出门，向正东遇敌勒兵驻扎，伺敌先举而后应之，乃为主人之义也。

始击三宫。

客算十六，长和，太乙助，宜兴师征战。

客大将六宫，发，乘死气。

客参将八宫，值格。凡事格易，夷狄兵侵，不利有为。不宜出兵，用事乘相气。

出兵举白旗，列方阵，出向正西，战向正东，奇兵安艮地，战斗备东北方，巳午未方可以伏兵。有风云飞鸟从正北来，急宜准备，必有大战。风云鸟从正西来，向正东方去，此为天助，急宜顺击之，大胜。

客将出兵，车骑在前，步卒在后，大将居中，鼓噪出门，向正西疾行，遇敌疾旋兵向东，先举不宜后也，此应客人之算。

太乙阴遁二十局

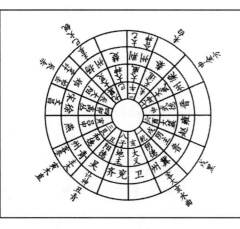

太乙在二宫理地
计神在阳德
主目文昌将高丛
主算十三
主大将三宫
主参将九宫
客目始击将太阳
客算十
客大将一宫
客参将三宫

癸未二十局　乙未九十二局

丁未一百六十四局　己未二百三十六局

辛未三百八局

此局算得太乙二宫，理地，天外助客。

此时声息，有庆，贼来入贡。有兵尤将，从东南来。敌使言不可信。奸细不入。贼初入无备，可攻，出境有伏兵备后，不可攻。

文昌四宫，在内地，可以攻外。

主算十三，重阳，不和，不利出兵征伐。军中防火乏水。

主大将三宫，值关客参，主同类自相攻。不利有为。乘相气，不宜出兵征战，宜扬兵拒敌。

主参将九宫，值内迫，有近臣贵宦攻外。不利有为。又乘休气，不宜出兵，妄举必败，宜固守待时。

出兵举青旗，列直阵，出向东北，战向西南，奇兵安卯地，战斗备正东方，巳午未方可以伏兵。风云飞鸟从正北方来，急备大战。风云飞鸟从东北方来，向西南方去，为天助，急顺而击之，必胜。主将行兵，步卒在前，车骑在后，大将居中，静默而出，向东北行，遇敌勒兵向西南驻扎，伺彼先举，然后攻之，此为主之义也。

始击在辰。

客算十，孤阳，不和，不利大举征伐。

客大将一宫，发，乘休气，宜出兵近邀，不宜深入。

客参将三宫，值关主大，不利有为。乘相气，宜出兵。

出兵举黑旗，列曲阵，出向西北，战向东南，奇兵安辰地，战备东南，巳午未地可以伏兵。风云飞鸟从正北方来，急备有战。风云飞鸟从西北方来，向东南方去，为天助，可顺而急击之，大胜。

客将行兵，步卒在前，车骑在后，大将居中，静默而出，向西北而行，遇敌旋兵向东南，先举不可后也，此应为客。

太乙阴遁二十一局

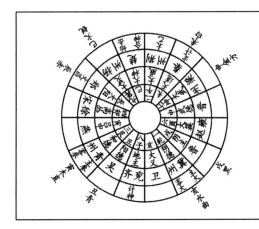

太乙在二宫理人
计神在地主
主目文昌将太阳
主算十
主大将四宫
主参将三宫
客目始击将大神
客算一
客大将一宫
客参将三宫

甲申二十一局　丙申九十三局

戊申一百六十五局　庚申二百三十七局

壬申二百九局

此局算得太乙二宫，理人，人有变异，多妖言残毁，天外助客。

此局为四郭固之时，如一林二虎，互相力拒。在春夏时，主客俱败。在秋时，主人胜，客人败。在冬时，客胜主败。虽乘王气，亦无如之何也。惟坚守不妄动为上策，凡举动则败在目前也。文昌辰，在内地，可以攻外。

主算十，孤阳，不和，无卒，不利为主。为四郭杜固之时，不宜出兵。

主大将一宫，关客大，同类猜忌攻击，不利有为，乘休气。

主参将三宫，关客参，乘相气，不利有为。

始击在巳内，辰击，有盗贼兵起攻围逼迫事。不利有为。客算一，单阳，不和，又无将吏，不利为客，宜坚壁固守待时。

客大将一宫，关主大，不利有为，乘休气。

客参将三宫，关主参，不利有为。有边兵为乱，乘相气。

太乙阴遁二十二局

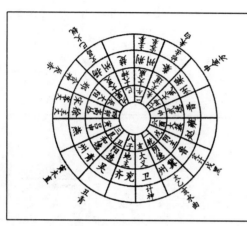

太乙在一宫理天
计神在大义
主目文昌将大灵
主算二十四
主大将四宫
主参将二宫
客目始击将天道
客算十四
客人将四宫
客参将二宫

乙酉二十二局　丁酉九十四局

己酉一百六十六局　辛酉二百三十八局

癸酉三百一十局

此局算得太乙一宫，理天，天内助主。

此局较算，主长客短，为利主。客算和，主算不和，又为客胜，不可以算为据也。又以二目宫神五行决之，文昌在九宫，属木；始击在天道，属土。木克土，为主人胜。又主算长，客算短，虽和，一不及二，和不及长，主必可胜，客必难逃其咎也确矣！

文昌九宫，在外地，可以攻内。对太乙，大臣怀奸，下人欺诞，不利有为。

主算二十四，长而不和，二将关，四郭固闭，宜坚壁固守待时，不宜噪动。

主大将四宫，关客大，如一林二虎，势不两立。不利有为。乘王气，不为妄动。

主参将二宫，关客参，如一泉二蛟，势不两立，不利有为。乘囚气，不宜出兵。

始击在未。

客算十四，上和，宜守不宜动。

客大将四宫，关主大，乘王气，不利有为。

客参将二宫，关主参，乘囚气，不利有为。

太乙阴遁二十三局

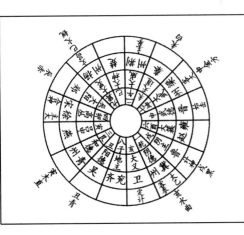

太乙在一宫理地

计神在阴主

主目文昌将大灵

主算二十四

主大将四宫

主参将二宫

客目始击将武德

客算七

客大将七宫

客参将一宫

丙戌二十三局　　戊戌九十五局

庚戌一百六十七局　　壬戌二百三十九局

甲戌三百一十一局

此局算得太乙一宫，理地，天内助主。

此时声息，有贼入寇，宜防慎，不得利。贼少无将，鼠窃从西南来。闻事吉虚凶实。敌使言不可信。奸细不入。贼初至无备，可攻，贼去有伏兵备。

文昌九宫，对太乙一宫，闭贤，下人欺罔。在外地，可以攻内。

主算二十四，重阴，长而不和，不宜大举征伐。军中防水灾。

主大将四宫，发，乘王气，可以出兵，微得利，即可回兵。主参将二宫，发，乘囚气，出兵不可贪战，速宜收兵。

出兵举赤旗，列锐阵，出向正东，战向正西，奇兵安巽地，战备东南，戌亥方可伏兵对敌。有风云飞鸟从东南来，急备交战。风云飞鸟从正东来，向正西去，此为天助，急顺击之，大胜。

主将行兵，步卒在前，车骑在后，大将居中，静默而出，向正东行，遇敌即旋兵向正西驻扎，候彼先举，然后攻之。

始击在申。

客算七，单阳，不和，短而无将，不利为客。不宜出兵征伐。

客大将七宫，发，乘囚气，出兵，算中无将，不利大将。惟宜运谋发兵拒敌，不宜攻战。

客参将一宫，值囚，有拘执奔败事。不利有为，惟可卒兵为之，又乘休气，亦不宜交战。

出兵举白旗，列方阵，出向西南，战向东北，奇兵安申地，战备西南，戌亥方可伏兵。有风云飞鸟从东南来，急备大战。风云飞鸟从西南方来，向东北方去，为天助，急顺击之，大胜。

客将行兵，车骑在前，步卒在后，大将居中，鼓噪急向西南行，遇敌旋兵向东北，先举击勿后，以应为客先举。

太乙阴遁二十四局

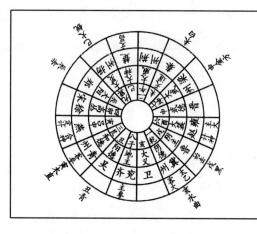

太乙在一宫理人
计神在大簇
主目文昌将大神
主算十六
主大将六宫
客参将八宫
客目始击将阴主
主算一
客大将一宫
客参将三宫

丁亥二十四局　　己亥九十六局

辛亥一百六十八局　　癸亥二百四十局

乙亥三百一十二局

此局算得太乙一宫，理人，天内助主。

此时声息，有贼寇近机而惨。兵多无将，鼠窃从西北来。敌使不可信。奸细不入。贼初入无备，可击，贼去有伏兵备，不可攻。闻事吉虚凶实。

文昌巳，在外地，可以攻内。

主算十六，长和，将吏全，可以大举征伐，深入缓攻。

主大将六宫，内值迫，有近臣贵戚攻外，不利有为。又乘死气，虽算和，太乙内助，可以扬兵拒敌，不宜交战。主参将八宫，外值迫，有大臣举事攻内，不利有为。虽乘相气，不宜交战，惟可遣人邀击。

出兵举白旗，列方阵，出向正西，战向正东，奇兵安巳地，战备东南，戌亥方可以伏兵。风云飞鸟从东南方来，急备交战。云鸟风从正西来，向正东去，为天助，宜顺而急击，大胜。

主将行兵，车骑在前，步卒在后，大将居中，鼓噪急出门，向正西方行，遇敌驻兵，伺彼先举，即旋兵向正东击之。

始击在戌，内击，有盗兵攻围逼迫事。

客算一，单阳，不和，短而无将吏，不宜举兵征伐。

客大将一宫，值囚迫，有拘执奔败事，不利有为。虽乘休气，可以陈兵待敌，不宜交战。

客参将三宫，发而乘相气，可以出兵浅近邀击，不宜深入迟缓。出兵举黑旗，列曲阵，出向西北，战向东南，奇兵安戌地，战备西北，戌亥方可伏兵。云鸟风从东南来，急备有战。风云飞鸟从西北方来，向东南去，得天助，急顺击之，大胜。

客将行兵，步卒在前，车骑在后，大将居中，静缓而出，向西北行，遇敌即旋兵向东南，先击之，乃是客兵先起。

太乙阴遁二十五局

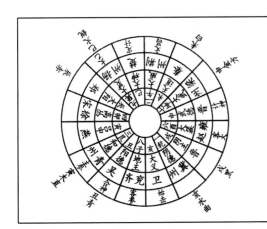

太乙在九宫理天
计神在武德
主目文昌将大威
主算三十一
主大将一宫
主参将三宫
客目始去将大义
客算十六
客大将六宫
客参将八宫

戊子二十五局　庚子九十七局

壬子一百六十九局　甲子二百四十一局

丙子三百一十三局

此局算得太乙九宫，理天，天外助客。

此时声息，有庆。闻事吉实凶虚。夷人入贡不为寇。夷兵多而有将。客挟主大，有惊无害。敌使谲诈，从西北来。奸细不入。贼初临，乘休气，无备，可攻；贼去有伏兵防备，不可邀击。文昌午，在外地，可以攻内。外辰迫，有大臣举事攻内。

主算三十一，重阳，长而不和，不利征伐。军中防火乏水。

主大将一宫，值格，不利有为。又受挟，乘休气，宜陈兵待敌，不宜出兵攻战。

主参将三宫，发而乘相气，可以率兵深入，疾攻助胜而速回兵，算不和也。

出兵举黑旗，列曲阵，出向西北，战向东南，奇兵安正南，战备正南，辰巳地可以伏兵。有风云飞鸟从正北方来，急备大战。风云飞鸟从西北方来，向东南方去，宜顺而急击之，大胜。

主将行兵，步卒在前，车骑在后，大将居中，静出向西北行，遇敌旋兵向东南驻扎，伺彼先举，然后应之。

始击在亥。

客算十六，长和，将吏全，可以大举吊伐。

客大将六宫，发而乘死气，不宜出兵攻战。

客参将八宫，发，乘相气，可以大率兵卒深入，缓攻取胜。出兵举白旗，列方阵，出向正西，战向正东，奇兵安亥地，战备西北方，辰巳地可伏兵。有风云飞鸟从西北方来，急备大战。风云飞鸟从正西方来，冲向正东方去，宜顺而击之，大胜。客将出兵，车骑在前，步卒在后，大将居中，鼓噪急行出门，向西行，遇敌旋兵向东，先击，乃客兵先举之义，不可后也。

太乙阴遁二十六局

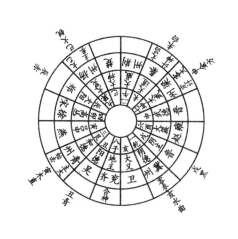

太乙在九宫理地
计神在天道
主目文昌将天道
主算三十三
主大将三宫
主参将九宫
客目始击将和德
客算七
客大将七宫
客参将一宫

己丑二十六局　辛丑九十八局

癸丑一百七十局　乙丑二百四十二局

丁丑三百一十四局

此局算得太乙九宫，理地，天外助客。

此时声息，有贼来远寇，损主大将。兵少无将，鼠窃从东北来。闻事吉实凶虚。奸细不入。贼来无备，可掩击；贼去有伏兵备后，勿攻。

文昌未，在外地，可以攻内。

主算三十，孤阳，长而不和，缺将，不利为主。太乙又不助，不宜出兵斗战，惟宜固守。军中防火。

主大将三宫，受掩始击，不利有为。乘休气，宜运筹帷幄，不可出战交锋，若或妄动，必战败而死。

主参将九宫，值囚，有拘执奔败事。不利有为。乘休气，惟陈兵拒敌，不宜攻战，有拘执之祸。

出兵举青旗，列直阵，出向东北，战向西南，奇兵安未地，战备西南方，辰巳地可伏兵。风云飞鸟从西北冲太乙而来，急备大战。风云飞鸟从东北来，冲向西南去，为天助，宜顺而急击，大胜。

主将行兵，步卒在前，车骑在后，大将居中，鼓噪急行出，向东北方，遇敌勒兵向西南驻扎，伺彼先动，而后应之。

始击三宫，掩主大。

客算七，单阳，不和，短而无将，不利为客。虽有太乙内助，不利出兵攻战。

客大将七宫，发，乘囚气，算中无大将，不利有为。惟可运谋遣将，不宜攻战。

客参将一宫，值格。上下格易，夷狄兵侵，不利有为。乘休气，不宜出兵攻战，宜于近地扬兵拒盗，若出战。必先胜后败。

出兵举白旗，列方阵，出向西南，战向东北，奇兵安辰地，战备东北，辰巳地可伏兵。有风云飞鸟从西南冲太乙方来，急备大战。风云飞鸟从西南方来，向东北去，宜顺而急击，必胜。

客将行兵，车骑在前，步卒在后，大将居中，鼓噪急行而出兵，向西南行，遇敌旋兵向东北，先击，此为客先举之义。

太乙阴遁二十七局

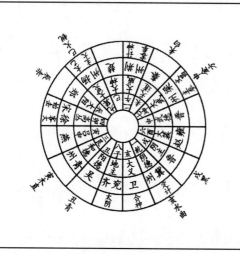

太乙在九宫理人
计神在大威
主目文昌将大武
主算二十九
主大将九宫
客目始击将高丛
客算四
客大将四宫
客参将二宫

庚寅二十七局　壬寅九十九局

甲寅一百七十一局　丙寅二百四十三局

戊寅三百一十五局

此局算得太乙九宫，理人，天外助客。

此时声息，有贼入寇，有自相仇杀者，兵少无将，不得利，从正东来。敌使言诈不可信。奸细不入，贼入无备，可以掩击；贼去临囚气，亦无伏兵防备，可以攻截。

文昌坤，在外地，可以攻内。因主参，有近将自谋同类。

主算二十九，长和，太乙不助，可以举兵深入缓攻。

主大将九宫，为太乙所因，乘休气，有拘击之事。不利有为。不宜深入远举，宜据险隘以扼敌，值挟，或客小将可擒。

主参将七宫，文昌制，乘囚气，不利有为。

出兵举赤旗，列锐阵，出向东南，战向西北，奇兵安巽地，战备西南，辰巳方可伏兵。风云飞鸟从西北方来，急备有战。风云飞鸟从东南方来，冲向西北方去，此得天助，顺而击之，大胜。

主将行兵，车骑在前，步卒在后，大将居中，鼓噪从高地而出，向东南行，遇敌旋兵向西北驻扎，伺彼先举，然后应之。

始击四宫，外击，有盗贼兵围逼迫事，关客大。

客算四，单阴，不和，短而无将，不宜举兵征伐。

客大将四宫，值迫而受制于始击，乘王气，不利有为。宜坚壁固守待时，若妄动必败，且有谋易之事。

客参将二宫，值迫，有内臣贵宦攻外。乘囚气，受主将挟，不利有为。宜忍耻固守，若妄动，恐受擒于人。

出兵举赤旗，列锐阵，出向正东，战向正西，奇兵安卯地，战备东方，辰巳方可伏兵。有风云飞鸟从西北太乙方来，急备大战。风云飞鸟从正东方冲向正西去，为天助，宜顺击之，大胜。

客将行兵，步卒在前，车骑在后，大将居中，静出向正东行，遇敌旋兵向正西，先击之勿后也。

太乙阴遁二十八局

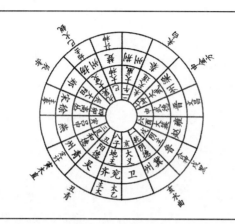

太乙在八宫理天
计神在太神
主目文昌将武德
主算八
主大将八宫
主参将四宫
客目始去将大炅
客算二十五
客大将中宫
客参将中宫

辛卯二十八局　　癸卯一百局

乙卯一百七十二局　丁卯二百四十四局

己卯三百一十六局

此局算得太乙八宫，理天，天外助客。

此时声息无，闻事吉实凶虚。敌人不来。奸细不入。

文昌申，在外地，可以攻内。

主算八，单阴，不和，短而无将，不利举兵征伐。

主大将八宫，值囚，有拘执奔败，不利有为。乘相气，算中无将，不宜出兵攻战，宜运筹遣将。

主参将四宫，发，得太乙助，乘王气，宜率奇兵浅攻近击，据险邀尾，可以助胜。

出兵举黑旗，列曲阵，出向正北，战向正南，奇兵安申地，战备西南，亥子丑方可伏兵。风云飞鸟从正南方来，急备有战。风云飞鸟从正北方来，冲向正南方去，为天助，宜顺而击之，大胜。

主将行兵，车骑在前，步卒在后，大将居中，登高鼓噪出门，向正北方行，遇敌旋兵向南驻扎，伺彼先动，而后击之。

始击九宫。

客算，杜塞无门，二将不出，宜坚壁固守待时，不宜妄动。

太乙阴遁二十九局

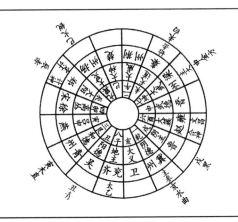

太乙在八宫理地

计神在太阳

主目文昌将大簇

主算七

主大将七宫

主参将一宫

客目始击将天道

客算十五

客大将中宫

客参将中宫

壬辰二十九局　　甲辰一百一局

丙辰一百七十三局　　戊辰二百四十五局

庚辰三百一十七局

此局算得太乙八宫理地天内助主。

此时声息无，闻事吉实凶虚。贼人不来。奸细不入。

文昌西，在外地，可以攻内。

主算七，单阳，不和，短而无将，不宜举兵征伐。

主大将七宫，发，乘囚气，及算中无将，不利有为。宜设策遣将，不宜出兵攻战。

主参将一宫，内值迫，有贵戚近臣攻外，又乘休气，不利有为，宜固守可也。

出兵举白旗，列方阵，出向西南，战向东北，夺兵安酉地，战备西南，亥子丑方可以伏兵。云鸟风从南方冲太乙而来，急备有战。云鸟风从西南方来，冲东北方去，此为天助，急顺击之。

主将行兵，车骑在前，步卒在后，大将居中，鼓噪急行出门，向西南行，遇敌旋兵向东北驻扎，伺彼先举，而后击之。

始击在未。

客算，杜塞无门，客二将不出，宜固守待时，不宜妄动。

太乙阴遁三十局

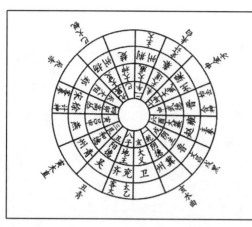

太乙在八宫理人
计神在高丛
主目文昌将阴主
主算二
主大将六宫
主参将六宫
客目始击将武德
客算八
客大将八宫
客参将四宫

癸巳三十局　　乙巳一百二局

丁巳一百七十四局　己巳二百四十六局

辛巳三百一十八局

此局算得太乙八宫，理人，天内助主。

此时声息有，闻事吉虚凶实。贼寇近境，有兵无将，鼠窃从西南方来。奸细不入。贼入临相气，不可攻战；去临休气，无伏兵备，可击。

文昌戌，在外地，可以攻内。

主算二，单阴，不和，短而无将吏，不利有为，不宜举兵征伐。

主大将二宫，值格，不利有为。上下失和。乘囚气，算中无将，惟宜运谋设策，伏兵邀击，不宜出兵攻战。

主参将六宫，发，乘死气，算中无偏将，亦不宜出兵攻战。

出兵举黄旗，列圆阵，出向正南，战向正北，奇兵安戌地，战备西北，亥子丑地可伏兵。风云飞鸟从正南方冲太乙方去，急宜准备大战。风云飞鸟从正南方来，冲向正北方去，为天助，宜顺而急击之，大胜。主将行兵，步卒在前，车骑在后，大将居中，静出向正南而行，遇敌旋兵向北驻扎，伺彼先举，而后应之。为主人后起之义。

始击在申。

客算八，单阴，不和，短而无将，大将不宜举兵征伐。

客大将八宫，值因，有拘执奔败。乘相气，算中无将，不宜出兵，宜发兵按伏邀击。

客参将四宫，发，乘王气，宜率兵近境，东声西击，或冲其中，或击其尾，可以取胜。

出兵举黑旗，列曲阵，出向正北，战向正南，奇兵安申地，战备西南，亥子丑方可伏兵。有风云飞鸟从正北方来，向正南去，宜顺击之，大胜。

客将出兵，车骑在前，步卒在后，大将居中，鼓噪登高而出，向北方行，遇敌旋兵向南，先举击之，不可后也。此应客兵先起之义。

太乙阴遁三十一局

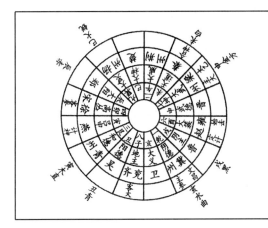

太乙在七宫理天

计神在吕申

主目文昌将阴德

主算二十七

主大将七宫

主参将一宫

客目始击将阴主

客算二十八

客大将八宫

客参将四宫

甲午三十一局　丙午一百三局

戊午一百七十五局　庚午二百四十七局

壬午三百一十九局

此局算得太乙七宫，理天，天外助客。

此时声息无，闻事吉实凶虚。夷狄来贡。兵多有将不和，从西来。敌使言实。奸细不入。贼初至，临休气，可掩击；去，临相气，有伏兵防备，不可犯。文昌一宫，在内地，可以攻外。关主参，近将自谋同类。

主算二十七，长和，将吏全。太乙虽不助，亦可举兵深入贼境，缓攻取胜。主大将七宫，值因，有拘执奔败事。乘因气，不利有为。宜守城运策，遣兵追击可获胜。

主参将一宫，受制于文昌，乘休气，不利有为，不宜出兵攻战。

出兵举白旗，列方阵，出向西南，战向东北，奇兵安乾地，战备西北，未申方可伏兵。有风云飞鸟从东北方冲太乙而来，急备大战。风云飞鸟从西南冲向东北方去，为天助，宜顺而急击之，大胜。主将行兵，车骑在前，步卒在后，大将居中，鼓噪急行出门，向西南行，遇敌勒兵向东北，伺彼先动，我后应之。为主人后起也。

始击在戌。

客算二十八，长而不和，将吏全。太乙助，可以深入缓攻取胜。

客大将八宫，发，乘相气，可以兴师，大举深入贼境，徐缓攻击取胜，然军中防水灾。

客参将四宫，发，乘王气，可以举兵深入缓攻，既胜，即宜收兵，算不和也。

出兵举黑旗，列曲阵，出向正北，战向正南，奇兵安戌地，战备西北，未申方可伏兵。风云飞鸟从东北来，急备大战。风云飞鸟从我军后来，冲向敌军去，为天助，宜急顺而击之，大胜。

客将行兵，车骑在前，步卒在后，大将居中，鼓噪急出门，向正北行，遇敌旋兵向正南，先击，以应客兵先起之义。

太乙阴遁三十二局

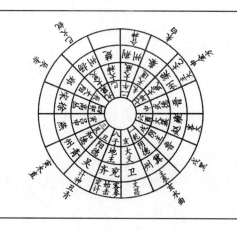

太乙在七宫理地
计神在阳德
主目文昌将大义
主算二十七
主大将七宫
主参将一宫
客目始击将地主
客算二十六
客大将六宫
客参将八宫

乙未三十二局　　丁未二百四局

己未一百七十六局　　辛未一百四十八局

此局算得太乙七宫，理地，天外助客。

此时声息，有庆，狄兵入贡。有将兵多不和，从正北来。敌使不可信。闻事吉实凶虚。奸细不入。贼初入临囚气，可击；贼去，有伏兵备，不可攻。

文昌亥，在内地，可以攻外。

主算二十七，长和，三才将吏全，可以举兵深入缓攻。

主大将七宫，值囚，有拘执奔败事。乘囚气不利有为。宜设策遣伏，待敌而发，可以小胜，不宜出兵攻战。

主参将一宫，发，乘休气，不利有为。宜整兵守城，不宜出战。风云飞鸟从东北方来冲太乙宫，急备大战。

出兵举白旗，列方阵，出向西南，战向东北，奇兵安亥地，战备西北，未申方可伏兵。风云飞鸟从西南方来，向东北方去，为天助，宜顺而击之，大胜。

主将行兵，车骑在前，步卒在后，大将居中，鼓噪急行出门，向西南行，遇敌提兵向东北驻扎，伺彼先举，然后应之。为主人后应。始击八宫，阳客参，同类自谋，不宜举事。

客算二十六，长而不和，将吏全，亦可深入缓攻；重阴之算，军中防水厄。

客大将六宫，发，值迫，不利有为。乘死气，不宜出兵攻战，宜固守。

客参将八宫，受始击制，不利有为。乘相气，宜扬兵拒守，不宜出战。出兵举白旗，列方阵，出向正南，战向正东，奇兵安正北，战备北方，未申方可伏兵。风云飞鸟从东北来，急备大战。风云飞鸟从正西来，向正东去，为天助，急顺击之，大胜。

客将行兵，车骑在前，步卒在后，大将居中，鼓噪急行出门，向正西行，遇敌旋兵向东，先率兵攻击，此为客先举也。

太乙阴遁三十三局

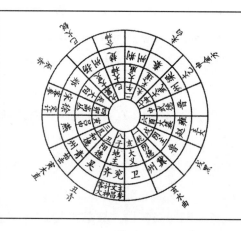

太乙在七宫理人
计神在地主
主目文昌将地主
主算二十六
主大将六宫
主参将八宫
客目始去将和德
客算十八
客大将八宫
客参将四宫

丙申三十三局　　戊申一百五局

庚申一百七十七局　　壬申二百四十九局

甲申三百二十一局

此局算得太乙七宫，理人，天外助客。

此时声息，有贼来入寇。有将兵多从东北来。敌使言实。奸细入觇，有私通外夷者。闻事吉实凶虚。贼初入临囚气，可掩击；贼去临王气，有伏兵，不可攻。

文昌子，在内地，可以攻外。关主参将，客大，有近将自谋同类。

主算二十六，重阴，长而不和，将吏全，亦可举兵攻伐；重阴，军中防水厄。

主大将六宫，值迫，必有大臣攻内。乘死气，不利有为。惟可扬兵拒敌，不宜出兵攻战。

主参将八宫，受制于文昌，有同类忌。乘相气，不利有为。犹可出奇兵，按伏窃发而取小利，不宜大举征伐。

出兵举白旗，列方阵，出向正西，战向正东，奇兵安正北地，战备北方，未申地可以伏兵。风云飞鸟从正东北来，急备大战。风云飞鸟从正西方来，冲向正东方去，为天助，急宜顺而击之，大胜。

主将行兵，车骑在前，步卒在后，大将居中，鼓噪急行出门，向正西行，通敌提兵向正东，伺彼先动，然后应之。

始击三宫，格，有蛮夷侵掠，先胜后败。

客算十八，长和，将吏全。太乙助，可出兵吊伐。

客大将八宫，值关主参，不利有为。乘相气，可以出兵指挥攻击取胜。

客参将四宫，发，乘王气，可率奇兵深入缓攻取胜。

出兵举黑旗，列曲阵，出向正北，战向正南，奇兵安艮上，战备东北方，未申方可伏兵。风云飞鸟从东北向太乙而来，急备大战。

风云飞鸟从正北方来，向正南方去，急宜顺击之，大胜。

客将行兵，车骑在前，步卒在后，大将居中，鼓噪急行出门，向北行，遇敌旋兵向南，先举兵击之，此为客之义。

太乙阴遁三十四局

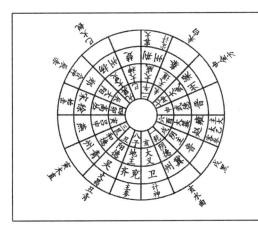

太乙在六宫理天
计神在大义
主目文昌将阳德
主算二十六
主大将六宫
主参将八宫
客目始击将高丛
客算二十二
客大将二宫
客参将六宫

丁酉三十四局　　己酉一百六局

辛酉一百七十八局　　癸酉二百五十局

乙酉三百二十二局

此局算得太乙六宫，理天，天外助客。

此时声息。有贼入寇。有将兵多从东来。奸细不入。闻事吉实凶虚。敌使不可信。贼来临死气，可掩击；贼去乘囚气，可追击。

文昌丑，在内地，可攻外。

主算二十六，重阴，长而不和，亦可出兵攻伐。军中防水厄，重阴故也。

主大将六宫，值囚、关，有执奔败事。乘死气，不利有为。不宜展阵交锋，宜固守。

主参将八宫，发，乘相气，可乘大将之权，率兵深入缓攻，得胜即宜收兵，算不和也。

出兵举白旗，列方阵，出向正西，战向正东，奇兵安丑地，战备东北，申酉戌方可伏兵。风云飞鸟从正东方来冲，向正西方去，急备大战。风云飞鸟从正西方来，冲向正东去，此为天助，宜顾而击之，大胜。

主将行兵，车骑在前，步卒在后，大将居中。鼓噪急出，向正西行。遇敌勒兵向正东，伺彼先举，而后应之。

始击四宫，格，政事格易，盗侮其主，蛮夷侵掠。

客算二十二，重阴，不和，得太乙助，可以出兵攻战。

客大将二宫，发，乘囚气，不利有为。宜用策遣兵邀击，可获小胜，不宜交战。

客参将六宫，值囚关，有同类相谋，不利有为。又乘死气，不宜出兵攻击，宜固守。

出兵举黄旗，列圆阵，出向正南，战向正北，奇兵安卯地，战备东方，申酉戌地可伏兵。有风云飞鸟从正东冲太乙而来，急备大战。风云飞鸟从北方来，冲向南方去，为天助顺而击之，大胜。客将行兵，车骑在前，步卒在后，大将居中，鼓噪而出，向正南行，遇敌旋兵向北，先击，为应客人用兵之义。

太乙阴遁三十五局

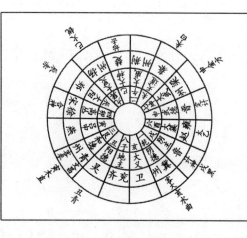

太乙在六宫理地
计神在阴主
主目文昌将和德
主算二十五
主大将中宫
客参将中宫
客目始击将大神
客算十
客大将一宫
客参将三宫

戊戌三十五局　庚戌一百七局

壬戌一百七十九局　甲戌二百五十一局

丙戌三百二十三局

此局算得太乙六宫，理地，天外助客。

此时声息，有贼贡而觇。无将兵少，从东南来。闻事吉虚凶实。敌使言不可信。奸细不入窥觇。有私通夷人者。贼初至临死气，可伏兵掩击；贼去临休气，无伏兵防备，可截击。

文昌艮，在内地，可以攻外。因客参，近将自谋同类。

主算二十五，杜塞无门，二将不出。始击在巳。

客算十，孤阳，不和而短，不宜举兵征伐。

客大将一宫，外值迫，有大臣举事攻内，不利有为。乘休气，可以整兵固守，不宜出兵攻战。

客参将三宫，受制于文昌，不利有为，乘相气。

出兵举黑旗，列曲阵，出向西北，战向东南，奇兵安巳地，战备东南，申酉戌方可伏兵。有风云飞鸟从正东冲太乙而来，急备大战。风云飞鸟从西北来，冲向东南方去，为天助，宜顺击之，大胜。客将行兵，步卒在前，车骑在后，大将居中，静出向西北方行，遇敌旋兵向东南，先举击之，此应客兵先起之义。

太乙阴遁三十六局

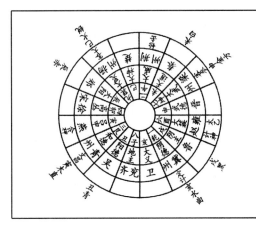

太乙在六宫理人

计神在大簇

主目文昌将和德

主算二十五

主大将中宫

主参将中宫

客目始击将大武

客算九

客大将九宫

客参将七宫

己亥三十六局　辛亥一百八局

癸亥一百八十局　乙亥二百五十二局

丁亥三百二十四局

此局算得太乙六宫，理人，天外助客。

此时声息，有夷狄入贡。兵少无将，从正南来。闻事吉虚凶实。敌使言实。奸细不入。贼初至临死气，可攻击；贼去临相气，有伏兵，不可攻。

文昌艮，在内地，可攻外。

主算二十五，杜塞无门，主二将不出，坚壁固守。始击在午。

客算九，单阳，不和，短而无将，不宜出兵征伐，惟运谋伏兵邀击，有小胜。

客大将九宫，发，乘休气，算中无将，不宜出兵，惟运伏兵，有小胜。

客参将七宫，值迫，有近臣贵宦攻外，不利有为，乘囚气。

出兵举赤旗，列锐阵，出向东南，战向西北，奇兵安午地，战备正南，申酉戌地可伏兵。有风云飞鸟从正东方来冲，向正西方去，急备大战。风云鸟从西南方来，冲向东北方去，为天助，宜顺击之，大胜。

客将行兵，车骑在前，步卒在后，大将居中，从高地鼓噪出门，向西南行，遇敌旋兵向东北，先举攻击，以应为客先起之义。

第五章　术数汇考五

《太乙局》四

时计阴遁成局

太乙阴遁三十七局

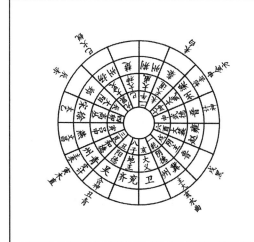

太乙在四宫理天

计神在武德

主目文昌将吕申

主算一

主人将一宫

主参将三宫

客目始去将大武

客算三十五

客大将五宫

客参将五宫

庚子三十七局　壬子一百九局

甲子一百八十一局　丙子二百五十三局

戊子三百二十五局

此局算得太乙四宫，理天，天有变异，天内助主。

此时声息，无事，贼人不来。闻事吉实凶虚。奸细不入。

文昌寅，在内地，可攻外。内臣迫，有近臣贵戚攻外。

主算一，单阳，不和，短而无将吏，不宜举兵征伐。

主大将一宫，发，乘休气，算中无将，不利有为。不宜出兵攻战，宜扬兵拒敌。

主参将三宫，内值迫，虽乘相气，算中缺将吏，不利有为，不宜征伐。出兵举黑旗，列曲阵，出向西北，战向东南，奇兵安寅地，战备东北方，寅卯方可伏兵。风云飞鸟从正西来冲太乙宫，急备有战。风云飞鸟从西北方来，向东北方去，此为天助，急宜顺而击之，大胜。

主将行兵，步卒在前，车骑在后，大将居中，静默而出，向西北方行，遇贼旋兵向东南，伺彼先举，然后攻之。此为主人后起。

始击在七宫。

客算三十五，杜塞无门，客二将俱不出，宜固守。

太乙阴遁三十八局

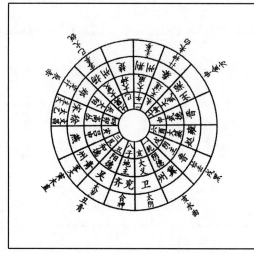

太乙在四宫理地
计神在天道
主目文昌将高丛
主算四
主大将四宫
主参将二宫
客目始击将阴主
客算十三
客大将三宫
客参将九宫

辛丑三十八局　癸丑一百十局

乙丑一百八十二局　丁丑二百五十四局

己丑三百二十六局

此局算得太乙四宫，理地，地有变异，天内助主。

此时声息，有贼来贡而觇。有兵有将从西北方来。闻事吉虚凶实。敌使言实。贼出入有伏兵防备，不可攻击。奸细不入。

文昌四宫，在内地，可攻外。囚，有崩亡拘执之事。

主算四，单阴，不和，短而缺将吏，不利为主，不宜出兵征伐。

主大将四宫，发，值囚关，乘囚气，又云王气查。

主参将二宫，发，乘囚气。

出兵举赤旗，列锐阵。出向正东，战向正西，奇兵安卯地，战备正东，寅卯辰方可以伏兵。有风云飞鸟从正西冲太乙而来，急备有战。风云飞鸟从正东方来，向正西方去，为天助，顺击之，大胜。主将行兵，步卒在前，车骑在后，大将居中，静出向正东方行，遇敌旋兵向西，伺彼先举，然后为主后起。

始击在戌。

客算十三，重阳，不和，不宜举兵征伐，军中防火。

客大将三宫，值迫，乘休气，宜陈兵拒守，不宜交战。

客参将九宫。

出兵举青旗，列直阵，出向东北，战向西南，奇兵安戌地，战备西北，寅卯辰方可伏兵。风云飞鸟从正西冲太乙而来，急备有战。

风云飞鸟从东北方向西南方去，为天助，顺而击之，大胜。

客将行兵，步卒在前，车骑在后，大将居中，静默而出，向东北行，遇敌勒兵向西南，先举攻击，以应奇兵先举之兆。

太乙阴遁三十九局

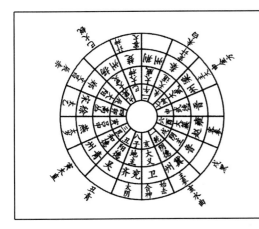

太乙在四宫理人
计神在大咸
主目文昌将太阳
主算二十七
主大将七宫
主参将一宫
客目始击特大义
客算十二
客大将二宫
客参将六宫

壬寅三十九局　甲寅一百一十一局

丙寅一百八十三局　戊寅二百五十五局

庚寅三百二十七局

此局算得太乙四宫，理人，天内助主。

此时声息，有贼来寇。有将兵多从西北方来。闻事吉虚凶实。敌使不可信。奸细不来。贼初至临王气，不可攻战；去，有伏兵防备，不可掩追。

文昌辰，在内地，可攻外。臣迫，大臣举事于内。

主算二十七，长和，宜大举师旅，可以出兵征伐。

主大将七宫，发，乘囚气，宜运谋发兵，按伏邀击，不宜对敌攻战。

主参将一宫，发，乘休气，宜固守拒敌，不宜出兵攻战。

出兵举白旗，列方阵，出向西南，战向东北，奇兵安辰地，战备东南方，寅辰方可伏兵。风云飞鸟从正西方来，急备有战。风云飞鸟从西南方来，向东北方去，为天助。顺击之，大胜。

主将行兵，车骑在前，步卒在后，大将居中，鼓噪急行出门，向西南方行。遇敌旋兵向东北，伺彼先举，而后应之。

始击在亥。

客算十二，上和，宜举兵征伐，深入缓攻。

客大将二宫。发，乘囚气，不宜举兵深入缓攻，宜近便邀击，可以获胜建功。

客参将六宫，格，乘死气，宜整兵守城，不宜出兵攻战，宜固守。

出兵举黄旗，列圆阵，出向正南，战向正北，奇兵安亥地，战备西北，寅卯地可伏兵。风云飞鸟从正西方来，急备有战。风云飞鸟从正南来，向正北方去，为天助，顺击之。大胜。

客将行兵，步卒在前，车骑在后，大将居中，静出向正南行，遇敌旋兵向正北，先举击攻，以应客兵先起不可后也。

太乙阴遁四十局

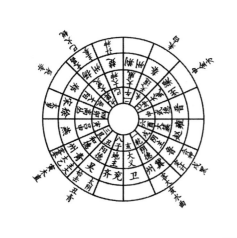

太乙在三宫理天
计神在大神
主目文昌将大炅
主算三十三
主大将三宫
主参将九宫
客目始去将阳德
客算一
客大将一宫
客参将三宫

癸卯四十局　乙卯一百一十二局

丁卯一百八十四局　己卯二百五十六局

辛卯三百二十八局

此局算到太乙三宫，理天，天内助主。

此时声息，有贼寇近境，兵少无将，从东北方来。闻事吉虚凶实。敌使不可信。奸细不入。贼出入俱有伏兵防备，不可攻。

文昌九宫，在外地，可攻内。囚主参，有同类相谋。

主算三十三，长重阳，不和，不宜举兵征伐，军中防攻，乏水。

主大将三宫，值囚关，有拘执奔败事，不利有为。乘相气，不宜出兵攻战，可以发兵按伏邀击。

主参将九宫，受制文昌，又乘休气，不利有为，宜拥兵固守寨，不宜用兵举事。

出兵举青旗，列直阵，出向东北。战向西南，奇兵安巽地，战备东南，丑寅方可伏兵。风云飞鸟从西南来冲太乙宫，急备大战。风云飞鸟从东北来，冲向西南方去，为天助，顺而急击之，大胜。

主将行兵，步卒在前，车骑在后，大将居中，静出向东北行，遇敌旋兵向西南，伺彼先动，而后应之。

始击丑，内辰击，有盗贼兵围逼迫事。

客算一，单阳，短而不和，又无将吏，不宜大举深入。

客大将一宫，发，乘休气，不利有为。可以遣兵巡哨固守，不宜用兵征伐。

客参将三宫，值囚关，乘相气，不利有为，不宜出兵，固守而已。出兵举黑旗，列曲阵，出向西北，战向东南，奇兵安丑地，战备东北，丑寅方可伏兵。风云飞鸟从西北方来，向东南方去，为天助，宜顺击之，大胜。

客将行兵，步卒在前，车骑在后，大将居中，静出向西北行，遇敌旋兵向东南，先举击之，以应客兵先起。

太乙阴遁四十一局

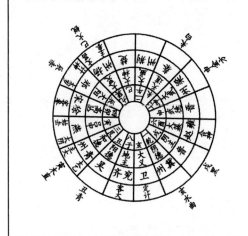

太乙在三宫理地
计神在太阳
主目文昌将大炅
主算三十三
主参将九宫
主大将三宫
客目始击将吕申
客算三十八
客大将八宫
客参将四宫

甲辰四十一局　丙辰一百一十三局

戊辰一百八十五局　庚辰二百五十七局

壬辰三百二十九局

此局算得太乙三宫，理地，天内助主。

此时声息，有贼来贡而觇，宜备。有将兵多从东北方来。闻事吉虚凶实。敌使言实。奸细不入。贼兵来则有备，不可攻；去则无备，可截击。

文昌九宫，在外地，可攻内。囚主参，有同类猜忌攻夺。

主算三十三，重阳，长而不和，不宜大举征伐，军中防火，重阳算耳。主大将三宫，值囚，有拘执奔败事，不利有为。乘相气，宜运筹决胜，发兵邀击，不宜出兵攻战。

主参将九宫，受制于文昌，乘休气，有猜忌事。宜整兵固守，不宜攻战。

出兵举青旗，列直阵，出向东北，战向西南，奇兵安巽地，战备东南，丑寅方可伏兵。风云飞鸟从西南来冲太乙宫，急备大战。风云飞鸟从东北方来，冲西南方去，为天助，顺而击之，大胜。

主将行兵，步卒在前，车骑在后，大将居中，静出向东北行，遇敌旋兵向西南，伺彼先举，然后应之。

始击在寅，外辰击，有盗贼兵围逼迫事。

客算三十八，长和，将吏全，可以举兵征伐。

客大将八宫，内值迫，近臣内戚攻外，不利有为。乘相气，宜设策按伏邀击，不宜出阵攻战。

客参将四宫，外值迫，大臣举事攻内，不利有为。乘王气，不宜攻战，指挥士卒暗邀近击。

出兵举黑旗，列曲阵，出向正北，战向正南，奇兵安寅地，战备东北，丑寅方可伏兵。风云飞鸟从西南方来冲太乙宫，急备大战。风云飞鸟从正北方来，冲向正南方去，顺而击之，大胜。

客将行兵，车骑在前，步卒在后，大将居中，鼓噪急出，向正北方行，遇敌旋兵向正南，先举兵攻击。

太乙阴遁四十二局

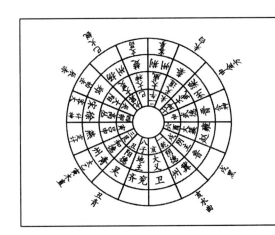

太乙在三宫理人
计神在高丛
主目文昌将大神
主算二十五
主大将五宫
主参将五宫
客算三十四
客大将四宫
客参将二宫

乙巳四十二局　丁巳一百一十四局

己巳一百八十六局　辛巳二百五十八局

癸巳三百三十局

此局算得太乙三宫，理人，天内助主。

此时声息，有庆，敌来有贡，兵众有将，从东南方来。闻事吉虚凶实。敌使不可信。奸细入觇。贼出入俱临相气，有伏兵备，不可攻击。

主算二十五，杜塞无门，主二将不出。始击在辰。

客算二十四，长和，将吏全，可以大举征伐。

客大将四宫，外值迫，大臣举事攻内。乘王气，可以出兵攻击，得利即还，不可再举，有前胜后败之辞。

客参将二宫，发，乘囚气，不宜出兵攻战，宜固守。

出兵举赤旗，列锐阵，出向正东，战向正西，奇兵安巳地，战备东南。丑寅方可以伏兵。有风云飞鸟从西南方来冲太乙宫，急备大战。风云飞鸟从东方来，冲向正西方去，宜顺而击之，大胜。客将行兵，步卒在前，车骑在后，大将居中，静默而出，向东行，遇敌旋兵向正西，先举兵攻击，应为客先举不可后也。

太乙阴遁四十三局

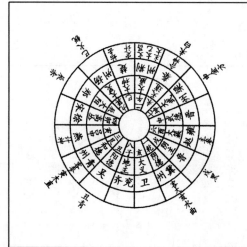

太乙在二宫理天

计神在吕申

主目文昌将大威

主算二

主大将二宫

主参将六宫

客算一

客目始击将大神

客大将一宫

客参将三宫

丙午四十三局　戊午一百一十五局

庚午一百八十七局　壬午二百五十九局

甲午三百三十一局

此局算得太乙二宫，理天，天外助客。

此时声息，有盗贼入寇，兵少无将，从东南方来。闻事吉实凶虚。敌使可信。奸细不入。贼初入临囚气，无备，可击；贼出临王气，有伏兵，不可攻。

文昌午，在外地，可攻内。囚关，近将自谋同类。

主算二，单阴，不和，短而无将吏，不宜大举征伐。

主大将二宫，值囚关，有拘击奔败事，不利有为。乘囚气，不宜出兵攻战，宜运谋遣将浅近邀击，必获小利。

主参将六宫，发，乘死气，宜固守，不宜出兵攻战。

出兵举黄旗，列圆阵，出向正南，战向正北，奇兵安午地，战备南方。巳午未方可伏兵。风云飞鸟从正北方冲太乙宫，急备大战。风云飞鸟从正南来，向北去，宜顺击之，大胜。

主将行兵，步卒在前，车骑在后，大将居中，静出向正南行，遇敌旋兵向正北，伺彼先举，然后应之，为主人后起。

始击巳，为击，有盗兵围逼迫事。

客算一，单阳，短而不和，无将吏，不宜大举深攻，只宜浅近截击。

客大将一宫，发，乘休气，宜整兵守寨，不宜出兵攻战。

客参将三宫，发，乘相气，宜出兵攻战，得胜即止，不宜再举，算短不和故也。

出兵举黑旗，列曲阵，出向西北，战向东南，奇兵安巳地，战备东南，巳午未方可伏兵。风云飞鸟从正北方冲太乙而来，急备大战。风云飞鸟从西北来，向东南去，宜顺击之，大胜。

客将行兵，步卒在前，车骑在后，大将居中，静出向西北行，遇敌旋兵向东南，先击之。此应为客先举之义。

此局主客俱无将吏用兵，主客俱伤。

太乙阴遁四十四局

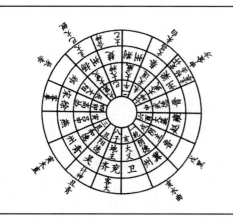

太乙在二宫理地
计神在阳德
主目文昌将天道
主算三十九
主大将九宫
主参将七宫
客目始去将大武
客算三十八
客大将八宫
客参将四宫

丁未四十四局　　己未一百一十六局

辛未一百八十八局　　癸未二百六十局

乙未三百三十二局

此局算得太乙二宫，理地，天外助客。

此时声息，有贼入寇，不得。有将兵多从西南来。闻事吉实凶虚。敌言不可信。奸细不入。贼初至临囚气，可掩击；贼去临相气，有伏兵，不可攻。

主算三十九，重阳，长而不和，可以出兵攻伐，防慎火灾。

主大将九宫，内值迫，近臣贵戚攻外，不利有为。乘休气，可以运谋发兵邀击，宜速不宜迟缓。

主参将七宫，外值迫，受掩，不利有为。乘囚气，可以陈兵自守，不宜出战，战必败死。

出兵举赤旗，列锐阵，出向东南，战向西北，奇兵安未地，战备南西，巳午未方伏兵。风云飞鸟从正北来，急备有战。风云飞鸟从东南方来，冲西北方去，为天助，宜顺击之，大胜。

主将行兵，车骑在前，步卒在后，大将居中，鼓噪登高地出行，向东南，遇敌勒兵向西北，伺彼军先举，我后应之，为主后起也。

始击七宫，掩主参，外击，有盗兵围迫。

客算三十八，长和，可以大举征战。

客大将八宫，值格，不利有为。乘相气，宜定策发兵攻击，不宜出兵攻战。

客参将四宫，发，可以举兵深入缓攻，得胜即回，不宜再举。算中乘死气，有先胜后负之辞。

出兵举黑旗，列曲阵，出向正北，战向正南，奇兵安坤地，战备西南，巳午未地可伏兵。风云飞鸟从正北来，急备大战。风云飞鸟从正北来，冲正南去，为天助，宜顺而击之，大胜。

客将行兵，车骑在前，步卒在后，大将居中，鼓噪急出，向正北而行，遇敌旋兵向正南，先举兵击之，以应为客先起。

太乙阴遁四十五局

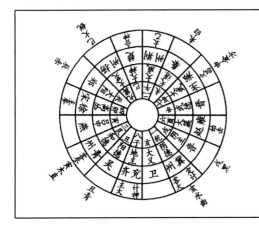

太乙在二宫理人
计神在地主
主目文昌将大武
主算三十八
主大将八宫
主参将四宫
客目始去将大簇
客算三十一
客大将一宫
客参将三宫

戊申四十五局　　庚申一百一十七局

壬申一百八十九局　　甲申二百六十一局

丙申三百三十三局

此局算得太乙二宫，理人，天外助客。

此时声息，有庆，贼来入贡或降，兵多，有将而不和，从正西来。闻事吉实凶虚。敌使言实。奸细不入。贼初至乘囚气，可击；贼去乘王气，有备，不可攻。

文昌七宫，在外地，可攻内。外宫迫，有大臣举事攻内。

主算三十八，长和，可以大举征伐。

主大将八宫，值格，上下欺诞，夷伙侵掠，不利有为。乘相气，可以运谋设策，遣兵攻击，不宜出兵攻战。

主参将四宫，发，乘王气，可以举兵深入，缓攻得胜。

出兵举黑旗，列曲阵，出向正北，战向正南，奇兵安坤地，战备西南方，巳午未方可伏兵。有风云飞鸟从正北来，急备大战。风云飞鸟从北方来，冲向南方去，为天助，宜顺击之，大胜。

主将行兵，车骑在前，步卒在后，大将居中，鼓噪急出，向北行，遇敌旋兵向南，伺彼先举，而后攻击。为主人后应。

始击在六宫。

客算三十一，重阳，长而不和，太乙助，亦可以举兵深入征伐。

客大将一宫，发，乘休气，不宜举兵深入，宜伏兵截杀。

客参将三宫，主挟，乘相气，不可出兵攻战，宜陈兵固守。

出兵举黑旗，列曲阵，出向西北，战向东南，奇兵安酉地，战备西方，巳午未方可伏兵。有风云飞鸟从正北方来，急备大战。风云飞鸟从西北方来，向东南方去，为天助，宜顺击之，大胜。

客将行兵，步卒在前，车骑在后，大将居中，鼓噪急出。向西北方行，遇敌旋兵向东南行，先举兵击之。

太乙阴遁四十六局

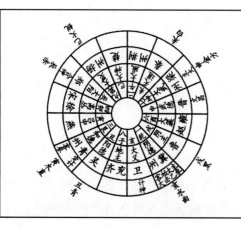

太乙在一宫理天
计神在大义
主目文昌将武德
主算七
主大将七宫
主参将一宫
客目始击将阴德
客算一
客大将一宫
客参将三宫

己酉四十六局　辛酉一百一十八局

癸酉一百九十局　乙酉二百六十二局

丁酉三百三十四局

此局算得太乙一宫，理天，天有变异，天内助主。

此时声息，有贼入大寇，主参将宜将之，贼兵少，无将而锐，从西北来。闻事吉虚凶实。敌使不可信。奸细不入。贼初入临休气，可击；贼去临相气，有伏兵，不可击。

文昌申，在外地，可攻内。

主算七，单阳，不和，短而无将，不宜出兵攻伐。

主大将七宫，发，乘囚气，算中无将，不利有为。宜运谋遣兵，按伏待贼窃邀击，不宜对战。

主参将一宫，值囚，始击掩，乘休气，有拘击奔败事。惟宜陈兵守寨，不宜出兵，战必败死。

出兵举白旗，列方阵，出向西南，战向东北，奇兵安申地，战备西南，戌亥方可伏兵。风云飞鸟从东南方来，急备大战。风云飞鸟从西南来，向东北去，宜顺击之，大胜。

主将行兵，车骑在前，步卒在后，大将居中，鼓噪急出，向西南行，遇敌勒兵向东北行，伺彼先举，然后攻而应之。

始击一宫，掩，有盗贼兵起掩袭劫杀事。

客算一，单阳，不和，短而无将吏，不宜举兵征伐。

客大将一宫，囚关，不利有为。乘休气，不宜出兵攻击，宜伏兵暗截。

客参将三宫，发，乘相气，可率强兵浅近邀击。算中无将吏，不宜深入攻战。

出兵举黑旗，列曲阵，出向西北，战向东南，奇兵安乾地，戌亥方可伏兵。风云飞鸟从东南来，急备大战。风云飞鸟从西北来，冲向东南去，为天助，宜顺击之，大胜。

客将行兵，步卒在前，车骑在后，大将居中，静出向西北行，遇敌旋兵向东南，先举兵攻击。此客兵先起之义。

太乙阴遁四十七局

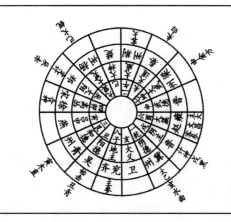

太乙在一宫理地
计神在阴主
主目文昌将大簇
主算六
主大将六宫
主参将八宫
客目始击将阳德
客算三十二
客大将二宫
客参将六宫

庚戌四十七局　　壬戌一百一十九局

甲戌一百九十一局　　丙戌二百六十三局

戊戌三百三十五局

此局算得太乙一宫，理地，天内助主。

此时声息，有贼欲入贡，欲寇，上参慎之。有将兵多从东北来。闻事吉实凶虚。敌使不可信。奸细入境窥探，有私通者。贼出入俱临休气，可伏兵邀击。

文昌六宫，在外地，可攻内。内迫，囚主大、客参，有近将自谋同类。

主算六，单阴，不和，短而无将，不宜举兵征伐。

主大将六宫，内值囚迫，近臣内戚攻外，内外连谋。文昌凶，不利有为。乘死气，宜遣兵伏击，不利出兵攻战。

主参将八宫，值迫，大臣举事攻内，不利有为。乘相气，宜率兵守隘，邀击首尾获胜。

出兵举白旗，列方阵，出向正西，战向正东，奇兵安正西，战备正西方，戌亥方可伏兵。风云飞鸟从东南方来，急备大战。风云飞鸟从正西方来，冲向正东方去，为天助，顺击之。大胜。

主将行兵，车骑在前，步卒在后，大将居中，鼓噪急出，向正西行，遇敌勒兵向正东，伺彼先举，我后击之。

始击在丑。

客算三十二，长和，可以大举征伐，深入缓攻。

客大将二宫，发，乘囚气，不宜出兵攻战，宜按伏邀击。

客参将六宫，内值囚迫，乘死气，宜运筹设策，发兵按伏暗击。

出兵举黄旗，列圆阵，出向正南，战向正北，奇兵安丑地，战备东北，戌亥方可伏兵。风云飞鸟从东南方来，急备大战。风云飞鸟从正南来，冲向正北方去，为天助，顺而击之，大胜。

客将行兵，步卒在前，车骑在后，大将居中，静出向正南行，遇敌旋兵向正北，先举兵击之。

太乙阴遁四十八局

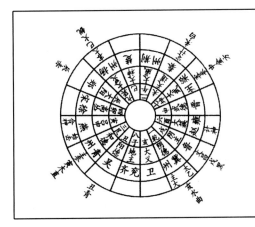

太乙在一宫理人
计神在大簇
主目文昌将阴主
主算一
主大将一宫
主参将三宫
客目始击将吕申
客算二十九
客大将九宫
客参将七宫

辛亥四十八局　癸亥一百二十局

乙亥一百九十二局　丁亥二百六十四局

己亥三百三十六局

此局算得太乙一宫，理人，天内助主。

此时声息，有贼近境，窥觇不寇，兵多有将，从东北来。闻事吉实凶虚。敌使言实。奸细入境，有私通者。贼入临休气；贼去临囚气，无伏兵。可以攻击。

文昌戌，在外地，可以攻内。内臣迫，近臣贵戚攻外。

主算一，单阳，不和，短而无将吏，不宜举兵征伐。

主大将一宫，值囚，有拘执奔败事，不利有为。乘休气，算中无将，宜运谋遣将攻击，不宜攻战。

主参将三宫，发，乘相气，可率锐兵浅近邀击，不宜出对战，算中无将吏故也。

出兵举黑旗，列曲阵，出向西北，战向东南，奇兵安戌地，战备西南，戌亥方可伏兵。风云飞鸟从东南方来，急备大战。风云飞鸟从西北来，冲向东南去，乃天助，宜顺而击之，大胜。

主将行兵，车骑在后，步卒在前，大将居中，静默而出，向西北行，遇敌勒兵向东南，伺彼先举，然后攻击，以应为主后起之义。

始击在寅。

客算二十九，长和，将吏全，可以举兵深入缓攻取胜。

客大将九宫，值格，凡事格易，不利有为。乘体气，不利出兵，宜运筹遣将，亦可助胜。

客参将七宫，发，乘囚气，不利出兵攻击，宜伏兵邀击。

出兵举赤旗，列锐阵，出向东南，战向西北，奇兵安寅地，战备东北，戌亥方可伏兵。风云飞鸟从东方来，急备大战。风云飞鸟从东南方来，向西北方去，得天助，宜顺而击之，大胜。

客将出兵，车骑在前，步卒在后，大将居中，鼓噪急出，向东南行，遇敌旋兵向西北，先举兵攻击，此为客人先举。

太乙阴遁四十九局

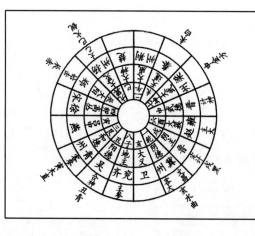

太乙在七宫理天
计神在武德
主目文昌将阴德
主算十六
主大将六宫
主参将八宫
客目始击将太阳
客算一
客大将一宫
客参将三宫

壬子四十九局　甲子一百二十一局

丙子一百九十三局　戊子一百六十五局

庚子三百三十七局

此局算得太乙九宫，理天，天外助客。

此时声息，有贼入寇，来疾去速，无将兵少，从南方来。闻事吉虚凶实。敌使不可信。奸细入境窥，有私通者。贼入无备，可攻；贼去有伏兵，不可击。文昌乾，在内地，可攻外。对太乙，上下欺罔，关客大。

主算十六，长和，将吏全，可以举兵征伐。

主大将六宫，发，乘死气，可以遣将出征，不宜出阵交锋，乘死气故也。

主参将八宫，发，乘相气，宜出兵攻战及邀击取胜。

出兵举白旗，列方阵，出向正西，战向正东，奇兵安乾地，战备西北，辰巳方可伏兵。风云飞鸟从西向太乙而来，急备大战。风云飞鸟从正西方来，向正东方去，为天助，宜顺击之，大胜。

主将行兵，车骑在前，步卒在后，大将居中，鼓噪急出，向正西方，遇敌旋兵向正东，伺彼先举，然后应而攻之。

始击辰，内辰击，内有盗兵困逼事。

客算一，单阳，短而不和，又无将吏，不宜深入浅近攻截。

客大将一宫，值格，上下格易，夷狄侵掠，不利有为。乘休气，宜设策发兵邀截，不宜出兵攻战。

客参将三宫，发，乘相气，宜率奇兵往来邀击，可以克胜，亦不宜深入，算短故也。

出兵举黑旗，列曲阵，出向西北，战向东南，奇兵安辰地，战备东南，辰巳方可伏兵。风云飞鸟从西北向太乙而来，急备大战。风云飞鸟从西北方来，向东南方去，为天助，宜顺急击之，大胜。

客将行兵，步卒在前，车骑在后，大将居中，静出向西北行，遇敌旋兵向东南，先举击之。

太乙阴遁五十局

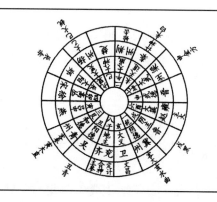

太乙在九宫理地
计神在天道
主目文昌将大义
主算十六
主大将七宫
主参将八宫
客目始击将大威
客算三十一
客大将一宫
客参将三宫

癸丑五十局　乙丑一百二十二局

丁丑一百九十四局　己丑二百六十六局

辛丑三百三十八局

此局算得太乙九宫，理地，天外助客。

此时声息，有贼入寇，受挟可擒，兵有将而不和，从正南方来。闻事吉虚凶实。敌使不可信。奸细不入。贼初入乘休气，无备，可攻；贼出乘粗气，有伏兵，不可攻。

文昌亥，在内地，可攻外。

主算十六，长和，将吏全，可以举兵征伐。

主大将七宫，发，宜出兵遣将攻击，不宜出阵交锋，乘死气故也。

主参将八宫，发，乘相气，主挟，宜率奇兵深入缓攻，取胜而成大功。

出兵举白旗，列方阵，出向正西，战向正东，奇兵安亥地，战备西北方，辰巳方可伏兵。风云飞鸟从西北向太乙而来，急备大战。风云飞鸟从正西来，冲向正东方去，为天助，顺而击之，大胜。

主将行兵，车骑在前，步卒在后，大将居甲，鼓噪急出，向正西行，遇敌勒兵向正东，伺彼先举，而后击之。

始击在午，外宫击，有盗贼兵逼迫事。

客算三十一，重阳，长而不知，不可攻伐，又言亦可再攻。

客大将一宫，值格，上下格易，夷狄侵侮，不利有为。乘休气，宜遣将攻击，不宜出阵交锋。

客参将三宫，发，乘相气，宜率锐卒深入疾攻，可以取胜。

出兵举黑旗，列曲阵，出向西北，战向东南，奇兵安亥地，辰巳方可以伏兵。风云飞鸟从西北而来，急备大战。风云飞鸟从西北来，向东南去，为天助，宜顺击之，大胜。

客将行兵，步卒在前，车骑在后，大将居中，静出向西北行，遇敌旋兵向东南，先举兵击之。

太乙阴遁五十一局

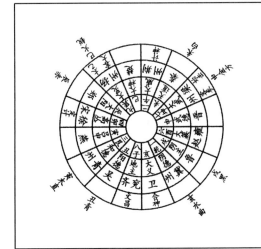

太乙在九宫理人
计神在大威
主目文昌将地主
主算十五
主大将五宫
主参将五宫
客目始击将大武
客算二十九
客大将九宫
客参将七宫

甲寅五十一局　丙寅一百二十三局

戊寅一百九十五局　庚寅二百六十七局

壬寅三百三十九局

此局算得太乙九宫，理人，天外助客。

此时声息，有贼入寇，有仇杀者，兵多有将，从西南来。闻事吉虚凶实。敌使不可信。奸细不入。贼入临休气，出临囚气，可以掩击。

文昌子，在内地，可攻外。

主算十五，杜塞不通，主二将不出。

始击七宫。

客算二十九，长和，将吏全，可以出兵征伐。

客大将九宫，值囚，有拘执奔败事，不利有为。乘休气，可以运谋发兵按伏邀击，不宜出阵对战。

客参将七宫，关受始击制，乘囚气，不利有为，宜用兵，不宜自出。

出兵举赤旗，列锐阵，出向东南，战向西北，奇兵安坤地，战备西南，辰巳方可伏兵。有风云飞鸟从西北方来，急备大战。风云飞鸟从东南方来，冲向西北方去，为天助，宜顺而击之，大胜。

客将行兵，车骑在前，步卒在后，大将居中，鼓噪急出，向东南行，遇敌旋兵向西北，先举兵攻击。

太乙阴遁五十二局

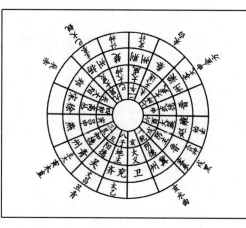

太乙在八宫理天
计神在大神
主目文昌将阳德
主算三十五
主大将九宫
主参将九宫
客目始击将大簇
客算七
客大将七宫
客参将一宫

乙卯五十二局　丁卯一百二十四局

己卯一百九十六局　辛卯二百六十八局

癸卯三百四十局

此局算得太乙八宫，理天，天外助客。

此时声息，有贼入贡，欲寇，宜备，有兵无将，从正西方来。闻事吉虚凶实。敌使不可信。奸细入觇。贼入临相气，不可攻；贼去临死气，可伏击。

文昌丑，在内地，可攻外。外辰迫，大臣举事攻内。

主算三十三，重阳，长而不和，不宜大举征伐，军中防火厄。

主大将三宫，值迫，不利有为。乘相气，逼迫之时，不宜用兵，宜固守。

主参将九宫，发，乘休气，可率锐骑按伏待敌而发击之，大胜。

出兵举青旗，列直阵，出向东北，战向西南，奇兵安丑地，战备东北，亥子丑方可伏兵。风云飞鸟从正南向正北而来，急备大战。风云飞鸟从东北方来，冲向西南方去，为天助，宜顺击之，大胜。主将行兵，步卒在前，车骑在后，大将居中，静出向东北行，遇敌旋兵向西南，伺彼先举，然后攻之。

始击在西。

客算七，单阳，不和，短而无将，不宜深入攻击。

客大将七宫，发，乘囚气，不利有为，不宜出兵攻战，宜伏兵邀击。

客参将一宫，内值迫，近臣内戚攻外，不利有为。乘休气，宜固守。

出兵举白旗，列方阵，出向西南，战向东北，奇兵安酉地，战备正南。亥子丑方可伏兵。风云飞鸟从正南来，急备大战，风云飞鸟从西南方来，向东北方去，为天助，宜顺击之，大胜。

客将行兵，车骑在前，步卒在后，大将居中，鼓噪急出，向西南行，遇敌旋兵向东北，先举兵击之，为客先起。

太乙阴遁五十三局

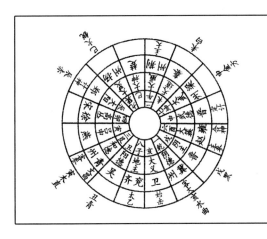

太乙在八宫理地
计神在太阳
主目文昌将和德
主算三十二
主大将二宫
主参将六宫
客算一
客大将一宫
客参将三宫
客目始击将大义

丙辰五十三局　　戊辰一百二十五局

庚辰一百九十七局　　壬辰二百六十九局

甲辰三百四十一局

此局算得太乙八宫，理地，天内助主。

此时声息，有贼寇近境，而躁去速，兵少无将，从西北来。闻事吉虚凶实。敌使不可信。奸细入觇，有私通外夷者。贼入临王气，不可攻；贼去临囚气，可截击。

文昌三宫，在内地，可攻外，外宫迫。

主算三十二，长和，将吏全，太乙助，可以大举师旅征伐。

主大将二宫，值格，上下格易，不利有为。乘囚气，不宜出兵攻战，宜固守。

主参将六宫，发，乘死气，不宜出兵攻战，宜固守。

出兵举黄旗，列圆阵，出向正南，战向正北，奇兵安艮地，战备东北，亥子丑方可伏兵。有风云飞鸟从南方来，急备大战。风云飞鸟若从正南方来，向正北方去，此天助，顺击之，大胜。

主将行兵，步卒在前，车骑在后，大将居中，静出向南行，遇敌勒兵向北，伺彼先举，然后举兵击之，此为主人后起。

始击亥，内辰击，有盗贼兵围逼追事。

客算一，单阳，不和，短而无将吏，不宜举兵征伐。

客大将一宫，内内值迫，近臣内藏内外连谋攻外，不利有为。乘休气，逼迫之时用兵，主客俱败。

客参将三宫，外宫值迫，大臣举事于内，不利有为，乘相气。

太乙阴遁五十四局

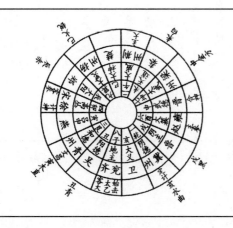

太乙在八宫理人
计神在高丛
主目文昌将和德
主算三十二
主大将二宫
主参将六宫
客目始击将地主
客算八
客大将八宫
客参将四宫

丁巳五十四局　　己巳一百二十六局

辛巳一百九十八局　癸巳二百七十局

乙巳三百四十二局

此局算得太乙八宫，理人，天内助主。

此时声息，有贼入寇，有水火自败，兵少无将，从正北方来。闻事吉虚凶实。敌使不可信。奸细不入。贼来临相气，不可击；贼去临休气，可邀击。

文昌三宫，在内地，可攻外。外迫，大臣举事攻内。

主算三十二，长和，将吏全，太乙助，可以大举征伐。

主大将二宫，值格，凡事格易，不利有为。乘囚气，不宜出阵交锋，宜运谋遣兵邀击可胜。

主参将六宫，发，亦乘死气，可以指挥士卒出兵，不宜攻战。

出兵举黄旗，列圆阵，出向正南，战向正北，奇兵安艮地，战备东北，亥子丑方可伏兵。有风云飞鸟从正南方来，急备大战。风云飞鸟从正南来，冲向正北去，此为天助，宜顺击之，大胜。

主将行兵，步卒在前，车骑在后，大将居中，静出向南行，遇敌旋兵向北，伺彼先举，然后击之。

始击八宫，掩太乙，囚格太主盗贼兵掩袭劫掠，又近将自谋同类。

客算八，单阴，不和，短而无将，不可举兵攻伐。

客大将八宫，值囚，有拘执奔败事。乘相气。不利出兵，宜遣兵浅近截击。

客参将四宫，发，乘王气，宜率锐兵往来截击，可以克胜，算短不宜深入缓攻也。

出兵举黑旗，列曲阵，出向正北，战向正南，奇兵安正北，战备北方，亥子丑方可伏兵。有风云飞鸟从南来，急备大战。风云飞鸟从北方来，冲入南方去，为天助，宜顺击之，大胜。

客将行兵，车骑在前，步卒在后，大将居中，鼓噪急出，向北方行，遇敌旋兵向南，先击之。

第六章　术数汇考六

《太乙局》五

时计阴遁成局

太乙阴遁五十五局

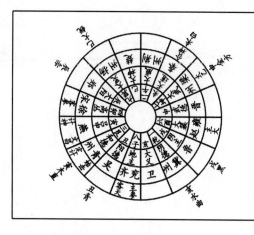

太乙在七宫理天

计神在吕申

主目文昌将吕申

主算十六

主大将六宫

主参将八宫

客目始击将和德

客算十八

客大将八宫

客参将四宫

戊午五十五局　庚午一百二十七局

壬午一百九十九局　甲午二百七十一局

丙午三百四十三局

此局算得太乙七宫，理天，天外助客。

此时声息，有贼入，大寇，兵多有将，从东北来。闻事吉虚凶实。敌使言实。奸细不入。

文昌寅，在内地，可攻外。

主算十六，长和，将吏全，可大举兵卒，深入吊伐。

主大将六宫，外值迫，大臣举事攻内，不利有为。乘死气，不宜出兵对战，宜运谋遣将截击。

主参将八宫，值格，关客大，有同类相谋。乘相气，可以发兵按伏邀击，不宜出阵攻战。

出兵举白旗，列方阵，出向正西，战向正东，奇兵安寅地，战备东北方，未申方可伏兵。风云飞鸟从东北方来，急备大战。风云飞鸟从正西来，冲入正东方去，为天助，宜顺击之，大胜。

主将行兵，车骑在前，步卒在后，大将居中，鼓噪急出，向正西行，遇敌旋兵向正东，伺彼先动，然后攻之，为主后起之义。

始击三宫，格，政事格易，夷狄侵攻。

客算十八，长和，将吏全，得太乙助之，可举兵深入，缓攻取胜。客大将八宫，值格，关主参，不利有为。乘相气，亦宜出兵指挥士卒攻击，不宜出阵斗战。

客参将四宫，发，乘王气，可以出兵攻战，及按兵四面埋伏齐发，可获大胜。

出兵举黑旗，列曲阵，出向正北，战向正南，奇兵安艮地，战备东北，未申方可伏兵。风云飞鸟从东北来，急宜准备大战。风云飞鸟从正北方来，向正南方去，为天助，顺而击之，大胜。

客将行兵，车骑在前，步卒在后，大将居中，鼓噪急出，向正北行，遇敌勒兵向正南，先举兵击之。

太乙阴遁五十六局

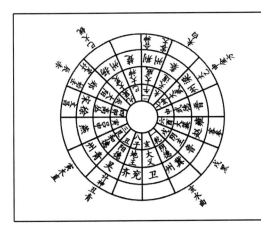

太乙在七宫理地
计神在阳德
主目文昌将高丛
主算十五
主人将五宫
主参将五宫
客目始击将太阳
客算十二
客大将二宫
客参将六宫

己未五十六局　辛未一百二十八局

癸未二百局　乙未二百七十二局

丁未三百四十四局

此局算得太乙七宫，理地，天外助客。

此时声息，有庆，贼初入临囚气，贼去临死气，俱可按兵攻击。闻事吉实凶虚。贼入贡而觇，有兵有将而和，从东南方来。敌使言难信。奸细来觇。

文昌卯，在内地，可攻外。

主算十五，杜塞无门。

主二将坚壁固守。

始击在辰。

客算十二，上和，宜出兵攻伐。

客大将二宫，内迫，大臣举事攻内。乘囚气，不利有为，宜陈兵固守。

客参将六宫，外迫，大臣举事攻内。乘死气，不利有为，不宜出阵交战，逼迫之时用兵，主客俱败。

太乙阴遁五十七局

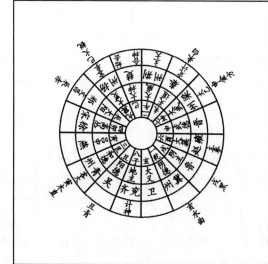

太乙在七宫理人

计神在地主

主目文昌将太阳

主算十二

主大将二宫

主参将六宫

客目始击将大神

客算三

客大将三宫

客参将九宫

庚申五十七局　　壬申一百二十九局

甲申二百零一局　　丙申二百七十三局

戊申三百四十五局

此局算得太乙七宫，理人，天外助客。

此时声息，有庆，贼入贡而觇，兵寡无将，从东南方来。闻事吉虚凶实。敌使不可信。奸细不入。贼初人乘囚气，可击；贼出乘休气，可攻。

文昌辰，在内地，可攻外。

主算十二，上和，将吏全，可以兴兵征伐。

主大将二宫，值迫，近臣贵戚内外连为攻。乘囚气，不利用兵，宜陈兵固守。

主参将六宫，值迫，大臣举事攻内。乘死气，不利有为，宜固守。出兵举黄旗，列圆阵，出向正南，战向正北，奇兵安辰地，战备东南，未申方可伏兵。有风云飞鸟忽从东北方来，急备大战。风云飞鸟从正南来，冲入正北方去，为天助，宜顺击之，大胜。

主将行兵，步卒在前，车骑在后，大将居中，静出向正南方行，遇敌旋兵向正北，伺彼先动，我后攻之。

始击在巳。

客算三，单阳，不和，无将吏，太乙虽助，不宜深入大举。

客大将三宫，值格，上下格易，夷狄侵扰，不利有为。乘相气，宜遣兵伏击，得利即止，不可再举，有先胜后败之戒。

客参将九宫，发，乘休气，可以出兵按伏攻截，得胜即止。

出兵举青旗，列直阵，出向东北，战向西南，奇兵安巳地，战备东南，未申方可伏兵。风云飞鸟从东北方来，可急备大战。风云飞鸟从东北来，向西南去，为天助，急顺击之，大胜。

客将行兵，车骑在前，步卒在后，大将居中，鼓噪急出，向东北行，遇敌勒兵向西南，先举兵攻击，此为客先举之义。

太乙阴遁五十八局

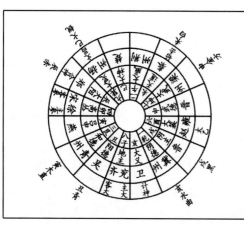

太乙在六宫理天

计神在大义

主目文昌将大灵

主算十八

主大将八宫

主参将四宫

客目始击将天道

客算八

客大将八宫

客参将四宫

辛酉五十八局　癸酉一百三十局

乙酉二百二局　丁酉二百七十四局

己酉三百四十六局

此局算得太乙六宫，理天，天外助客。

此局主客气俱齐，不分胜负。以算论之，主算长而和，而将史全，客算单阳不和，短而无将吏，宜主人胜，客人负。以二目宫神论之，文昌属木，始击属土，亦主人胜而客人负。然在春三月，主将客木为囚，客将生木为休，主客俱不利。夏三月，主将金，败在午，夏月金气衰，又克我为死，主人乘死气；客将水，水克火为囚，客人亦乘囚气，亦无胜负。秋三月，主将金王，客将水相，相不如王，其客败主胜必矣。冬三月，主将金，生水为休，主人乘休气；客将水，水见为王，客人乘王气，客人必胜而主将必败也。又三月、四月，木长王，主目木能克土，金主将，金亦生在巳，此两月以二目之气较之，则主人必胜，客人必败，更不须究三门具不具，出入凶不凶，如此以理论之，则胜负可定矣。

文昌九宫，在外地，可攻内。

主算十八，长和，将吏全，可以出兵攻击。

主客相关，为四郭固闭，不利有为。

主大将八宫，关客大，将相自猜忌侵攻，乘相气。

主参将四宫，关客参，乘相气。

始击在未。

客算八，单阴，不和，无将，不利出兵举事。

客大将八宫，关主大将八宫，乘相气。

客参将四宫，关主参，乘王气，又主边兵作乱，不利有为。

太乙阴遁五十九局

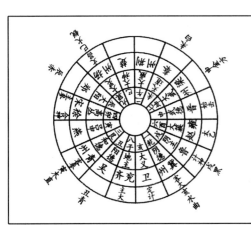

太乙在六宫理地
计神在阴主
主目文昌将大灵
主算十八
主大将八宫
主参将四宫
客目始击将武德
客算一
客大将一宫
客参将三宫

壬戌五十九局　　甲戌一百三十一局

丙戌二百三局　　戊戌二百七十五局

庚戌三百四十七局

此局算得太乙六宫，理地，天外助客。

此时声息，有贼入寇，不得利，兵少无将，从西南方来。闻事吉虚凶实。敌使不可信。奸细不入。贼入临死气，可掩击；贼去临休气，亦可击。

文昌九宫，在外地，可攻内。

主算十八，长和，将吏全，可以大举兴兵征伐。

主大将八宫，发，乘相气，宜率劲兵深入贼境，缓击徐攻，所向无敌，可获全胜，建树奇功。

主参将四宫，值格，上下格易，不利有为。然乘王气，可以按兵策应，大将亦助威振兵，声闻事外国。

出兵举黑旗，列曲阵，出向正北，战向正南，奇兵安巽地，战备东南，申酉戌方可伏兵。风云飞鸟从正东来，急宜准备大战。飞鸟风云从正北方来，冲向正南方去，为得天助，宜顺而击之，大胜。

主将行兵，车骑在前，步卒在后，大将居中，鼓噪急出，向正北行，遇敌旋兵向正南，伺彼先举，然后攻击，以应主人后起。

始击申，辰击内，有盗贼兵围逼迫事。

客算一，单阳，不和，短而无将吏，不宜举兵征伐。

客大将一宫，值迫，大臣举事攻内。乘休气，宜陈兵拒敌而已，不宜出阵斗战。

客参将三宫，发，乘相气，宜出兵攻战，得捷即宜收兵，算短不和也。

出兵举黑旗，列曲阵，出向西北，战向东南，奇兵安申地，战备西南，申酉戌亥方可伏兵。风云飞鸟从东方冲太乙而来，急备有战。风云飞鸟从西北方来，向东南方去，为天助，顺击之，大胜。客将行兵，步卒在前，车骑在后，大将居中，静默而出，向西北行，遇敌旋兵向东南，先举兵攻击之，以应为客先起。

太乙阴遁六十局

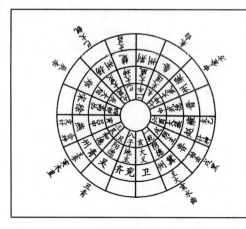

太乙在六宫理人

计神在大簇

主目文昌将大神

主算十

主大将一宫

主参将三宫

客目始击将阴主

客算三十五

客大将五宫

客参将五宫

癸亥六十局　乙亥一百三十二局

丁亥二百四局　己亥二百七十六局

辛亥三百四十八局

此局算得太乙六宫，理人，人多口舌。

此时声息，有虚惊，贼有警不入。奸细不入。闻事吉虚凶实。

文昌巳，在外地，可攻内。

主算十，孤阳，不和，不宜大举征伐。主大将一宫，值迫，大臣举事攻内。乘休气。不宜出兵攻战，宜固守。

主参将二宫，发，乘相气，可出兵攻战，宜设策应兵，四野遇敌，俱发兵，可胜。

出兵举黑旗，列曲阵，出向西北，战向东南，奇兵安巳地，战备东南，申酉戌地可伏兵。有风云飞鸟从正东方来，急备有战。风云飞鸟从西北方来，向东南方去，为天助，宜顺而击之，大胜。主将行兵，步卒在前。车骑在后，大将居中，静出向西北行，遇敌旋兵向东南，伺彼先举，而后应之。

始击在戌，辰击，有盗贼兵围逼迫事急。

客算三十五，杜塞无门。

客二将不出，坚壁固守。

太乙阴遁六十一局

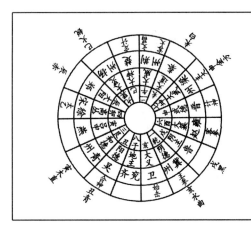

太乙在四宫理天
计神在武德
主目文昌将大威
主算二十七
主大将七宫
主参将一宫
客目始击将大义
客算十二
客大将二宫
客参将六宫

甲子六十一局　丙子一百三十三局

戊子二百五局　庚子二百七十七局

壬子三百四十九局

此局算得太乙四宫，理天，天内助主。

此时声息，有贼入贡，宜备。有兵有将，从西北来。闻事吉虚凶实。敌使不可信。奸细入觇，有私通外夷者。贼入临囚气，可攻；贼去临王气，不可追。

文昌二宫，在外地，可攻内。关客大，有私通外国。

主算二十七，长和，将吏全，太乙助，可以举兵征伐。

主大将七宫，发，乘休气，不宜出兵攻战，宜遣兵按伏助胜。

主参将一宫，发，乘休气，宜出兵，指挥士卒攻击，不宜出战。

出兵举白旗，列方阵，出向西南，战向东北，奇兵安午地，战备正南，寅卯方可伏兵。风云飞鸟从正西来，可急备大战。风云飞鸟从正西来，向东北去，顺而击之，大胜。

主将行兵，车骑在前，步卒在后，大将居中，鼓噪急出，向西北行。通敌旋兵向东北，伺彼先举，我后击之。

始击在巳亥。

客算十二，上和，可以举兵攻伐。

客大将二宫，受制于文昌，同类相谋，不利有为。乘囚气，不宜出兵攻战，宜固守。

客参将六宫，值格，上下格易，夷狄侵掠。乘死气，不宜用兵举事，宜固守待时。

出兵举黄旗，列圆阵，出向正南，战向正西，奇兵安亥地，战备西北，巳午未方可伏兵。风云飞鸟从正西来，急备有战。风云飞鸟从正南来，冲向正北去，为天助，急顺击之，大胜。

客将行兵，步卒在前，车骑在后，大将居中，静出向正南行，遇敌旋兵向北，先举兵攻击，以应为客先起。

太乙阴遁六十二局

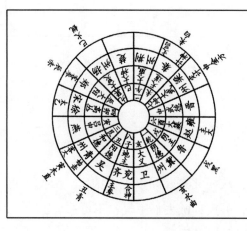

太乙在四宫理地
计神在天道
主目文昌将天道
主算二十六
主大将六宫
主参将八宫
客目始击将和德
客算三
客人将三宫
客参将九宫

乙丑六十二局　丁丑一百三十四局

己丑二百六局　辛丑二百七十八局

癸丑三百五十局

此局算得太乙四宫，理地，天内助主。

此时声息，有贼无害，贼入寇挟主，慎之。兵少无将，从东北方来。闻事吉虚凶实。敌使言实可信。奸细不入。

贼出入皆临王相气，不可攻击。

文昌未，在外地，可攻内。

主算二十六，重阴，长而不和，将吏全，太乙助，可以出兵攻伐，军中宜慎水患。

主大将六宫，值格，大臣抗衡，凡事格易，不利有为。乘死气，不宜出兵攻伐，宜固守。

主参将八宫，发，乘相气，宜出兵战及按伏夹攻取胜。

出兵举白旗，列方阵，出向正西，战向正东，奇兵安未地，战备西南，寅卯辰地可伏兵。有风云飞鸟从正西来，冲向正东去，为天助，顺击之，大胜。

主将出兵，车骑在前，步卒在后，大将居中，鼓噪急行，向正西行，遇敌掣兵向正东，伺彼先动，我后举兵攻击，此为主后起之义。

始击在艮，掩客大。

客算三，单阳，不和，短无将吏，不利有为，不可举兵深入。

客大将三宫，外值迫，乘相气，可以遣兵按伏，出其不意而暗击之，不宜明出攻战。

客参将九宫，内值迫，乘休气，宜陈兵固守，不宜出战，逼迫之时，用兵必败。

出兵举青旗，列直阵，出向西北，战向西南，奇兵安艮地，战备东北，寅卯辰地可伏兵。风云飞鸟从正南来，急准备大战。风云飞鸟从东北方来，向东南方去，为天助，宜顺击之，大胜。

客将行兵，步卒在前，车骑在后，大将居中，静出向东北行，遇敌旋兵向西南，先举兵攻击，以应为客先起。

太乙阴遁六十三局

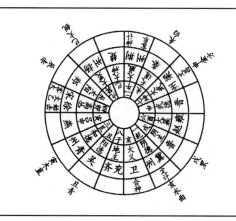

太乙在四宫理人
计神在大威
主目文昌将大武
主算二十五
主大将五宫
主参将五宫
客目始去将高丛
客算本四
客大将四宫
客参将二宫

丙寅六十三局　　戊寅一百三十五局

庚寅二百七局　　壬寅二百七十九局

甲寅三百五十一局

此局算得太乙四宫，理人，天内助客。

此时声息，有贼大寇入境，有兵无将，从正东来。闻事吉虚凶实。敌使不可信。奸细不入。贼初入乘王气，不可攻；贼去临休气，无备，可掩兵攻击。文昌七宫，在外地，可以攻内。

主算二十五，杜塞不通，无门。主二将不出。

始击四宫，掩，有掩袭之事，盗贼兵起，在绝气。

客算四，单阴，不和，短而无将吏，太乙不助，不宜举兵征伐。

客大将四宫，值囚，有拘执奔败事，不利有为。乘王气，不宜出兵攻战，宜陈兵固守及按伏截杀。

客参将二宫，发，乘囚气，可以出兵，按伏兵卒，待敌而发，可以助胜，不宜明攻。

出兵举赤旗，列锐阵，出向正东，战向正西，奇兵安卯地，战备正东，寅卯方可伏兵。有风云飞鸟从正西来，急备有战。云风飞鸟从正东来，冲向正西去，为天助，击之，大胜。

客将行兵，步卒在前，车骑在后，大将居中，静默而出，向正东行，遇敌旋兵向正西，先举兵击之。

太乙阴遁六十四局

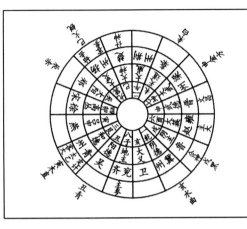

太乙在三宫理天

计神在大神

主目文昌将武德

主算十六

主大将六宫

主参将八宫

客目始击将大炅

客算三十三

客大将三宫

客参将九宫

丁卯六十四局　　己卯一百三十六局

辛卯二百八局　　癸卯二百八十局

乙卯三百五十二局

此局算得太乙三宫，理天，天内助主。

此时声息，有庆，贼入寇，有自相仇杀者。有兵将多不和，从东南来。闻事吉虚凶实。敌使不可信。奸细不入。贼初入乘相气，不可攻；贼去乘死气，无备，可邀击。

文昌申，在外地，可攻内。

主算十六，长和，将吏全，太乙助，可以大举攻伐。

主大将六宫，发，乘死气，不宜出阵交锋，宜固守。

主参将八宫，内值迫，近臣内戚攻外，不利有为，可率兵按伏邀击取胜。

出兵举白旗，列方阵，出向正西，战向正东，奇兵安申地，战备西南，丑寅方可伏兵。风云飞鸟从西南来，急备有战。风云飞鸟从正西来，冲向东方去，为天助，宜顺击之，大胜。

主将行兵，车骑在前，步卒在后，大将居中，鼓噪急出，向正西行，通敌旋兵向正东，举兵击之。

始击九宫，掩客参，主同类相谋。

客算三十三，重阳，长而不和，可以出兵。

客大将三宫，值囚，有拘执奔败事，不利有为，可以发兵邀击，不宜出兵攻战。

客参将九宫，受制于始击，不利有为。乘休气，可以发兵截击，不宜攻战。

出兵举青旗，列直阵，出向东北，战向西南，奇兵安巽地，战备东南，丑寅方可伏兵。风云飞鸟从西南来，急备大战。风云飞鸟从东北方来，向西南方去，为天助，急顺击之，大胜。

客将行兵，步卒在前，车骑在后，大将居中，静出向东北行，遇敌旋兵向西南，先举兵击之。

太乙阴遁六十五局

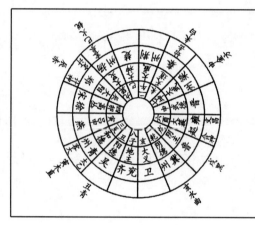

太乙在三宫理地
计神在太阳
主目文昌将大簇
主算十五
主大将五宫
主参将一宫
客目始击将天道
客算二十三
客大将三宫
客参将九宫

戊辰六十五局　　庚辰一百三十七局

壬辰二百九局　　甲辰二百八十一局

丙辰三百五十三局

此局算得太乙三宫，理地，天内助主。

此时声息，有贼入寇，又有贡者，兵多有将，首受死。闻事吉虚凶实。敌言不可信。奸细不入。贼从西南方来，贼入临相气，不可攻；贼去临死气，可击。

文昌六宫，在外地，可攻内。

主算十五，杜塞无门。主二将不出，宜固守。

始击在未。

客算二十三，长和，将吏全，宜举兵深入，以图大胜。

客大将三宫，值囚，有拘执奔败事，不利有为。虽乘相气，不可举兵运谋遣将攻击。

客参将九宫，发，乘休气，只可列兵，不可与战。

出兵举青旗，列直阵，出向东北，战向西南，奇兵安未地，战备西南，丑寅方可伏兵。风云飞鸟从西南来，急准备大战。风云飞鸟从东北方来，向西南方去，为天助，宜顺击之，大胜。

客将行兵，车骑在前，步卒在后，大将居中，鼓噪急出，向东北行，遇敌旋兵向西南，先举兵攻击。

太乙阴遁六十六局

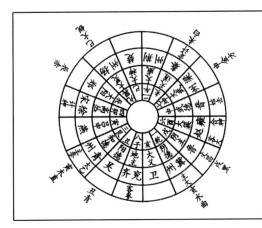

太乙在三宫理人
计神在高丛
主目文昌将阴主
主算十
主大将一宫
主参将三宫
客目始去将武德
客算十六
客大将六宫
客参将八宫

己巳六十六局　　辛巳一百三十八局

癸巳二百十局　　乙巳二百八十二局

丁巳三百五十四局

此局算得太乙三宫，理人，人有妖言，互相残害，天内助主。

此时声息，有庆，四夷入贡，兵多有将，小将受拘或死，从西南来。闻事吉虚凶实。敌使不可信。奸细不入。敌入乘相气，不可攻；贼出乘囚气，可击。文昌戌，在外地，可攻内。

主算十，孤阳，不和，太乙助之，宜列兵御寇，不宜攻战。

主大将一宫，发格挟，乘休气，不宜攻战，宜设兵按伏，可利。

主参将三宫，囚，有拘执奔败事，不利有为。乘相气，止宜固守。

出兵举黑旗，列曲阵，出向西北，战向东南，奇兵安戌地，战备西北，丑寅方可伏兵。风云飞鸟从西南来冲太乙，急备大战。

主将行兵，步卒在前，车骑在后，大将居中，静出向西北行。遇敌旋兵向东南，伺彼先举，然后举兵攻击。

始击在申。

客算十六，长和，可以深入缓攻取胜。

客大将六宫，发，挟主大，乘死气，可以运谋遣将，深入其境，缓攻取胜，宜斗战。

客参将八宫，外值迫，披挟。乘相气，可以陈兵固守，不宜出战。

出兵举白旗，列方阵，出向正西，战向正东，奇兵安申地，战备西南，丑寅方可伏兵。风云飞鸟从西南来，急备大战。风云飞鸟从正西来，冲正东方去，为天助，宜顺而击之，大胜。

客将行兵，车骑在前，步卒在后，大将居中，鼓噪急出，向正西行，遇敌旋兵向正东，先举兵击之。

太乙阴遁六十七局

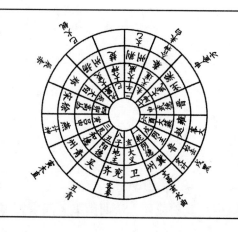

太乙在二宫理天
计神在吕申
主目文昌将阴德
主算二十七
主大将五宫
主参将五宫
客目始击将阴主
客算二十六
客人将六宫
客参将八宫

庚午六十七局　　壬午一百三十九局

甲午二百一十一局　　丙午二百八十三局

戊午三百五十五局

此局算得太乙二宫，理天，天外助客。

此时声息，有贼入寇无利，伤文臣。有兵有将，从西北方来。闻事吉虚凶实。敌使言实。奸细不入。贼初入临囚气，可掩击；贼去临王气，不可攻。

文昌一宫，在内地，可攻外。

主算二十五，杜塞无门，主二将固守不出。

始击在戌。

客算二十六，重阴，不和，将吏全，太乙助，可以举兵征伐。军中防水患。

客大将六宫，发，乘死气，不宜举兵攻战，宜运谋遣将截击。

客参将八宫，值格，凡事格易。乘相气，不利有为，宜发兵按伏暗击。

出兵举白旗，列方阵，出向正西，战向东南，奇兵安戌地，战备西北，巳午未方可伏兵。有风云飞鸟从正北来，急备有战。风云飞鸟从正西来，冲向正东去，为天助，宜顺击之，大胜。

客将行兵，车骑在前，步卒在后，大将居中，鼓噪急出，向正西行，遇敌旋兵向正东，先举兵攻击，此为客先举之义。

太乙阴遁六十八局

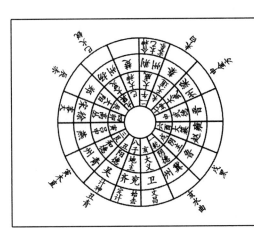

太乙在二宫理地
计神在阳德
主目文昌将大义
主算二十五
主大将五宫
主参将五宫
客目始击将阴主
客算二十四
客大将四宫
客参将二宫

辛未六十八局　　癸未一百四十局

乙未二百一十二局　　丁未二百八十四局

己未三百五十六局

此局算得太乙二官，理地，天外助客。

此时声息，有贼入寇，又有降者，兵多有将而不和，从正北来。闻事吉虚凶实。敌使不可信。奸细入窥，有私通外夷者。贼出入俱乘囚死之气，可以攻击。

文昌亥，在内地，可攻外。

主算二十五，杜塞无门，主二将固守不出。

始击八宫，格，凡事格易，夷狄侵掠，不利有为。

客算二十，重阴，长而不和，将吏全，太乙助，可以举兵征伐。防水患。

客大将四宫，发，又乘王气，可以率兵深入敌境，徐缓攻击，得胜即回，不宜贪攻，算不和故也。

客参将二宫，值囚，有拘执奔败事。又乘囚气，不宜出兵攻战，宜陈兵固守。

出兵举赤旗，列锐阵，出向正东，战向正西，奇兵安子地，战备正北，巳午未方可伏兵。风云飞鸟从正北来，急备大战。风云飞鸟从东方来，冲正西方去，此为天助，宜顺而击之，大胜。

客将行兵，步卒在前，车骑在后，大将居中，静默而出，向正东行，遇敌旋兵向正西，先举兵攻击，应为客先举之义。

太乙阴遁六十九局

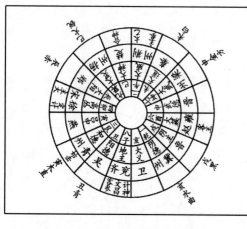

太乙在二宫理人
计神在地主
主目文昌将地主
主算二十四
主大将四宫
主参将二宫
客目始击将和德
客算十六
客大将六宫
客参将八宫

壬申六十九局　　甲申一百四十一局

丙申二百一十三局　　戊申二百八十五局

庚申三百五十七局

此局算得太乙二宫，理人，天外助客。

此时声息，有庆，外夷入贡，先有警。兵多有将，从东北方来。闻事吉虚凶实。

敌使不可信。奸细入，有私通外夷者。

文昌八宫，在内地，可攻外。将吏扶奸，同类相谋。

主算二十四，长而不和，将吏全。亦可举兵攻伐。防水灾，重阴固也。

主大将四宫，发，乘王气，可以率兵深入敌境，缓攻取胜，得利即回，不可久驻，算不和故也。

主参将二宫，值囚，有拘执奔败事，不利有为。又乘囚气，不可出兵攻战，宜固守。

出兵举赤旗，列锐阵，出向正东，战向正西，奇兵安坎地，战备北方，已午未方可伏兵。有风云飞鸟从正北来，急备大战。风云飞鸟从正东来，冲向正西去，为天助，急宜顺击之，大胜。

主将行兵，步卒在前，车骑在后，大将居中，静出向正东行，遇敌勒兵向正西去，伺彼先举，然后动兵击攻，此为主人后起。

始击在三宫。

客算十六，长和，将吏全，太乙助，可以大举吊伐。

客大将六宫，发，乘死气，不宜出兵，宜设策按伏，发兵邀击，亦可取胜。

客参将八宫，值格，凡事格明勿，夷狄侵掠，又受制文昌，虽乘相气，犹不可出兵攻战，宜固守。

出兵举白旗，列方阵，出向正西，战向正东，奇兵安艮地，战备东北，已午未方可伏兵。风云飞鸟从正北来，急备有战。风云飞鸟从正西来，冲向正东去，为天助，急顺击之，大胜。

客将行兵，车骑在前，步卒在后，大将居中，鼓噪急出，向正西行，遇敌提兵向正东，先举兵击之，此为客兵先起。

太乙阴遁七十局

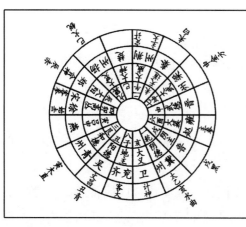

太乙在一宫理天
计神在大义
主目文昌将阳德
主算三十二
主大将二宫
主参将六宫
客目始击将高丛
客算二十八
客大将八宫
客参将四宫

癸酉七十局　　乙酉一百四十二局

丁酉二百一十四局　　己酉二百八十六局

辛酉三百五十八局

此局算得太乙一宫，理天，天内助主。

此时声息，有夷狄入贡，有兵自仇杀者，多有将不和，从正东来。

闻事吉虚凶实。敌使不可信。奸细不入。

文昌丑，在内地，可攻外。

主算二十三，长和，将吏全，太乙助，宜事征伐。

主大将二宫，发，乘囚气，不宜出兵攻战，宜运谋设策，发兵按伏邀击，可以取小胜。

主参将六宫，内值迫，近臣内戚攻外。

乘休气，不利有为，宜固守。

出兵举黄旗，列圆阵，出向正南，战向正北，奇兵安丑地，战备东北，戌亥方可伏兵。有风云飞鸟从东南来，急备大战。风云飞鸟从正南来，冲正北方去，为天助，急顺击之，大胜。

主将行兵，步卒在前，车骑在后，大将居中，静出向正南行，遇敌旋兵向正北，伺彼先举，而后举兵攻击。

始击四宫，掩客参，将有同类相谋。

客算二十八，重阴，长而不和，将吏全，亦可深入缓攻。军中防水患。客大将八宫，外值迫，大臣逆命，内外连谋攻内，不利有为。乘相气，可以设策指挥军士暗击，

客参将四宫，受始击制，不利有为。乘王气，可陈兵固守待时。

出兵举黑旗，列曲阵，出向正北，战向正南，奇兵安卯地，战备正东，戌亥方可伏兵。风云飞鸟从东南方来，急备有战。风云飞鸟从正北方来，冲向正南方去，为天助，急顺击之，大胜。

客将行兵，车骑在前，步卒在后，大将居中，鼓噪急出，向正南行。

遇敌旋兵向正南，先举兵击之。

太乙阴遁七十一局

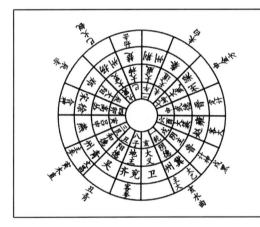

太乙在一宫理地
计神在阴主
主目文昌将和德
主算三十一
主人将一宫
主参将三宫
客目始击特大神
客算十六
客大将六宫
客参将八宫

甲戌七十一局　　丙戌一百四十三局

戊戌二百一十五局　　庚戌二百八十七局

壬戌三百五十九局

此局算得太乙一宫，理地，天内助主。

此时声息，有庆，夷人入贡而欲寇，宜备。兵多有将，小将受擒。闻事吉虚凶实。敌使不可信。奸细不入。

文昌三宫，在内地，可以攻。外囚主参，有同类相谋。

主算三十一，长而不和，将吏全，太乙、文昌内助，可以深入速攻，算重阳，军慎火灾。

主大将一宫，值囚，有拘执奔败事，不利有为。又乘休气，不宜出兵攻战，宜运筹遣兵邀击，有小胜。

主参将三宫，受制于文昌，不利有为。乘相气，可率兵守隘游击，亦有小捷。出兵举黑旗，列曲阵，出向西北，战向东南，奇兵安艮地，战备东北，戌亥方可伏兵。风云飞鸟从东南方来，急备有战。风云飞鸟从西北方来，冲向东南方去，顺而击之，大胜。始击在巳。

客算十六，长和，将吏全，可以深入缓攻克胜。

客大将六宫，内值迫，有近臣外戚连谋攻外，不利有为，乘死气。客参将八宫，值迫，不利有为。乘相气，逼迫之时用兵，主客俱败。

此局客算虽长和，将则不利，只宜固守，不宜出兵攻战，战必败。

太乙阴遁七十二局

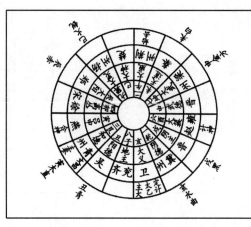

太乙在一宫理人
计神在大簇
主目文昌将和德
主算三十一
主大将一宫
主参将三宫
客目始去将大威
客算十五
客大将五宫
客参将五宫

乙亥七十二局　丁亥一百四十四局

己亥二百一十六局　辛亥二百八十八局

癸亥三百六十局

此局算得太乙一宫，理人，天内助主。

此时声息，有贼潜入寇，兵少将柔。闻事吉虚凶实。奸细不入。贼出入乘休气，可攻。

文昌三宫，在内地，可攻外，囚主参。主算二十一，重阳，不和，不宜出兵。防火有水。

主大将一宫，值囚，有拘执之事。乘休气，出兵不振，宜固守。

主参将三宫，值文昌制，乘相气，主同类相攻，出兵不成功。

出兵举白旗，列方阵，出向西北，战向东南，奇兵安东北地，战备东北，戌亥方可伏兵。风云飞鸟从东南方来，急备大战。风云飞鸟从西北方来，冲向东南方去，为天助，宜顺击之，大胜。

主将出兵，车骑在前，步卒在后，大将居中，鼓噪急出，向西北行，遇敌旋兵向东南，先举兵攻之，风云飞鸟从西北方来，有战。宜固守。

客算十五，杜塞无门，客二将不出。

始击在午。

此局为七十二局之终，亥为十二支之终，亦为五穷数也。七十二为一元之终，一百四十四为太岁十二支之终，二百一十六为乾策之终，二百八十八为太游八卦之终，三百六十为五元六纪之终。

凡上官出兵，以及冠、婚、丧、祭、经商等百事，皆无所利，而况兵家大事乎！

第七章　术数汇考七

《太乙局》六

时计阳遁成局

太乙阳遁一局

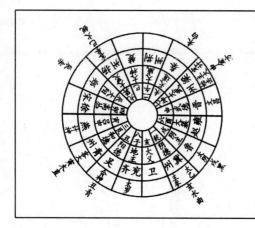

太乙在一宫理天
计神在吕神
主目文昌将武德
主算单七
主大将七宫
主参将一宫
客目始击将大武
客算十三
客大将三宫
客参将九宫

甲子一局　　丙子七十三局

戊子一百四十五局　　庚子二百一十七局

壬子二百八十九局

此局算得太乙在一宫，理天，天内助主，天有变异。

此时贼从西南来。敌使不可信。奸细不入。贼入乘休气，可击；去乘旺气，不可犯。

文昌在外地，可攻内地。

主算单七，单阳，无天，有兵无将，太乙虽助，不宜大举征伐。

主大将七宫，客目掩，乘囚气，宜整兵固守，不可展阵交锋，必死败。

主参将一宫，囚，乘休气，不宜出兵交锋，妄动必受拘执，宜固守。

出兵举白旗，列方阵，出向西南，战向东北，奇兵安申地，伏兵利戌亥时，战备西南。风云飞鸟从东南来，冲向太乙宫，急备大战。风云飞鸟自我阵后冲入敌阵去，为之天助，宜顺而击之，大胜。主将行兵，车骑在先，步兵次之，大将居中，急噪而出，向西南，战向东北。伺敌先举，然后应之，此为主后应之道。

始击在七宫，掩主大。

客算十三，重阳。

客大将三宫，发，乘相气，宜举征伐，深入缓攻取胜。

宫参将九宫，格太乙，凡事格易，乘休气，不利有为，宜固守。

出兵举青旗，列直阵，出向东北，战向西南，战备西北，奇兵安坤地，伏兵利戌亥时。飞鸟风云从东南来，冲向太乙宫，急备大战。飞鸟风云自我阵后来，冲入敌阵去，为之天助，宜顺而击之，大胜。

客将行兵，步兵在前，车骑次之，大将居中，静出向东北行，遇敌提兵向西南，先举击之，乃为客先举之道也。

太乙阳遁二局

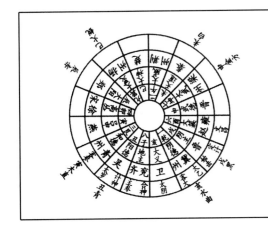

太乙在一宫理地
计神在丑
主目文昌将大簇
主算单六
主大将六宫
主参将八宫
客目始击将阴全
客算单一
客大将一宫
客参将三宫

己丑一百四十六局　辛丑二百一十八局

癸丑二百九十局

此局算得太乙在一宫，理地，天内助主。

此时声息，有敌人自西北方入寇。闻事吉虚凶实。敌使不可信。贼来乘休气，可击；去乘相气，不可追击。

文昌在太簇，内宫迫，在外地，可攻内，大臣逆命。

主算单六，重阴，不和，短而无将，不宜举兵征伐。

主大将六宫，迫主目关，不利有为。乘死气，不宜出兵攻战，固守不失。

主参将八宫，迫，乘相气，客挟，不利有为，亦当固守。

出兵举白旗，列方阵，出向正西，战向正东，战备西方，奇兵安酉地，伏兵利戌亥时。风云飞鸟从东南来，冲向太乙宫，急备大战。风云飞鸟自我阵后来，冲向敌阵去，为之天助，宜顺而击之，大胜。

主将行兵，车骑在先，步兵次之，大将居中，急噪而出，向正西，遇敌提兵向正东，伺敌先举，然后应之。

始击在戌，内击，山林有盗。

客算单一，单阳，无地，短而无将吏，不宜举兵征伐。

客大将一宫，囚，乘相气，有拘执奔败事。宜西北固守，不可妄动。

客参将三宫，发，乘休气，宜率兵浅进，拒守要害，伏兵击其首尾，取胜即回，算短不可久攻深入。

出兵举黑旗，列曲阵，出向西北，战向东南，战备西北，奇兵安戌地，伏兵利戌亥时。风云飞鸟自东南来，冲向太乙宫，急备大战。风云飞鸟自我阵后冲入敌阵去，为之天助，宜顺而击之，大胜。

客将行兵，步卒在前，车骑在后，大将居中，静出向西北方，遇敌旋兵向东南。先举击之，乃为客之道。

太乙阳遁三局

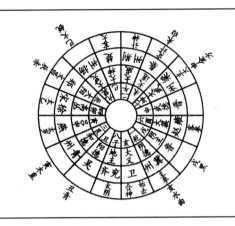

太乙在四宫理人
计神在大威
主目文昌将太阳
主算二十七
主大将七宫
主参将一宫
客目始去将大义
客算十二
客大将二宫
客参将六宫

丙寅三局　　戊寅七十五局

庚寅一百四十七局　　壬寅二百一十九局

甲寅二百九十一局

此局算得太乙在一宫，理人，天内助主。

此时声息，有贼入寇，逼迫自西北方来，将吏全。敌使言可信。贼入乘休气，去乘囚气，皆可击。

文昌在戌，外地，可攻内地。内辰迫，大臣逆命。

主算单一，单阳，无地，短而无将吏，太乙虽助，不利为主，不宜大举征伐。

主大将一宫，囚，乘休气，不利有为，不宜举兵征伐，轻动有拘执之咎。

主参将三宫，发，乘相气，可以伏兵拒敌，浅进攻战取胜。

出兵举黑旗，列曲阵，出向西北，战向东南，战备西北，奇兵安戌地，伏兵利戌亥时。风云飞鸟自东南来，冲向太乙宫，急备大战。风云飞鸟自我阵后来，冲入敌阵去，为之天助，宜顺而击之，大胜。主将行兵，步卒在前，车骑在后，大将居中，静出向西北，遇敌提兵向东南，伺敌先举，然后应之。

始击在亥，文章兴，兵火发。

客算四十，孤阴，将吏全，太乙不助，可以举兵征伐。

客大将四宫，发，乘旺气，宜率兵深入敌境，缓攻取胜立功。

客参将二宫，发，乘囚气，可以陈兵拒敌，不宜远出深入。

出兵举赤旗，列锐阵，出向正东，战向正西，战备西北，奇兵安亥地，伏兵利戌亥时。风云飞鸟自东南来，冲向太乙宫，急备大战。

风云飞鸟自我阵后来，冲入敌人阵去，为之天助，宜顺击之，大胜。

客将行兵，车骑在前，步卒次之，大将居中，急噪而出，向正东，遇敌提兵向西，先举击之，乃为客先起之道。

太乙阳遁四局

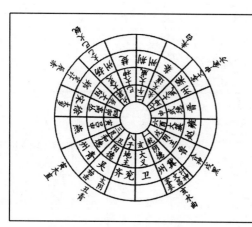

太乙在二宫理天

计神在亥

主目文昌将阴德

主算二十五

主大将中宫

主参将中宫

客目始击将阳德

客算十七

客大将七宫

客参将一宫

丁卯四局　　己卯七十六局

辛卯一百四十八局　　癸卯二百二十局

乙卯二百九十二局

此局算得太乙在二宫，理天，天外助客。

此时声息，有警，贼入东北方。敌使言虚。奸细不入。贼入乘囚气，可击；去乘休气，亦可追。

文昌在乾，内地，可攻外。

主算二十五，杜塞无门，主二将固守不出。

始击在阳德，并太阴，臣失爵禄，关梁闭塞，后妃怀二。

客算十七，重阳，厄火，不宜大举征伐，而防火灾。

客大将七宫，外迫，大臣逆命，举事攻内。乘囚气，不利有为，惟宜坚壁固守，不宜出兵攻战。

客参将一宫，关，乘休气，自相谋并，不利有为，不宜出兵征伐。出兵举白旗，列方阵，出向西南，战向东北，战备东北，奇兵安丑地，伏兵利巳午未时。风云飞鸟从正北来，冲向太乙宫，急备大战。风云飞鸟从我阵后来，冲向敌人阵去，为之天助，宜顺而击之，大胜。

客将行兵，车骑在前，步卒次之，大将居中，急噪而出，向西南，遇敌提兵向东北，先举兵击之，乃为客先起之道。

太乙阳遁五局

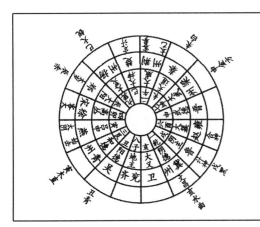

太乙在二宫理地
计神在阴主
主目文昌将阴德
主算二十五
主大将中宫
主参将申宫
客目始击将吕申
客算十七
客大将四宫
客参将二宫

戊辰五局　庚辰七十七局

壬辰一百四十九局　甲辰二百二十一局

丙辰二百九十三局

此局算得太乙在二宫，理地，天外助客，上将连谋。

此时声息，有贼从东北方来。闻事吉实凶虚。敌使不可信。奸细不入。贼有将兵和，来乘囚气，去乘死气，皆可追击。

文昌在乾，内地，可攻外地。

主算二十五，杜塞无门，主二将固守不出。

始击在寅，后妃怀二，士卒流亡。

客算十四，上和，无地，宜举兵征伐。

客大将四宫，发，乘旺气，宜举兵深入敌境，缓攻取胜，建立大功。

客参将二宫，因，又乘囚气，不利有为。惟宜固守，妄动则主拘执。

出兵举赤旗，列锐阵，出向正东，战向正西，战备东北，奇兵安寅地，伏兵利巳午未时。风云飞鸟从正北来，冲向太乙宫，急备大战。风云飞鸟自我阵后来，冲向正西去，此为天助，宜顺而击之，大胜。

客将行兵，步卒在前，车骑在后，大将居中，静默而出，向正东，遇敌旋兵向正西，先举击之，为客之道。

太乙阳遁六局

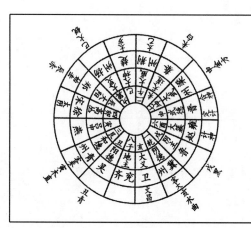

太乙在二宫理人
计神在大簇
主目文昌将大义
主算二十五
主大将中宫
主参将中宫
客目始击将太阳
客算单十
客大将一宫
客参将三宫

己巳六局　辛巳七十八局

癸巳一百五十局　乙巳二百二十二局

丁巳二百九十四局

此局算得太乙在二宫，理人，天外助客。

此时声息，有警，有将兵不和，从东南方来。敌使不可信。贼之细作不入。

贼来乘囚气，去乘旺气，来可截击，去不可追犯。

文昌在亥，在内，可攻外。

主算二十五，杜塞无门，主大小将固守不出。

始击在辰，民多病。

客算单十，孤阳，无人。

客大将一宫，发，举兵攻战获胜，但乘休气而数不和，不宜深入久攻。

客参将三宫，发，乘相气，宜率兵攻击，取胜即止。

出兵举黑旗，列曲阵，出向西北，战向东南，战备东南，奇兵安辰地，伏兵利巳午未时。风云飞鸟从正北来，冲向太乙宫，急备大战。风云飞鸟从我阵后来，冲向东南方去，乃为天助，宜顺而击之，大胜。

客将行兵，步卒在前，车骑次之，大将居中，静默而出，向西北，遇敌提兵向东南，先举击之，大胜。

太乙阳遁七局

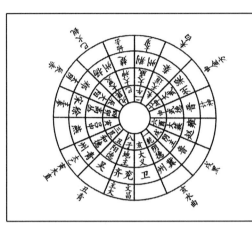

太乙在三宫理天
计神在武德
主目文昌将地主
主算单八
主大将八宫
主参将四宫
客目始击将大神
客算二十五
客大将中宫
客参将中宫

庚午七局　壬午七十九局

甲午一百五十一局　丙午二百二十二局

戊午二百九十五局

此局算得太乙在三宫，理天，天内助主，天有变异。

此时声息，无贼，奸细不入。

文昌在子，内地，可攻外地。迫太乙，大臣逆命，关主大将，同类相谋，不利有为。

主算单八，单阴，无天，短而无将，不宜火举征伐。主大将八宫，迫太乙，关主目，同类相谋，不利有为。乘相气，宜拒守要害，伏兵邀击，取胜即止。

主参将四宫，迫，乘旺气，可以伏兵击其首尾，取胜即止。

出兵举黑旗，列曲阵，出向正北，战向正南，战备正北，奇兵安子地，伏兵利丑寅时。风云飞鸟从西南来，冲向太乙宫，急备大战。风云飞鸟自我阵后来，冲入敌阵去，为之天助，宜顺而击之，大胜。

主将行兵，车骑在前，步卒次之，大将居中，鼓噪而出，向正北行，遇敌提兵向正南，伺敌先举，然后应之，大胜。

始击在巳，阴阳失序，多雨水。

客算二十五，杜塞无门。

客大小将不出中五，不宜妄举。

太乙阳遁八局

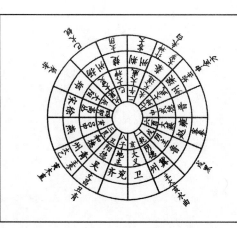

太乙在三宫理地
计神在天道
主目文昌将阳德
主算单一
主大将一宫
主参将三宫
客目始击将大武
客算二十二
客大将二宫
客参将六宫

辛未八局　癸未八十局

乙未一百五十二局　丁未二百二十四局

己未二百九十六局

此局算得太乙在三宫，理地，天内助主，地有变异，水旱不均。

此时声息，贼自西南方来，来乘相气。去亦乘相气，皆不可犯。敌使言虚。奸细不入。

文昌在丑，内地，可攻外地。内辰迫，大臣逆命，举事攻外。

主算单一，单阳，无地，不宜大举征伐。

主大将一宫，发，乘休气，不可出兵攻击，算中无将吏，不利有为，可以伏兵截击。

主参将三宫，因，轻动则有拘执奔败事。乘相气，固守不失。

出兵举黑旗，列曲阵，出向西北，战向东南，战备东北，奇兵安丑地，伏兵利丑寅时。风云飞鸟从西南来，冲向太乙宫，急备大战。风云飞鸟自我阵后来，冲入敌人阵去，为之天助，宜顺而击之，大胜。

主将行兵，步卒在前，车骑次之，大将居中，出向西北，遇敌提兵向东南，静默后应，乃为主之道。

始击在坤，格太乙，盗侮其君，牛马急走。

客算二十二重阴，而长，可以举兵征伐。

客大将二宫，发，乘囚气，宜按兵伏击取胜，不宜大举深入。

客参将六宫，发，可以陈兵拒敌策应。乘死气，不宜大举。

出兵举黄旗，列圆阵，出向正南，战向正北，战备西南，奇兵安坤地，伏兵利丑寅时。风云飞鸟自西南来，冲向太乙宫，急备大战。风云飞鸟自我阵后来，冲入敌人阵去，为之天助，宜顺而击之，大胜。

客将行兵，步卒在前，车骑次之，大将居中，静出向正南，遇敌旋兵向正西，举兵击之，乃为客之道也。

太乙阳遁九局

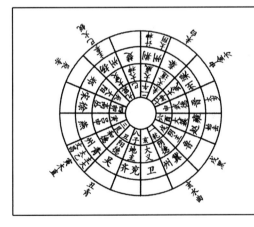

太乙在三宫理人
计神在大威
主目文昌将和德
主算单三
主大将三宫
主参将三宫
客目始击将大簇
客算十五
客大将中宫
客参将中宫

壬申九局　　甲申八十一局

丙申一百五十三局　　戊申二百二十五局

庚申二百九十七局

此局算得太乙在三宫，理人，天内助主，太岁格，主有奔败事。

此时声息，无贼，敌使、奸细皆不来。文昌在三宫，在内，可攻外地。囚太乙宫，有拘执奔败事。

主算三，单阳，不和，无地，无将吏，不宜大举征伐。

主大将三宫，囚关为争明自败，不利有为，乘相固守，无拘执之事。

主参将九宫，发，乘休气，可以出兵拒守要害，伏兵攻击。

出兵举青旗，列直阵，出向东北，战向西南，战备东北，奇兵安艮地。伏兵利丑寅时。风云飞鸟自西南来，冲向太乙宫，急备大战。风云飞鸟自我阵后来，冲入敌阵去，为之天助，宜顺而击之，大胜。

主将行兵，步卒在前，车骑次之，大将居中，静出向东北，遇敌提兵向西南，伺敌先举，然后应之。

始击在酉，嬖宠进宫。

客算十五，杜塞无门。

客大小将固守不出。

太乙阳遁十局

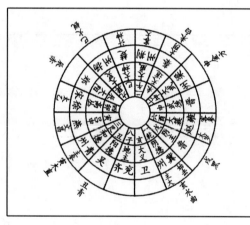

太乙在四宫理天
计神在大神
主目文昌将吕申
主算单一
主大将一宫
主参将三宫
客目始击将阴德
客算十二
客大将二宫
客参将六宫

癸酉十局　乙酉八十二局

丁酉一百五十四局　己酉二百二十六局

辛酉二百九十八局

此局算得太乙在四宫，理天，天内助主，天有变异，四序不和。

此时声息，有贼自西北方来。敌使不可信。奸细不入。贼来乘旺气，去乘旺气，皆不可犯。

文昌在吕申，内地，可攻外地。内辰迫，大臣逆命，举事攻外。

主算一，单阳，无地，短而无将吏，不宜举兵征伐。

主大将一宫，始击掩，又乘休气，不宜举兵，战必死败。

主参将三宫，迫，乘相气，不宜举兵，固守不失。

出兵举黑旗，列曲阵，出向西北，战向东南，战备东北，奇兵安寅地，伏兵利寅卯辰时。风云飞鸟自正西来，冲向太乙宫，急备大战。风云飞鸟自我阵后冲入敌阵去，为天助，宜顺而击之，大胜。

主将行兵，步卒在前，车骑次之，大将居中，静出向西北行，遇敌旋兵向东南，伺敌先举，然后应之，乃为主之道。

始击在一宫，掩主大将。

客算十二，无地，宜举兵征伐，算中在囚气宫，不可久战，取胜即止。

客参将六宫，格太乙，乘死气，凡事格易，敌人侵掠，不利有为，严加固守。

出兵举黄旗，列圆阵，出向正南，战向正北，战备西北，奇兵安乾地，伏兵利寅卯辰时。风云飞鸟自正西来，冲向太乙宫，急备大战。风云飞鸟自我阵后来，冲入敌阵去，为之天助，宜顺而击之，大胜。

客将行兵，步卒在前，车骑在后，大将居中，静出向正南行，遇敌旋兵向正北，先举兵击之，乃为客之道。

太乙阳遁十一局

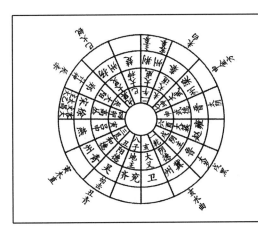

太乙在四宫理地
计神在太阳
主目文昌将高丛
主算单四
主大将四宫
主参将二宫
客目始击将阳德
客算单四
客大将四宫
客参将二宫

甲戌十一局　　丙戌八十三局

戊戌一百五十五局　　庚戌二百二十七局

壬戌二百九十九局

此局算得太乙在四宫，理地，天内助主，地有变异，水旱为厄，牺牲多死，五谷不登。

此时声息，贼入寇。闻事凶实吉虚。奸细入，有私通于外者。敌使言不可信。贼来乘旺气，不可犯；贼去乘休气，可击。

文昌将在四宫，内地，囚太乙官，关客大将，为四郭固，有拘执之事，奔败之祸，大凶。

主算四，单阴，无地，无将吏，不利有为。

主大将四宫，囚太乙宫，关主目客大，虽乘旺气，不利有为，同类相谋。

主参将二宫，关客参，乘囚气，不利有为。

始击在丑。

客算四，单阴，无地，无将吏，不宜举兵。

客大将四宫，囚太乙宫，关主目、主大，乘旺气，宜坚壁固守，不慎，主有拘执奔败杀害之事。

客参将二宫，关主，乘囚气，不利有为。

此局曰四郭固。主客大将囚关，二小将又关，皆不利征战。以二目所临宫神言，文昌木制，始击土，然文昌受囚关，亦皆不利。以时序论，主将秋胜，客将冬胜。

太乙阳遁十二局

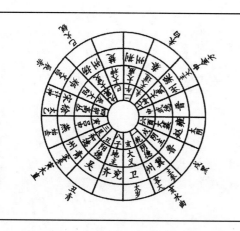

太乙在四宫理人

计神在高丛

主目文昌将太阳

主算三十七

主大将七宫

主参将一宫

客目始击将吕申

客算单一

客大将一宫

客参将三宫

乙亥十二局　　丁亥八十四局

己亥一百五十六局　　辛亥二百二十八局

此局算得太乙在四宫，理人，天内助主，上凌下僭。

此时声息，有贼入寇逼迫，无将吏，兵少。敌使不可信。奸细不入。贼从东北方来，来乘旺气，去乘囚气，来不可触犯，去不可掩击。

文昌在太阳，内地，可攻外。外辰迫，大臣逆命，举事攻内。

主算三十七，算长，将吏全，可以举兵征伐。

主大将七宫，发，宜出征战，深入缓攻，乘囚气，取胜即止。

主参将一宫，关客大，乘休气，不利有为，宜固守。

出兵举白旗，列方阵，出向西南，战向东北，战备东南，奇兵安辰地，伏兵利寅卯辰时。风云飞鸟从正西来，冲向太乙宫，急备大战。风云飞鸟自我阵后来，冲入敌阵去，为天助，宜顺而击之，大胜。

主将行兵，车骑在前，步卒次之，大将居中，急噪而出，向西南，遇敌旋兵向东北，伺敌先举，然后应之，乃为主之道。

始击在寅。

客算一，单阳，无地，无将吏，兵少，不宜举兵征伐。

客大将一宫，关主参，乘休气，不利有为，宜固守。

客参将三宫，内宫迫，不宜大举，乘相气，可以拒守要害，击其首尾，取胜，不可久敌。

出兵举黑旗，列曲阵，出向西北，战向东南，战备东北，奇兵安寅地，伏兵利寅卯辰时。风云飞鸟从正西来，冲向太乙宫，急备大战。风云飞鸟自我阵后来，冲入敌阵去，为之天助，宜顺而击之，大胜。

客将行兵，步卒在前，车骑次之，大将居中，静出向西北行，遇敌提兵向东南，先举兵击之，乃为客之道。

太乙阳遁十三局

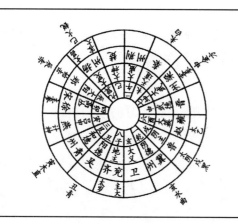

太乙在六宫理天

计神在吕申

主目文昌将大炅

主算十八

主大将八宫

主参将四宫

客目始击将太阳

客算十九

客大将九宫

客参将七宫

丙子十三局　戊子八十五局

庚子一百五十七局　壬子二百二十九局

甲子三百一局

此局算得太乙在六宫，理天，天外助客。

此时声息，有庆，贼入，从东南方来。敌使言实。奸细入觇，有私通于外之人。贼入乘死气，可伏兵截击；去乘相气，不可追犯。

文昌在大炅，内地，可攻外地。关客大，主有私通于外之人。

主算十八，上和，将吏全，宜大举征伐。

主大将八宫，发，乘相气，宜率兵深入敌境，缓攻取胜，建立大功。

主参将四宫，格太乙，凡事格易，不宜大举，可以陈兵策应，按兵伏击取胜。

出兵举黑旗，列曲阵，出向正北，战向正南，战备东南，奇兵安巽地，伏兵利申酉戌时。风云飞鸟自正东来，冲向太乙宫，急备大战。风云飞鸟自我阵后来，冲入敌阵去，为天助，宜顺而击之，大胜。

主将行兵，车骑在前，步卒次之，大将居中，急噪而出，向正北，遇敌旋兵向正南，伺敌先发，然后应之，乃为主之道。

始击在辰，大人有忧。

客算十九，重阳，厄火，不宜征发，军中防火灾。

客大将九宫，关文昌，乘休气，不利有为，宜固守。

出兵举赤旗，列锐阵，出向东南，战向西北，战备东南，奇兵安辰地，伏兵利申酉戌时。风云飞鸟自正东来，冲向太乙宫，急备大战。风云飞鸟自我阵后来，冲入敌阵去，为天助，宜顺而击之，大胜。

客将行兵，车骑在前，步卒次之，大将居中，急噪而出，向东南行，遇敌旋兵向西北，先举兵击之。

太乙阳遁十四局

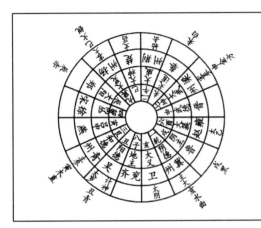

太乙在六宫理地
计神在阳德
主目文昌将大神
主算单十
主大将一宫
主参将三宫
客目始去将大威
客算单九
客大将九宫
客参将八宫

丁丑十四局　己丑八十六局

辛丑一百五十八局　癸丑二百三十局

乙丑三百二局

此局算得太乙在六宫，理地，天外助客，上凌下僭。

此时声息，贼自正南方来。有兵无将。

敌使言实。奸细不入。贼来乘死气，可击；去乘相气，不可犯。

文昌在巳，外地，可攻内地。

主算十，孤阳，无人，不利有为。

主大将一宫，外宫迫，大臣举事攻内。乘休气，不利有为，不宜出兵攻战。

主参将三宫，发，乘相气，可以率兵攻战，取胜即止。

出兵举黑旗，列曲阵，出向西北，战向东南，战备东南，奇兵安巳地，伏兵利申酉戌时。风云飞鸟自正东来，冲向太乙宫，急备大战。风云飞鸟自我阵后来，冲入敌人阵去，为天助，宜顺而击之，大胜。

主将行兵，车骑在前，步卒次之，大将居中，急噪而出，向西北行，通敌旋兵向东南，伺敌先举，然后应之。

始击在午，主火灾。

客算九，单阳，无天，有兵无将，不宜大举。

客大将九宫，发，乘休气，宜举兵征伐，取胜即止，不宜深入远举。

客参将七宫，迫，乘囚气，不利有为，宜固守。

出兵举赤旗，列锐阵，出向东南，战向西北，战备正南，奇兵安午地，伏兵利申酉戌时。风云飞鸟自正东来，冲向太乙宫，急备大战。风云飞鸟自我阵后来，冲入敌人阵去。乃为天助，宜顺而击之，大胜。

客将行兵，车骑在前，步卒次之，大将居中，急噪而出，向东南行，遇敌旋兵向西北，先举兵击之，乃为客之道。

太乙阳遁十五局

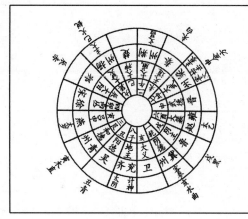

太乙在六宫理人
计神在地主
主目文昌将大威
主算单九
主大将九宫
主参将七宫
客目始击将大武
客算单七
客大将七宫
客参将一宫

戊寅十五局　庚寅八十七局

壬寅一百五十九局　甲寅二百三十一局

丙寅三百三局

此局算得太乙在六宫，理人，天外助客。

此时声息，贼自西南方来，损我偏将，宜慎。贼有兵无将。敌使言不可信。奸细不入。来乘死气，去乘囚气，皆可追击。

文昌在大威，外地，可攻内。

主算九，单阳，无将，太乙不助，不宜大举深入。

主大将九宫，乘休气，将发，宜用谋击截取胜，不可大举久敌。

主参将七宫，迫击掩关客大，乘囚气，宜固守，轻动则凶。

出兵举赤旗，列锐阵，出向东南，战向西北，战备正南，奇兵安午地，伏兵利申酉戌时。风云飞鸟自正东来，冲向太乙宫，急备大战。风云飞鸟自我阵后来，冲入敌阵去，为天助，宜顺而击之，大胜。

主将行兵，车骑在前，步卒次之，大将居中，急噪而出，向东南行，遇敌提兵向西北，伺敌先举，然后应之，乃为主之道。

始击在坤，内击，大臣逆命。

客算七，单阳，无将，不宜大举征伐。

客大将七宫，掩关主参，乘囚气，不利有为，宜坚壁固守，有相谋执献之凶。

客参将一宫，迫太乙，乘休气，宜严防固守。

出兵举白旗，列方阵，出向西南，战向东北，战备西南，奇兵安坤地，伏兵利申酉戌时。风云飞鸟从正东来，冲向太乙宫，急备大战。风云飞鸟自我阵后来，冲入敌阵去，为天助，宜顺而击之，大胜。客将行兵，车骑在前，步卒次之，大将居中，噪出向西南行，遇敌旋兵向东北，先举兵击之，乃为客之道。

太乙阳遁十六局

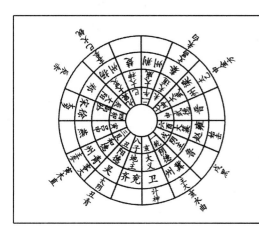

太乙在七宫理天

计神在大义

主目文昌将天道

主算单一

主大将一宫

主参将三宫

客目始击将大簇

客算三十三

客大将三宫

客参将九宫

己卯十六局　辛卯八十八局

癸卯一百六十局

此局算得太乙在七宫，理天，天外助客。天有变异，五行错乱，二曜亏蚀，霜雹为珍。

此时声息有庆，贼自正西方来，有兵有将，敌使言虚，奸细不入。贼来乘囚气，去乘休气，皆可击。

文昌在未在外地，可攻内。内攻，迫大臣逆，举事，攻外。主算一，单阳无地，不利有为，不宜大举征伐。

主大将一宫发，乘休气，算短，太乙不助，不宜出兵，宜拒守要害，伏兵击其首尾，取胜即止。

主参将三宫，格太乙，关客大，不利有为。上下格易，同类相谋，宜固守。

出兵举黑旗，列曲阵，出向西北，战向东南，战备西南，奇兵安未地，伏兵利未申时。风云飞鸟自东北来，冲向太乙宫，急备大战。风云飞鸟自我阵后来，冲入敌阵，去为天助，宜顺击之，大胜。

主将行兵，步卒在前，车骑次之，大将居中。静出向西北行，遇敌提兵向东南，伺敌先举，然后应之，乃为客之道。

始击在酉，岁不登。

客算三十三，长重阳，厄火乏水，不利有为，不宜大举。

客大将三宫，格太乙，关主参，上下格易，同类相谋，乘相气，宜遣小将，伏兵拒守要害，截其首尾，自宜固守，客参将九宫，发乘休气，宜拒敌，不宜大举征贼，兵威不振故也。

出兵举青旗，列直阵，出向东北，战向西南，战备正西，奇兵安酉地，伏兵利未申时。风云飞鸟自东来，冲向太乙宫，急备大战。风云飞鸟自我阵后来，冲入敌阵。客将行兵，步卒在前，车骑次之大将居中，静出向东去，为天助，宜顺而击之，大胜。

北行遇敌，旋兵向西南，先举兵击之，乃为客之道。

太乙阳遁十七局

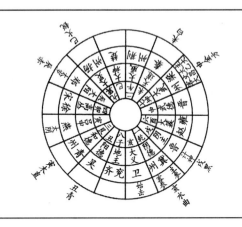

太乙在七宫理地

计神在阴主

主目文昌将大武

主算单七

主大将七宫

主参将一宫

客目始击将大义

客算二十七

客人将七宫

客参将一宫

庚辰十七局　　壬辰八十九局

甲辰一百六十一局　　丙辰二百三十二局

戊辰三百五局

北局算得太乙在七宫，理地，天外助客，主地震。

此时声息，贼从西北来，敌使不实，奸细入觇，有私通于外者。贼出入皆乘休囚之气，可掩击。

文昌在坤，囚太乙宫，关主客，大将，为四郭固，有拘执奔败，事大凶。

主算七，单阳不和，无将，太乙不助，不宜大举征伐。

主大将七宫，囚关客大，乘囚气，同类相谋，不利有为。

主参将一宫，关客参，乘休气，不利有为。

始击在亥，文昌典兵，火发。

客算二十七，在四，国固时，不宜征伐。

客大将七宫，囚关主大将，乘囚气，有同类相谋杀害之事，宜固守。

客参将一宫，关主参，乘休气，不利有为。

此局算得主目主客大将囚关主客小将，又关乃四郭固之时，皆主不利，以算数言，客算长，太乙助而生，克不能胜主。以二目宫神论之，文昌土始击水，土制水，当主胜。以二将言，皆居坤土之位。客大水受土制，主大金得土生，当主胜。然数短而太乙不助，此时主客皆宜固守。

太乙阳遁十八局

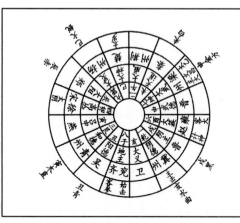

太乙在七宫理人
计神在大簇
主目文昌将大武
主算单七
主大将七宫
主参将一宫
客目始击将地主
客算二十六
客大将六宫
客参将八宫

辛巳十八局　癸巳九十局

乙巳一百六十二局　丁巳二百三十四局

己巳三百六局

此局算得太乙在七宫，理人，天外助客，岁多疾病，土兵生逆。

此时声息有警，贼从正北来，敌使不可信，奸细不入，贼来乘囚气，可击。去乘旺气，不可犯。

文昌在坤外地，可攻内地。囚太乙关主，大不利有为。主算七，单阳，短而无将，不宜大举征伐。

主大将七宫，囚关，乘囚气，同类相谋，不利有为，宜固守，不宜妄举。

主参将一宫，客挟乘休气，不宜妄举，宜固守。

出兵举白旗，列方阵，出向西南，战向东北，战备西南，奇兵安坤地，伏兵利未申时。风云飞鸟自东北来，冲向太乙宫，急备大战。风云飞鸟自我阵后来，冲入敌人阵去，为天助，宜顺而击之，大胜。

主将行兵。车骑在前。步卒次之。大将居中宫。急噪而出向西南遇敌。旋兵向东北，伺敌先举，然后应之。

始击在子。

客算二十六，重阴，厄水，防水灾。

客大将六宫，迫大臣逆命。乘死气，不利有为，宜振兵固守。

客参将八宫，掩虽乘相气，不利有为，宜固守。

出兵举白旗，列方阵，出向正西，战向正东，战备正北，奇兵安子地，伏兵利未申时。风云飞鸟纵正东来，冲向太乙宫，急备大战。风云飞鸟自我阵后来，冲入敌阵去，为天助，宜顺而击之，大胜。

客将行兵，车骑在前，步卒次之。大将居中，急噪而出。

第八章　术数汇考八

《太乙局》七

时计阳遁成局

太乙阳遁十九局

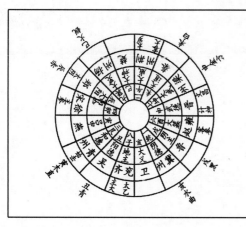

太乙在八宫理天

计神在武德

主目文昌将武德

主算单八

主大将八宫

主参将四宫

客目始去将和德

客算三十二

客大将二宫

客参将六宫

壬午十九局　　甲午九十一局

丙午一百六十三局　　戊午二百三十五局

庚午三百七局

此局算得太乙在八宫，理天，天内助主，太岁格，天有变异，彗孛飞流，霜雹为珍。

此时贼从东北方来，有将兵多，敌使言实，奸细不入，贼来去皆乘相气，不可轻犯。

文昌在申，外地可攻内地。

主算八单，阴不和，有兵无将，太乙虽助，不宜大举征伐。

主大将八宫，因有拘执，奔败事，乘相气固守无失。

主参将四宫，发乘旺气，宜率兵大举策应，大将取胜即止。

出兵举黑旗、列曲阵出。向正北战，向正南战，备西南奇兵，安申地伏兵，利亥子丑时。风云飞鸟自正南来，冲向太乙宫，急备大战。风云飞鸟自我阵后来，冲入敌阵去，乃为天助。宜顺而击之大胜。

主将行兵：车骑在前，步卒次之，大将居中噪出。向正北，遇敌旋兵向正南，伺敌先举然后应之。

始击在艮外击。

客算三十二，长和将吏全，兵和可以举兵征伐。

客大将二宫格，乘囚气，算长而和，可以陈兵拒敌取胜。

客参将六宫，挟主目，乘死气虽发不可大举，止可陈策应伏击取胜。

出兵举黄旗、列圆阵出。向正南战，向正北战，备东北奇兵，安艮地伏兵，利亥子丑时。风云飞鸟自正南来，冲向太乙宫，急备大战。风云飞鸟自我阵后来，冲入敌阵去，为之天助，宜顺击之大胜。

客将行兵：步卒在前，车骑次之，大将居中静出。向正南行，遇敌旋兵向正北先举击之。

太乙阳遁二十局

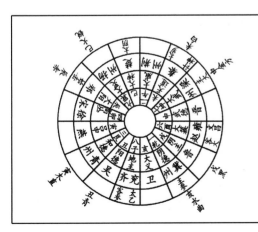

太乙在八宫理地
计神在天道
主目文昌将大簇
主算单七
主大将七宫
主参将一宫
客目始击将太阳
客算二十六
客大将六宫
客参将八宫

癸未二十局　乙未九十二局

丁未一百六十四局　己未二百三十六局

辛未三百八局

此局算得太乙在八宫，理地，天内助主，太岁格，民多疾病。

此时声息，贼自东南方来，敌使不可信，有私通于外者，奸细入觇，贼退去，乃乘囚气可击，来乘相气不可犯。

文昌在酉，外地可攻内地。

主算七单，阳不和，短而无将，不宜大举征伐。

主大将七宫，发乘囚气，宜伏兵攻击取胜，不宜大举深入。

主参将一宫，迫大臣逆命举事攻外，乘休气不利有为。

出兵举白旗、列方阵出。向西南战，向东北战，备正西奇兵，安酉地伏兵，利亥子丑时。风云飞鸟自正南来，冲向太乙宫，急备大战。风云飞鸟自我阵后来，冲入敌人阵去，为天助，宜顺而击之大胜。

主将行兵：车骑在前，步卒次之，大将居中，急噪而出。向西南行，遇敌提兵。向东北伺敌，先举然后应之。

始击在辰。

客算二十六，三才具将吏全。纯阴厄水，防水灾，可出轻兵袭击。

客大将六宫，受制于文昌，乘死气不利有为，宜坚壁固守。

客参将八宫，囚有拘执，奔败事，乘相气固守不失。

出兵举白旗、列方阵出。向正西战，向正东战，备东南奇兵，安辰地伏兵，利亥子丑时。风云飞鸟从正南来，冲向太乙宫，急备大战。风云飞鸟自我阵后来，冲入敌阵去，为天助，宜顺而击之大胜。

客将行兵：车骑在前，步卒次之，大将居中噪出。向正西行，遇敌提兵。向正东先举击之。

太乙阳遁二十一局

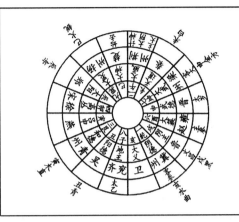

太乙在八宫理人
计神在大威
主目文昌将阴主
主算单二
主大将二宫
主参将六宫
客目始去将大神
客算十七
客大将七宫
客参将一宫

甲申二十一局　　丙申九十三局

戊申一百六十五局　　庚申二百三十七局

壬申三百九局

此局算得太乙在八宫，理人，天内助主，大旱火灾。

此时声息，有贼从东方来，将吏全，敌使不可信，奸细不入，贼来乘相气不可犯，贼去乘死气可追击。

文昌在戌，外地可攻内地。

主算二单，阴无地，将吏不全，不利有为，不宜大举征伐。

主大将二宫，对太乙不利有为，上下格，易乘囚气不可展阵交锋。

主参将六宫，客挟乘死气，不利征伐，宜固守。

出兵举黄旗、列圆阵出。向正南战，向正北战，备西北奇兵，安戌地伏兵，利亥子丑时。风云飞鸟从正南来，冲向太乙宫，急备大战。风云飞鸟从我阵后来，冲入敌阵去，为天助，宜顺而击之大胜。

主将行兵：步卒在前，车骑次之，大将居中静出。向正南行，遇敌旋兵向正南，伺敌先举，然后应之。

始击在巳主旱。

客算十七，重阳厄火。

客大将七宫，主挟乘囚气，不宜大举征伐，算长亦可奇伏取胜。客参将内迫，乘休气，不宜大举，亦可陈兵击截。

出兵举白旗、列方阵出。向西南战，向东北战，备东南奇兵，安巳地伏兵，利亥子丑时。风云飞鸟自正南来，冲向太乙宫，急备大战。风云飞鸟自我阵后，冲入敌人阵去，为天助，宜顺而击之大胜。

客将行兵：车骑在前，步卒次之，大将居中，急噪而出。向西南行，遇敌提兵，向东北先举击之，乃为客之道。

太乙阳遁二十二局

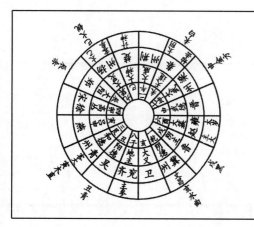

太乙在九宫理天
计神在天神
主目文昌将阴德
主算十六
主大将六宫
主参将八宫
客目始击将天道
客算三十
客大将三宫
客参将九宫

乙酉二十二局　　丁酉九十四局

己酉一百六十六局　　辛酉二百三十八局

癸酉三百一十局

此局算得太乙在九宫，理天，天内助客，始击并太阴，文昌对太乙，后妃怀二，大臣闭塞贤路。

此时声息，贼自西南方来，敌使言实，奸细不入，贼来乘休气去，乘旺气去，不可犯，来可截击。

文昌在乾，内地可攻外地。臣下失礼，闭贤用贿。

主算十六，下和将吏全，宜大举征伐。

主大将六宫，发乘死气，不可亲征，当运遣将，攻击取胜。

主参将八宫，发乘相气，宜大举征伐，深入敌境，缓攻取胜。

出兵举白旗、列方阵出。向正西战，向正东战，备西北奇兵，安乾地伏兵，利辰巳时。风云飞鸟从西北来，冲向太乙宫，急备大战。风云飞鸟自我阵后来，冲入敌阵去，为天助，宜顺击之大胜。

主将行兵：车骑在前，步卒次之，大将居中噪出。向正西，遇敌提兵，向正东伺敌，先举然后应之。

始击在未，川渎满溢，并太阴内外连谋。

客算三十，孤阳不和，宜举征伐。

客大将三宫，发乘相气。宜展阵交锋，取胜即止，不宜深入。算不和也。

客参将九宫，囚乘休气，有拘执，奔败事，宜固守不出。

出兵举青旗、列直阵出。向东北战，向西南战，备西南奇兵，安未地伏兵，利辰巳时。风云飞鸟自西北来，冲向太乙宫，急备大战。风云飞鸟自我阵后来，冲入敌阵去，为天助，宜顺而击之大胜。客将行兵：步卒在前，车骑次之，大将居中静出。向东北行，遇敌旋兵，向西南先举击之。

太乙阳遁二十三局

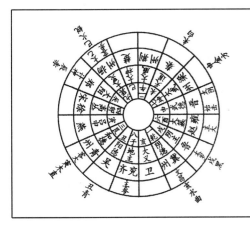

太乙在九宫理地
计神在太阳
主目文昌将阴德
主算十六
主大将六宫
主参将八宫
客目始击将武德
客算二十三
客大将三宫
客参将九宫

丙戌二十三局　　戊戌九十五局

庚戌一百六十七局　　壬戌二百三十九局

甲戌三百一十一局

此局算得太乙在九宫，理地，天外助客，客目并太阴，内外连谋，主目对太乙，臣下失礼。

此时声息，有贼从西方来，有将兵多，敌使言实，奸细不入。贼来乘休气，可击去。乘旺气不可犯。

文昌在乾，对太乙上下格易。

主算十六，将吏全，宜举征伐。

主大将六宫，发乘死气，宜运谋遣，发征战不宜自举。

主参将八宫，发乘相气，宜大举深入，缓攻取胜。

出兵举白旗、列方阵出。向正西战，向正东战，备西北奇兵，安乾地伏兵，利辰巳时。风云飞鸟自西北来，冲向太乙宫，急备大战。风云飞鸟自我阵后来，冲入敌阵去，为天助，宜顺而击之大胜。

主将行兵：车骑在前，步卒次之，大将居中噪出。向正西行，遇敌提兵。向正东，伺敌先举然后应之。

始击在申，并太阴牛马急行。

客算二十三，长和太乙助，将吏全，兵多宜大举征伐。

客大将三宫，发乘相气，宜率兵亲出，深入敌境，缓攻取胜。

客参将九宫，囚乘休气，不宜出征，宜固守。

出兵举青旗、列直阵出。向东北战，向西南战，备西南奇兵，安申地伏兵，利辰巳时。风云飞鸟自西北来，冲向太乙宫，急备大战。风云飞鸟自我阵后来，冲入敌阵去，乃为天助，宜顺而击之大胜。客将行兵：步卒在前，车骑次之，大将居中静出。向东北，遇敌提兵。向西南先举击之。

太乙阳遁二十四局

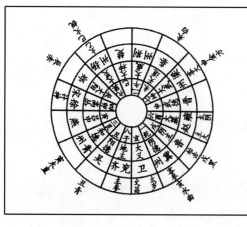

太乙在九宫理人

计神在高丛

主目文昌将大义

主算十六

主大将六宫

主参将八宫

客目始击将阴主

客算二十三

客大将七宫

客参将一宫

丁亥二十四局　　己亥九十六局

辛亥一百六十八局　　癸亥二百四十局

乙亥三百一十二局

此局算得太乙在九宫，理人，天外助客。

此时声息，自西北来，将吏全。敌使言实，奸细不入，贼来乘休气可击，贼去乘旺气不可犯。

文昌在亥，内地可攻外地。

主算十六。下和，将吏全，太乙不助，不宜大举征伐。

主大将六宫，客挟乘死气，不利有为，宜固守。

主参将八宫，发乘相气，宜率兵深入，缓攻取胜。

出兵举白旗、列方阵出。向正西战，向正东战，备西北奇兵，安亥地伏兵，利辰巳时。风云飞鸟自西北来，冲向太乙宫，急备大战。风云飞鸟自我阵后来，冲入敌阵去，为天助，宜顺而击之大胜。

主将行兵：车骑在前，步卒次之，大将居中，急噪而出。向正西行，遇敌旋兵。向正东，伺敌先举然后应之。

始击在戌，山林有盗，道路不通。

客算十七，太乙助，宜举征伐。

客大将七宫，发乘囚气，兵威不振，可以拒伏要害，截击首尾取胜。

客参将一宫格，乘休气，不可大举，可以陈兵策应。

出兵举白旗、列方阵出。向西南战，向东北战，备西北奇兵，安戌地伏兵，利辰巳时。风云飞鸟自西北来，冲向太乙宫，急备大战。

风云飞鸟自我阵后来，冲入敌阵去，为天助，宜顺而击之大胜。

客将行兵：车骑在前，步卒次之，太将居中，急噪而出。向西南，遇敌提兵。向东北，先举兵击之，乃为客之道。

太乙阳遁二十五局

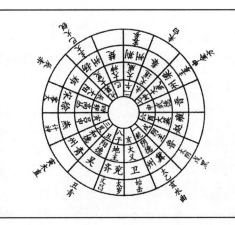

太乙在一宫理天

计神在吕申

主目文昌将地主

主算三十九

主大将九宫

主参将七宫

客目始击将大义

客算四十

客大将四宫

客参将二宫

戊子二十五局　庚子九十七局

壬子一百六十九局　甲子二百四十一局

丙子三百一十三局

此局算得太乙在一宫，理天，天内助主。

此时声息，贼人寇逼迫，自西北方来，敌使言实，奸细不入，贼来去皆乘休因之气，可击截。

文昌在子，在内地可攻外地，外宫迫大臣，举事攻内。

主算三十九，纯阳，厄火不和。将吏虽全，不宜大举。

主大将九宫格，上下格。易乘休气，客挟不利有为，宜固守。

主参将七宫，发乘因气，兵势不振，宜按兵伏击取胜，不宜大举深入。

出兵举赤旗、列锐阵出。向南战，西北战，备正北奇兵，安子地伏兵，利戊亥时。风云飞鸟自东南来，冲向太乙宫，急备大战。风云飞鸟自我阵后来，冲入敌人阵去，为天助，宜顺而击之大胜。

主将行兵：车骑在前，步卒次之，大将居中噪出。向东南行，遇敌提兵。向西北，伺敌先举然后应之。

始举在亥，外击外国侵凌，上将逆命。

客算四十，孤阴不宜大举。

客大将四宫，发乘旺气，宜大举深入，缓攻取胜。

客参将二宫，主挟乘囚气，不利有为，宜固守。

出兵举赤旗、列锐阵出。向正东战，向正西战，备西北奇兵，安亥地伏兵，利戌亥时。风云飞鸟自东来，冲向太乙宫，急备大战。风云飞鸟自我阵后，冲入敌阵去，乃为天助，宜顺而击之大胜。

客将行兵：步卒在前，车骑次之，太将居中静出。向正东，遇敌提兵。向正西，先举兵击之。

太乙阳遁二十六局

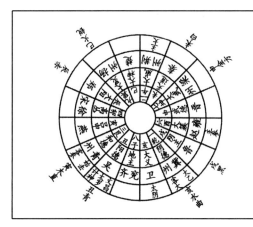

太乙在一宫理地
计神在阳德
主目文昌将阳德
主算三十二
主大将二宫
主参将六宫
客目始击将和德
客算三十一
客大将一宫
客参将三宫

己丑二十六局　辛丑九十八局

癸丑一百七十局　乙丑二百四十二局

丁丑三百一十四局

此局算得太乙在一宫，理地，天内助主，地有变异，寒暑失时，水旱不均。

此时声息，贼自东方来，敌使言虚，奸细不入，贼来乘休气可击去，乘相气不可犯。

文昌在丑，在内地可攻外地。

主算二十二，数和，可以大举征伐。

主大将二宫，发宜整兵大举缓攻深入，乘囚气取胜即止。

主参将六宫，迫乘死气，不利有为，宜固守。

出兵举黄旗、列圆阵出。向正南战，向正北战，备东北奇兵，安丑地伏兵，利戌亥时。风云飞鸟自东南来，冲向太乙宫，急备大战。风云飞鸟自我阵后来，冲入敌阵去，乃为天助，宜顺而击之大胜。

主将行兵：步卒在前，车骑次之，大将居中静出。向正南，遇敌旋兵。向正北，伺敌先举然后应之。

始击在艮。

客算三十一，杂重阳不和，不宜大举征伐。

客大将一宫，囚乘休气，不利有为，妄动则有拘执，奔败事，宜固守。

客参将三宫，击掩自相谋，并不利有为，乘相气，宜固守不失。

出兵举黑旗、列曲阵出。向西北战，向东南战，备东北奇兵，安艮地伏兵，利戌亥时。风云飞鸟自东南来，冲向太乙宫，急备大战。风云飞鸟自我阵后来，冲入敌阵去，为天助，宜顺而击之大胜。

客将行兵：步卒在前，车骑次之，大将居中静出。向西北行，遇敌旋兵。向东南先举击之。

太乙阳遁二十七局

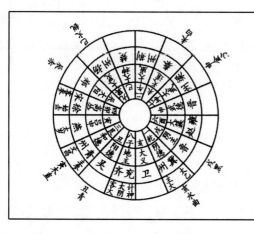

太乙在一宫理人

计神在地主

主目文昌将和德

主算三十一

主大将一宫

主参将三宫

客目始击将高丛

客算二十八

客人大将八宫

客参将四宫

庚寅二十七局　　壬寅九十九局

甲寅一百七十一局　　丙寅二百四十三局

戊寅一百一十五局

此局算得太乙在一宫，理人，天内助主，岁旱火灾。

此时声息，贼自正东方来，有自相执杀者，敌使言诈，奸细不入，贼来去皆乘休死之气，可掩击。

文昌在艮，内地可攻外地。

主算三十一，重阳不和，不利有为，不宜征伐。

主大将一宫，囚乘休气，有拘执，奔败事，宜坚壁固守。

主参将三宫，客挟文昌关，乘相气，固守不失。

此局主目与大小将囚关，不利太乙，虽助算，长不和，不可轻举妄动，宜固守。

始击在卯。

客算二十八，重阴不和，不利有为。

客大将八宫，外宫迫主挟，不利有为，乘相气，宜固守不失。

客参将四宫，掩防自相执杀，不利轻举，乘王气固守不失。

此局客亦不利大举，客参受击，掩客大又受迫挟，太乙不助，算不和，虽客目宫制主目，大小将乘气王相止，可陈兵伏击，不可妄举征伐。

太乙阳遁二十八局

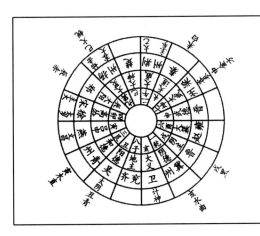

太乙在二宫理天

计神在大义

主目文昌将吕申

主算十四

主大将四宫

主参将二宫

客目始击将大炅

客算单九

客大将九宫

客参将七宫

辛卯二十八局　癸卯一百局

乙卯一百七十二局　丁卯二百四十四局

己卯三百一十六局

此局算得太乙在二宫，理天，天外助客。

此时声息，贼有自相执杀者，从东南方来，攻围逼迫，兵将不和，敌使言不可信，奸细不入，贼来去乘囚死之气，皆可击截。

文昌在寅，内地可攻外地。

主算十四，上和，宜大举征伐。

主大将四宫，发乘王气，宜率兵大举深入敌境，缓攻取胜建立大功。

主参将二宫，囚客挟，乘囚气，不利有为，轻动则有拘执，宜固守。

出兵举赤旗、列锐阵出。向正东战，向正西战，备东北奇兵，安寅地伏兵，利巳午未时。风云飞鸟自正北来，冲向太乙宫，急备大战。风云飞鸟自我阵后来，冲入敌阵去，为天助，宜顺而击之大胜。

主将行兵：步卒在前，车骑次之，大将居中噪出。向正东行，遇敌旋兵。向正西，伺敌先举然后应之。

始击在巽。

客算九单，阳不和，有兵无将，不利大举征伐。

客大将九宫，掩主挟，乘休气，有自相谋执之凶，严加固守。

客参将七宫，迫乘囚气，不利有为，宜固守。

出兵举赤旗、列锐阵出向东南战，向西北战，备南奇兵，安巽地伏兵，利巳午未时。风云飞鸟自北来，冲向太乙宫，急备大战。风云飞鸟自我阵后来，冲入敌阵去，乃为天助，宜顺而击之大胜。

客将行兵：车骑在前，步卒次之，大将居中，急噪而出。向东南行，遇敌旋兵。向西北，先举击之。

太乙阳遁二十九局

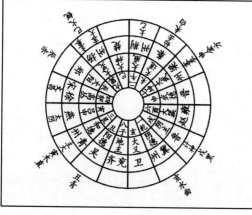

太乙在二宫理地
计神在地主
主目文昌将高丛
主算十二
主大将三宫
主参将九宫
客目始击将天道
客算三十九
客大将九宫
客参将七宫

壬辰二十九局　甲辰一百一局

丙辰一百七十三局　戊辰二百四十五局

庚辰三百一十七局

此局算得太乙在二宫，理地，天外助客，地有变异，地震民多病。

此时声息，有贼入寇，攻围逼迫，从西南方来，将吏全，兵多。敌使言诈。奸细不入，贼来去乘囚死气皆可掩击。文昌在卯，内地可攻外地。

主算十三，重阳厄火无地，不宜大举。

主大将三宫，发乘相气，宜率兵深入缓攻取胜即回。

主参将九宫，迫太乙关，客大乘休气，不利有为，宜固守。

出兵举青旗、列直阵出。向东北战，向西南战，备正东奇兵，安卯地伏兵，利巳午未时。风云飞鸟从正北来，冲向太乙宫，急备大战。风云飞鸟自我阵后来，冲向敌阵去，为天助，宜顺而击之大胜。

主将行兵：步卒在前，车骑次之，大将居中静出。向东北行，遇敌旋兵。向西南，伺敌先举然后应之。

始击在未，外击太乙。

客算三十九，重阳厄火，不利大举。

客大将九宫，迫太乙关，主参乘休气，不利有为，宜固守。

客参将七宫，迫太乙，乘囚气，不宜征伐，宜固守。

出兵举赤旗、列锐阵出。向东南战，向西北战，备西南奇兵，安未地伏兵，利巳午未时。风云飞鸟自正北来，冲向太乙宫，急备大战。风云飞鸟自我阵后来，冲入敌阵去，为天助，宜顺而击之大胜。

客将行兵：车骑在前，步卒次之，大将居中，急噪而出。向东南行，遇敌旋兵。向西北，先举击之。

太乙阳遁三十局

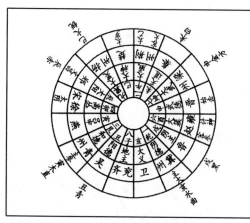

太乙在二宫理人
计神在大簇
主目文昌将太阳
主算单十
主大将一宫
主参将三宫
客目始击将武德
客算三十二
客大将二宫
客参将六宫

癸巳三十局　　乙巳一百二局

丁巳一百七十四局　　己巳二百四十六局

辛巳三百一十八局

此局算得太乙在二宫，理人，天外助客，人有变异，口舌谣言，相为残害。

此时声息，有贼从西南方来，敌使不可信，奸细不来，贼来去乘囚气，皆可掩击。

文昌在辰，内地可攻外地。

主算十，孤阳无人，不宜远举深入。

主大将一宫，发乘休气，宜率兵攻击，取胜即止。算短气休，兵威不振。

主参将三宫，发乘相气，宜大举深入，取胜建功即止。

出兵举黑旗、列曲阵出。向西北战，向东南战，备东南奇兵，安辰地伏兵，利巳午未时。风云飞鸟自正北来，冲向太乙宫，急备大战。风云飞鸟自我阵后来，冲入敌阵去，为天助，宜顺而击之大胜。

主将行兵：步卒在前，车骑次之，大将居中静出。向西北行，遇敌旋兵。向东南，伺敌先举然后应之。

始击在申。

客算三十二，算长于主，可以征伐。

客大将二宫，囚乘囚气，不利有为，止可遣发截击，不可自举妄动，有拘执之凶。

客参将六宫，发乘死气，不宜大举，可以拒守要害，伏截取胜。

出兵举黄旗、列圆阵出。向正南战，向正北战，备西南奇兵，安申地伏兵，利巳午未时。风云飞鸟自正北来，冲向太乙宫，急备大战。风云飞鸟自我阵后来，冲入敌阵去，乃为天助，宜顺而击之大胜。

客将行兵：步卒在前，车骑次之，大将居中静出。向正南行，遇敌提兵。向正北，先举击之。

太乙阳遁三十一局

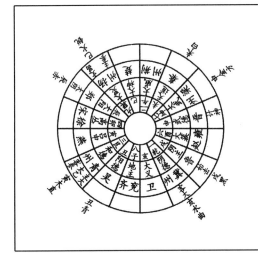

太乙在三宫理天
计神在武德
主目文昌将大灵
主算三十三
主大将三宫
主参将九宫
客目始击将阴主
客算单十
客大将一宫
客参将三宫

甲午三十一局　　丙午一百三局

戊午一百七十五局　　庚午二百四十七局

壬午三百一十九局

此局算得太乙在三宫，理天，天内助主。

此时声息，贼自西北方来，敌使言不实，奸细不入，贼来乘相气，不可犯。去乘囚气，可追击。

文昌在巽，在外地可攻内地。

主算三十三，纯阳，不宜大举征伐，虽长而不和。

主大将三宫，囚太乙宫，关客参不利为，作同类相谋，有拘执事。乘相气，宜固守不失。

主参将九宫，受制于文昌，乘休气，不可展阵交锋。

出兵举青旗、列直阵出。向东北战，向西南战，备东南奇兵，安巽地伏兵，利丑寅时。风云飞鸟自西南来，冲向太乙宫，急备大战。风云飞鸟自我阵后来，冲入敌阵去，乃为天助，宜顺而击之大胜。

主将行兵：步卒在前，车骑次之，大将居中静出。向东北行，遇敌提兵。向西南，伺敌先举然后应之。

始击在戌，下臣为孽，山林有盗。

客算十，孤阳。不宜大举征伐。

客大将一宫，发乘休气，宜按兵伏击首尾取胜，不可大举。

客参将三宫，太乙囚主大关，不宜妄举，乘相气，固守不失。

出兵举黑旗、列曲阵出。向西北战，向东南战，备西北奇兵，安戌地伏兵，利丑寅时。风云飞鸟自西南来，冲向太乙宫，急备大战。风云飞鸟自我阵后来，冲向敌人阵去，为天助，宜顺而击之大胜。

客将行兵：步卒在前，车骑次之，大将居中静出。向西北行，遇敌旋兵。向东南，先举兵击之。

太乙阳遁三十二局

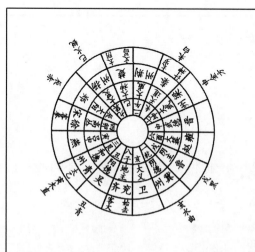

太乙在三宫理地
计神在天道
主目文昌将大神
主算二十五
主大将中宫
主参将中宫
客目始击将地主
客算单八
客大将八宫
客参将四宫

乙未三十二局　丁未一百四局

己未一百七十六局　辛未二百四十八局

癸未三百二十局

此局算得太乙在三宫，理地，天内助主，太岁格，文昌并太阴。臣下连谋，有兵役之事。

此时声息，贼围逼迫，贼亦有自相执杀者。敌使言可信，奸细不入，贼来乘相气不可犯。去乘休气可追截。

文昌在巳，外地可攻内地。

主算二十五，杜塞无门，

主大小将，皆不出中五宫，不可妄举，宜固守。

始击在子，诸侯有忧，改政令行赦宥。客算八单，阴和。有兵无将，不宜大举征伐。

客大将八宫，内迫击，掩不慎，恐有拘执。乘相气，固守不失。

客参将四宫，外迫。不利大举，乘王气，宜按兵伏击首尾取胜即止。

出兵举黑旗、列曲阵出。向正北战，向正南战，备正北奇兵，安子地伏兵，利丑寅时。风云飞鸟自西南来，冲向太乙宫，急备大战。风云飞鸟自我阵后来，冲入敌人阵去，乃为天助，宜顺而击之大胜。

客将行兵：车骑在前，步卒次之，大将居中噪出。向正北行，遇敌旋兵，向正南，先举兵击之。

太乙阳遁三十三局

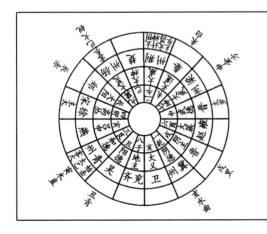

太乙在三宫理人

计神在大咸

主目文昌将大咸

主算二十四

主大将四宫

主参将二宫

客目始击将和德

客算单三

客参将九宫

客参将九宫

丙申三十三局　　戊申一百五局

庚申一百七十七局　　壬申二百四十九局

甲申三百二十一局

此局算得太乙在三宫，理人，天内助主，太乙击掩太阴，并天目，内外连谋。有兵戈事。客大三宫囚主。地震。

此时声息，有贼自东北方来，攻围逼迫，亦有自相谋执者。敌使言虚，奸细不入，贼来乘相气，不可犯。去乘死气，伏去击截。

文昌在午，并太阴。主有连谋，外地举事攻内。

主算二十四，重阴不和，重阴厄水，不利有为，不宜大举征伐。

主大将四宫，外迫受客挟，不宜征伐。乘旺气，宜拒敌不失。

主参将二宫，受制于文昌，乘囚气，不利有为，宜固守。

出兵举赤旗、列锐阵出。向正东战，向正西战，备正南奇兵，安午地伏兵，利丑寅时。风云飞鸟自我阵后来，冲入敌阵去，为天助，宜顺而击之大胜。

主将行兵：步卒在前，车骑次之，大将居中静出。向正东行，遇敌提兵。向正西，伺敌先举然后应之。

始击在艮，掩太乙，上凌下僭。

客算三单，阳不和。无将吏，不宜大举征伐。

客大将三宫，囚掩，不利有为，自相谋，并拘执。乘相气，固守不失。

客参将九宫，主挟，乘休气，不利有为，宜固守。

出兵举青旗、列直阵出。向东北战，向西南战，备东北奇兵，安艮地伏兵，利丑寅时。风云飞鸟自西南来，冲向太乙宫，急备大战。风云飞鸟自我阵后来，冲入敌阵去，为天助，宜顺而击之大胜。客将行兵：车骑在前，步卒次之，大将居中静出。向东北行，遇敌提兵。向西南，先举击之。

太乙阳遁三十四局

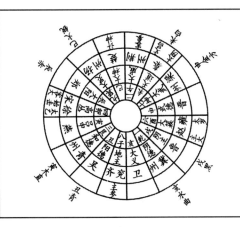

太乙在四宫理天
计神在大神
主目文昌将天道
主算二十六
主大将六宫
主参将八宫
客目始击将高丛
客算单四
客大将四宫
客参将二宫

丁酉三十四局　　己酉一百六局

辛酉一百七十八局　　癸酉二百五十局

乙酉三百二十二局

此局算得太乙在四宫，理天，天内助主，太岁格，客目掩主大对，客大囚文昌，并太阴。内外连谋，上凌下僭，此局不美。

此时声息，寇来逼迫，兵不和，无将。从正东方来，敌使不可信，奸细不入，贼来乘旺气，不可犯，去乘休气，可击。文昌在未，并太阴在外地，连谋攻内。

主算二十六，三才具，将吏全，太乙助，可以举兵征伐。

主大将六宫，对太乙。乘死气，不利有为，宜固守遣击。

主参将八宫，发乘相气，宜大举深入，缓攻取胜，建立大功。

出兵举白旗、列方阵出。向正西战，向正东战，备西南奇兵，安未地伏兵，利寅卯辰时。风云飞鸟自我阵后来，冲入敌人阵去，为天助，宜顺而击之大胜。

主将行兵：车骑在前，步卒次之，大将居中，急噪而出。向正西行，遇敌提兵。向正东，伺敌先举然后应之。

始击卯，掩太乙，客大上将，慢侮同类谋并。

客算四单阴。无将吏，太乙不助，不宜大举征伐。

客大将四宫，因掩。不利有为，有拘执，奔败事。乘王气固守不失。

主参将二宫，发乘囚气，不可应敌，展阵交锋，止可按兵伏截首尾。

出兵举赤旗、列锐阵出。向正东战，向正西战，备正东奇兵，安卯地伏兵，利寅卯辰时。风云飞鸟自正西来，冲向太乙宫，急备大战。风云飞鸟自我阵后来，冲入敌人阵去，为天助，宜顺而击之大胜。

客将行兵：步卒在前，车骑次之，大将居中静出。向正东，遇敌旋兵。向正西，先举击之。

太乙阳遁三十五局

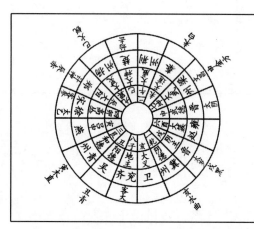

太乙在四宫理地
计神在太阳
主目文昌将大武
主算二十五
主大将中宫
主参将中宫
客目始击将大神
客算二十八
客大将八宫
客参将四宫

戊戌三十五局　　庚戌一百七局

壬戌一百七十九局　　甲戌二百五十一局

丙戌三百二十三局

此局算得太乙在四宫，理地，天内助主。

此时声息，有贼从东南方来，敌使言虚，奸细不入，贼来乘王气，不可犯。去乘囚气可击。

文昌在坤，外地可攻内地。

主算二十五，杜塞无门。

主大小二将，不出中宫，宜固守。

始击在巳，多雨水。

客算二十八，重阴。将吏全，可以征伐。

客大将八宫，发乘相气，宜率兵深入敌境，缓攻取胜即止。算长而不和也。客参将四宫，囚乘王气，有拘执，奔败事，不可轻举妄动，宜固守。

出兵举黑旗、列曲阵出。向正北战，向正南战，备东南奇兵，安已地伏兵，利寅卯辰时。风云飞鸟从正西来，冲向太乙宫，急备大战。风云飞鸟自我阵后来，冲入敌阵去，为天助，宜顺而击之大胜。

客将行兵；车骑在前，步卒次之，大将居中噪出。向正北行，遇敌旋兵。向正南，先举击之。

太乙阳遁三十六局

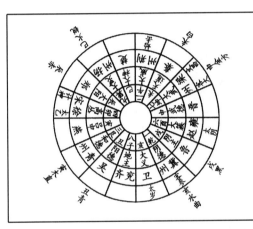

太乙在四宫理人

计神在高丛

主目文昌将大武

主算二十五

主大将中宫

主参将中宫

客目始击将大威

客算二十七

客大将七宫

客参将一宫

己亥三十六局　　辛亥一百八局

癸亥一百八十局　　乙亥二百五十二局

丁亥三百二十四局

此局算得太乙在四宫，理人，天内助主。

此时声息，奸细入觇，有私通于外之人。敌使言实，贼正南方来，来乘王气，不可犯。去乘相气，不可击。

文昌在坤，外地可攻内地。

主算二十五，杜塞无门。

主大小二将，皆不出中五宫，宜固守。

始击在午，礼义多变。

客算二十七，长和。兵多将吏全，宜大举征伐。

客大将七宫，受文昌制，不宜远举深入。又乘囚气，止可遣兵攻伐。

客参将一宫，发宜展阵交锋取胜，乘休气取胜即止，不可久敌。

出兵举白旗、列方阵出。向西南战，向东北战，备正南奇兵，安午地伏兵，利寅卯辰时。风云飞鸟自正西来，冲向太乙宫，急备大战。风云飞鸟自我阵后来，冲入敌人阵去，为天助，宜顺而击之大胜。

客将行兵：车骑在前，步卒次之，大将居中噪出。向西南行，遇敌提兵。向东北，先举兵击之，乃为客之道。

第九章　术数汇考九

《太乙局》八

时计阳遁成局

太乙阳遁三十七局

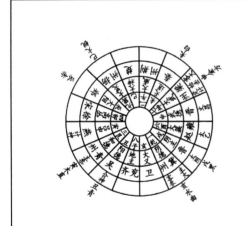

太乙在六宫理天

计神在吕申

主目文昌将武德

主算一

主大将一宫

主参将三宫

客目始击将大武

客算七宫

客大将七宫

客参将一宫

庚子三十七局　　壬子一百九局

甲子一百八十一局　　丙子二百五十三局

戊子三百二十五局

此局算得太乙六宫，理天，天有变异，彗孛飞流，霜雹为害。二曜亏食，五星失度，地震，天外助客。

此时声息，有贼入寇损将，宜慎。有兵无将，有仇杀者，从西南来，闻事凶实吉虚。敌使不可信，贼出入皆乘囚死之气，可按兵攻击。

文昌申，在外地可攻内。内辰迫宗室大臣攻外。

主算一单，阳无。天不和，短而无将吏，太乙不助，不利为主，不宜大举征伐。

主大将一宫，外迫大臣，逆命举事攻内，关客参。不利有为，乘休气，不宜展阵交锋，宜运谋发兵，按伏击其首尾。

主参将三宫，发乘相气，宜率兵浅近。拒守要害，八面伏兵，截其归路，待敌而发，可以取胜即回。算短不和耳。

出兵举黑旗、列曲阵出。向西北战，向东南奇兵，安申地战，备西南伏兵，利申酉戌时。风云飞鸟从东来，冲太乙宫，急备大战。风云飞鸟从我阵后来，冲入敌阵去，为天助，宜顺击之大胜。

主将行兵：步卒在前，车骑次之，大将居中静出。向西北行，遇敌提兵。向东南，伺敌先举，然后击之。

始击在七宫，内击盗贼，兵围逼迫。

客算七单，阳不和，无将，太乙助，不宜举兵征伐。

客大将七宫，内迫宗室，近臣，攻外受制，不利有为。又乘囚气，不宜出兵攻战，宜固守。

客参将一宫，外迫关主大将，而同类相谋，不利有为，乘休气，宜发兵于浅近，按伏截击，不宜交战。

出兵举白旗、列方阵出。向西南战，向东北奇兵，安坤地战，备西南伏兵，利申酉戌时。飞鸟风云从正东来，冲太乙宫，急备大战。风云飞鸟从西南来，冲向东北方去，为天助，宜顺击之大胜。

客将行兵：车骑在前，步兵次之，大将居中，鼓噪急出。向西南行，遇敌旋兵。向东北，先举兵击之，为客人先起。

太乙阳遁三十八局

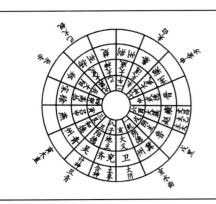

太乙在六宫理地
计神在阳德
主目文昌将大簇
主算六
主大将六宫
主参将八宫
客目始击将阴主
客算三十五
客大将中宫
客参将中宫

辛丑三十八局　癸丑一百一十局

乙丑一百八十二局　丁丑二百五十四局

己丑三百二十六局

此局算得太乙六宫，理地，天外助客。

此时声息，有外夷入贡，奸细入觇。从西北来，闻事凶实吉虚，贼不入寇。

文昌西，在外地可攻内，因太乙宫，有崩亡拘执，奔败事绝气。

主算六单，阴不和，短而无将，不宜举兵征伐。

主大将六宫，直因关为争明自败，不利有为，乘死气，不宜出兵攻战。

主参将八宫，发乘相气，可以率兵攻战，兼可伏兵待敌而发取胜。

出兵举白旗、列方阵出。向正西战，向正东奇兵，安酉地战，备西方伏兵，利申酉戌时。风云飞鸟从正东，冲太乙而来，急备大战。风云飞鸟从正西来，冲向东方去，为天助，宜顺而击之大胜。

主将行兵：车骑在前，步兵在后，大将居中，鼓噪急出。向西行，遇敌旋兵。向东，伺敌先举，然后举兵攻击。

始击在戌，外击诸侯侵凌；臣、子生逆；外国侵侮；山林有盗；内苑有兵。

客算二十五，杜塞无门。

客二将，固守不出。

太乙阳遁三十九局

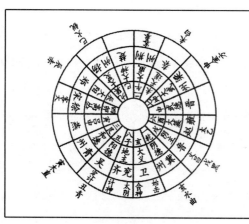

太乙在六宫理人
计神在地主
主目文昌将阴主
主算三十五
主大将中宫
客目始击将大义
主参将中宫
客算三十四
客大将四宫
客参将二宫

壬寅三十九局　甲寅一百十一局

丙寅一百八十三局　戊寅二百五十五局

庚寅三百二十七局

此局算得太乙六宫，理人，天外助客。

此时声息，有庆四夷人贡，有将兵，多从西北来，闻事古实凶虚，敌使言实，奸细入觇，贼初入可击贼，去不可追击。

文昌戌，在外地可攻内，外辰迫大臣逆命举事攻内。

主算二十五，杜塞无门。

主二将，固守不出。

始击在亥，文章兴兵火发。

客算三十四，长和。将吏全，太乙助，可以大举兵卒深入敌境，缓攻克胜，建立大功。

客大将四宫直格，太乙主上下格，易盗侮其君蛮夷侵掠，不利有为，然乘王气，虽有格易之事，亦可率兵深入攻战，然事多阻。客参将二宫，发乘囚气，可以陈兵拒敌，不宜远出攻战。

出兵举赤旗、列锐阵出。向正东战，向正西奇兵，安亥地战，备西北伏兵，利申酉戌时。有风云飞鸟从正东，冲太乙而来，急备大战。风云飞鸟从正东，冲向西方去，为天助，急宜顺而击之大胜。

客将行兵：步卒在前，车骑次之，大将居中，静默缓出。向东行，遇敌勒兵。向西，先举兵击之，乃为客先起之道。

太乙阳遁四十局

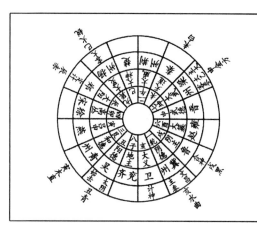

太乙在七宫理天
计神在大义
主目文昌将阴德
主算二十七
主大将七宫
主参将一宫
客目始击将阳德
客算十九
客大将九宫
客参将七宫

癸卯四十局　　乙卯一百一十二局

丁卯一百八十四局　　己卯二百五十六局

辛卯三百二十八局

此局算得太乙七宫，理天，天外助客，梁冀兵起，北狄犯井冀。

此时声息，急贼大入寇。有将兵，多不和。从东北来，闻事凶实吉虚，敌使不可信，贼兵出入皆乘囚死，可按伏邀击。

文昌一宫，在内地可攻外，囚主参有自谋，同类者臣迫君上。

主算二十七，长和。可以大举征伐，当年宜有筑坛拜大将者。

主大将七宫，直囚乘囚气，有拘执，奔败事，不利有为，不宜举兵征伐，宜发兵据要害，伏兵邀击。

主参将一宫，受制于文昌，乘休气出兵而军威不振。惟宜陈兵拒敌，按伏截击，不宜交战。

出兵举白旗、列方阵出。向西南战，向东北奇兵，安乾地战，备西北方伏兵，利未申时。有飞鸟风云从东北，冲太乙宫而来，急备大战。风云飞鸟从西南来，冲向东北去，为天助，急宜顺而击之大胜。

主将行兵：车骑在前，步兵次之，大将居中，鼓噪急出。向西南行，遇敌旋兵。向东北，伺彼先举，然后举兵攻击。

始击在丑，并太阴，臣失爵禄，关梁闭塞。

客算十九，长而不和，重阳厄火，不宜大举征伐，军中防火灾而乏水。

客大将九宫，发乘休气，可以出兵指挥将吏攻战，不宜躬自交锋。

客参将七宫，直囚关同类自相猜忌，攻夺又乘囚气，宜固守，不宜出战。

出兵举赤旗、列锐阵出。向东南战，向西北奇兵，安丑地战，备东北伏兵，利未申时。风云飞鸟从东北来，冲太乙宫，急备大战。风云飞鸟从我军上来，冲向敌阵上去，为天助，宜顺而击之必大胜。

客将行兵：车骑在前，步兵次之，大将居中，登高鼓噪急出。向东南行，遇敌旋兵。向西北，先举兵攻击。

太乙阳遁四十一局

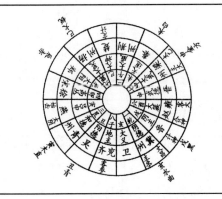

太乙在七宫理地
计神在阴主
主目文昌将阴德
主算二十七
主大将七宫
主参将一宫
客目始击将吕申
客算十六
客大将六宫
客参将八宫

甲辰四十一局　丙辰一百一十三局

戊辰一百八十五局　庚辰二百五十七局

壬辰三百二十九局

此局算得太乙七宫，理地，天外助客。

此时声息，有庆四夷来贡，酉长受羁，有将兵多，从东北来。闻事吉实凶虚，敌使不可信，贼入乘囚气可击，贼去乘王气不可追。

文昌一宫，在内地可攻外，臣迫君上。

主算二十七，长和，可以大举征伐，当年宜筑坛而拜大将。

主大将七宫，直囚有拘执崩亡，奔败事，不利有为，乘囚气，不宜出兵交战，宜设策按伏暗攻可胜。

主参将一宫，受制于文昌，不利有为，乘休气，宜发兵截击，不宜交战。

出兵举白旗、列方阵出。向西南战，向东北奇兵，安乾上战，备西北伏兵，利未申时。飞鸟风云从东北，冲太乙来，急备大战。风云飞鸟从西南来，冲东北去，为天助，宜顺而击之大胜。

主将行兵：车骑在前，步兵次之，大将居中，鼓噪急出。向西南行，遇敌旋兵。向东北，伺彼先举，然后举兵攻击，为主人后起。始击在寅，并太阴。臣失爵禄，民饥畜死。

客算十六，长和，太乙助，可以举兵征伐。

客大将六宫，外迫大臣，逆命举事攻内，不利有为，又受挟乘死气，惟宜坚壁固守，不宜出兵攻战，战必受擒于人。

客参将八宫，发乘相气，可以大总兵率深入敌境，缓攻取胜，以立大功。

出兵举白旗、列方阵出。向正西战，向正东奇兵，安寅地战，备东北伏兵，利未申时。风云飞鸟从东北，冲太乙而来，必有大战，急宜准备。飞鸟风云从我军上，冲向敌人军上，急宜顺而击之大胜。

客将行兵：车骑在前，步兵次之，大将居中，鼓噪急出。向西行，遇敌提兵。向东，先举兵击之。

太乙阳遁四十二局

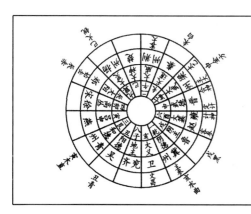

太乙在七宫理人
计神在大簇
主目文昌将大义
主算二十七
主大将将七宫
主参将将一宫
客目始击将太阳
客算十二
客大将二宫
客参将六宫

乙巳四十二局　丁巳一百一十四局

己巳一百八十六局　辛巳二百五十八局

癸巳三百二十局

此局算得太乙七宫，理人，天外助客。

此时声息，有庆四夷来贡，有将兵多，从东南来，闻事凶实吉虚，敌使不可信，贼出入俱乘囚气，可以攻击，小将被擒。

文昌亥，在内地可攻外。

主算二十七，长和，可以大举征伐，是年拜大将。

主大将七宫，直囚有拘击奔败崩亡事。

又乘囚气，不利有为，不宜出兵攻战，宜运筹遣将。

主参将一宫，发乘休气，宜发兵守隘，按兵埋伏，出其不意，待敌而发，可获小胜。

出兵举白旗、列方阵出。向西南战，向东北奇兵，安亥地战，备西北伏兵，利未申时。有风云飞鸟从东北来，冲太乙宫，急备大战。风云飞鸟从我军上，冲敌上去，为天助，急顺击之大胜。

主将行兵：车骑在前，步兵次之，大将居中，鼓噪急出。向西南行，遇敌旋兵。向东北，伺彼先举，而后应之。

始击在辰，民多病。

客算十二，不和，太乙助，可以举兵征伐。

客大将二宫，内迫室宗后戚近臣攻外，不利有为，乘囚气。

客参将六宫，外迫大臣逆命举事攻内，内外连谋，不利有为，乘死气。又受挟于主二将出战，恐受擒于人，宜固守不出。

太乙阳遁四十三局

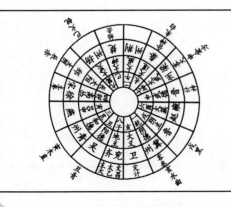

太乙在八宫理天
计神在武德
主目文昌将地主
主算八
主大将八宫
主参将四宫
客目始击将大神
客算十二
客大将七宫
客参将一宫

丙午四十三局　戊午一百一十五局

庚午一百八十七局　壬午二百五十九局

甲午三百三十一局

此局算得太乙八宫，理天，天有变异，日月多昏，阴雾害物，雨水连绵，地震，太岁格，天内助主。

此时声息，有警贼不入寇，有火灾，有将兵，多不和。从东南来，闻事吉实凶虚，敌使言不实，贼来乘相气，不可攻。贼去乘囚气，可追击。

文昌八宫，在内地可攻外。囚太乙宫，关主大有同类相谋。

主算八单，阴不和，短而无将不宜大举征伐。

主大将八宫，囚关易气，有崩败拘执，不利有为，乘相气，宜出兵拒险，守隘伏兵，邀击可胜。

主参将四宫，发乘王气，可以率兵近境攻击胜。

出兵举黑旗、列曲阵出。向正北战，向正南奇兵，安子地战备，正北伏兵，利亥子丑时。风云飞鸟从正南，冲太乙而来，急备大战。风云飞鸟从正北来，冲正南去，为天助，宜顺而击之大胜。

主将行兵：车骑在前，步兵次之，大将居中，鼓噪急出。向北行，遇敌勒兵。向南，伺彼先举，然后举兵攻击。

始击在巳，阴阳失序，兖州分，大旱火灾。

客算十七，重阳不和，不宜大举征伐。

客大将七宫，发乘囚气，可以出兵，指挥将士攻击，不宜举战。

客参将一宫，内迫大臣专政宗室近臣攻外，不利有为，乘休气，可以发兵，按伏掩击，不宜交战。

出兵举白旗、列方阵出。向西南战，向东北奇兵，安巳上战，备东南伏兵，利亥子丑时。风云飞鸟从正南，冲太乙而来，急备大战。风云飞鸟从西南，冲东北去，为天助，宜顺而击之大胜。

太乙阳遁四十四局

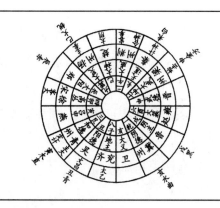

太乙在八宫理地
计神在天道
主目文昌将阳德
主算三十三
主大将三宫
主参将九宫
客目始击将大武
客算十四
客大将四宫
客参将二宫

丁未四十四局　　己未一百一十六局

辛未一百八十八局　癸未二百六十局

乙未三百三十二局

此局算得太乙八宫，理地，宗庙灾，天内助主，天下旱。

此时声息，有庆外夷人贡，有将兵多，从西南来，闻事吉实凶虚，敌使不实，贼出入皆乘王气，不可触犯。

文昌丑，在内地可攻外，外辰迫大臣逆命举事攻内。

主算三十三，长而不和，重阳厄火，不宜大举征伐，有惊，可以拒敌，防火攻火灾而乏水。

主大将三宫，外迫。不利有为，乘相气，可以出兵，指挥将士攻击。宜速不宜缓。

主参将九宫，发乘休气，可以出兵，拒守要害，伏兵攻击。

出兵举青旗、列直阵出。战东北战，向西南奇兵，安丑地战，备东北伏兵，利亥子丑时。风云飞鸟从正南来，冲太乙宫，急备大战。风云飞鸟从东北来，冲西南去，为天助，宜顺击之大胜。

主将行兵：步卒在前，车骑次之，大将居中静出。向东北行，遇敌提兵。向西南，伺彼先动，然后举之。

始击在坤。

客算十四，上和。可以大举师旅深入缓攻弔伐。

客大将四宫，发乘王气，宜率三军深入敌境，缓攻克胜，以成大功。

客参将二宫，直迫又格，太乙主政事格，易盗，侮其主。蛮夷侵掠，不利有为，又乘囚气，不宜出兵攻战，惟宜固守。

出兵举赤旗、列锐阵出。向正东战，向正西奇兵，安坤地战，备西南伏兵，利亥子丑时。风云飞鸟从正南来，冲太乙宫，必有大战，急宜准备。风云飞鸟从我军上来，冲敌兵去，急宜顺而击之，此天助也，必大获大胜。

客将行兵：步卒在前，车骑次之，大将居中，静默而出。向东行，遇敌旋兵。向西，先举兵击之。

太乙阳遁四十五局

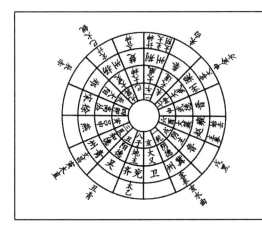

太乙在八宫理人
计神在大威
主目文昌将和德
主算三十二
主大将二宫
主参将六宫
客目始击将大簇
客算七
客大将七宫
客参将一宫

戊申四十五局　庚申一百二十七局

壬申一百八十九局　甲申二百六十一局

丙申三百三十三局

此局算得太乙八宫，理人，天内助主，地震。

此时声息，有贼入即寇损，利副将，有兵无将，不和。从正西来，闻事凶实吉虚，敌使不可信，贼初入乘相气，不可犯。贼去值死气，可截击。

文昌三宫，在内地可攻外，外宫迫大臣逆命举事攻内。

主算三十二，长和。将吏全，太乙助，可以大举深入，缓攻取胜以成大功。

主大将二宫格，太乙在死地，易气之宫，乘囚气，有僭臣抗衡，更易政事，败而伏诛，不利用兵将相慎之。

主参将六宫，直始击掩，又乘死气，不宜出兵，交战战必败死。

此局主算，虽长和，太乙助主，二将皆直掩格，囚死之气，不宜为主，不可出兵，惟固守可也。

始击六宫，掩主参边兵，征讨旱蝗。

客算七单，阴不和，短而无将，不宜大举征伐。

客大将七宫，发乘囚气，算中无将，不利为客，惟宜固守，不宜出兵。

客参将一宫，内迫宗室近臣攻外，不利有为。乘休气，不宜出兵，攻战宜发兵，按伏掩击，可获小捷，不宜再战。

此局主客俱不利，用兵宜固守，待时可也，凡举兵皆败辱，宜慎之。

太乙阳遁四十六局

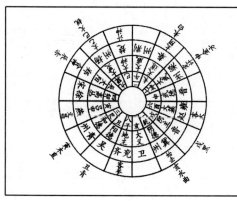

太乙在九宫理天
计神在大神
主目文昌将吕申
主算五
主大将中宫
主参将中宫
客目始击将阴德
客算十六
客人将六宫
客参将八宫

己酉四十六局　辛酉一百一十八局

癸酉一百九十局　乙酉二百六十二局

丁酉三百三十四局

此局算得太乙九宫，理天，天外助客，徐州南楚兵起。

此时声息，有庆四夷入贡。奸细入。有将兵多，从西北来。闻事吉实凶虚。敌使不可信，贼初入，乘休气，可攻贼。去乘相气，不可追击。

文昌寅，在内地可攻外。

主算五，杜塞无门。

主二将，固守不出。

始击在一宫格，大臣奸欺闭贤，夷狄侵掠。

客算十六，长和。将吏全，太乙助，可以大举征伐而成功。

客大将六宫，发乘死气，宜运谋遣将，不宜出兵交战。

客参将八宫，发乘相气，可以率兵深入敌境，缓攻取胜，以成大功。

出兵举白旗、列方阵出。向正西战，向正东奇兵，安乾地战，备西北伏兵，利辰巳时。有风云飞鸟从西北来，冲太乙宫，急备大战。风云飞鸟从我营上，冲向敌去，急宜顺而击之，必获大胜。

客将行兵：车骑在前，步兵次之，大将居中，鼓噪急出。向西行，遇敌掣兵。向东，先举之，乃为客兵先起也。

太乙阳遁四十七局

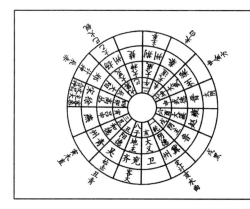

太乙在九宫理地
计神在太阳
主目文昌将高丛
主算四
主大将四宫
主参将二宫
客目始击将阳德
客算八
客大将八宫
客参将四宫

庚戌四十七局　　壬戌一百一十九局

甲戌一百九十一局　　丙戌二百六十三局

戊戌三百三十五局

此局算得太乙九宫，理地，无地。洪水横流，山崩地陷，地震非常，地生妖怪，岁歉民流，天外助客。

此时声息，虚惊贼入不寇而觇。无将有兵而不多。从东北来。闻事凶实吉虚。敌使不可信，贼出入乘囚气，可以按兵掩击。

文昌四宫，在内地可攻外。内迫宗室近臣，攻外囚主，大客参有同类，猜忌相谋。

主算四单，四单阴不和。短而无将吏。太乙不助，不宜大举征伐。

主大将四宫，内迫受文昌制，不利有为，乘王气，可以运谋设策发兵。拒守要害。伏兵掩击，可获小胜。

主参将二宫，外迫大臣逆命举事攻内，在易气宫，不利有为，而乘囚气，不可出兵攻战，迫时用兵，主客俱败，宜固守。

出兵举赤旗、列锐阵出。向正东战，向正西奇兵，安卯地战，备东方伏兵，利辰巳时。风云飞鸟从西北方来。冲太乙宫，急备大战。风云飞鸟从我阵上向敌阵上去，为天助，急宜顺而击之大胜。

主将行兵：步卒在前，车骑次之，大将居中静出。向东行，遇敌提兵。向西，伺彼先动，然后举兵攻击。

始击在三宫，阉寺乱政。

客算八单，阴不和，短而无将，不宜大举征伐，军中防水灾。

客大将八宫，发乘相气，可举兵于浅近，四面望伏，又遣大军于贼后。且攻且逐，候伏起，夹攻取胜。

客参将四宫，直关而内迫，不利有为，乘王气，可以陈兵策应大将，不宜交战。

出兵举黑旗、列曲阵出。向正北战，向正南奇兵，安艮地战，时备东北伏兵，利辰巳时。飞鸟风云从西北来，冲太乙宫，急备大战。风云飞鸟从正北方来，冲向正南方去，为天助，顺击之大胜。

客将行兵：车骑在前，步兵次之，大将居中，鼓噪急出。向北行，遇敌旋兵。向南，先举兵击之。

太乙阳遁四十八局

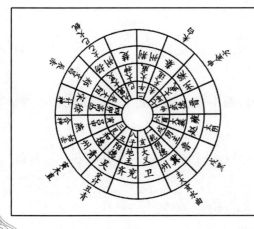

太乙在九宫理人
计神在高丛
主目文昌将太阳
主大将一宫
主参将三宫
客目始击将吕申
客算五
客大将中宫
客参将申宫

辛亥四十八局　癸亥一百二十局

乙亥一百九十二局　丁亥二百六十四局

己亥三百三十六局

此局算得太乙九宫，理人，太岁格，天外助客。

此时声息，无奸细入，敌人不来，倘若来时，乘囚气，可掩击。从东北来，闻事吉实凶虚。

文昌辰，在内地可攻外，内辰迫大臣逆命举事攻外。

主算一单，阳不和，短而无将吏，不宜举兵征伐。

主大将一宫直格，太乙主上下格，易盗侮其君，夷狄侵掠，乘休气，不利有为，不宜出兵攻战。

主参将三宫，发乘相气，可举兵浅近攻击，按兵截杀取胜。

出兵举黑旗、列曲阵出。向西北战，向东南奇兵，安辰地战，备东南伏兵，利辰巳时。风云飞鸟从西北来，冲太乙宫，急备大战。风云飞鸟从我军后来，冲入敌阵去，为天助，宜顺而急击之大胜。主将行兵：步卒在前，车骑次之，大将居中，静缓而出。向西北行，遇敌提兵。向东南，伺敌先举，然后举兵攻击之。

始击在寅，兵起士卒流亡。

客算五，杜塞无门。

客二将，固守不出。

太乙阳遁四十九局

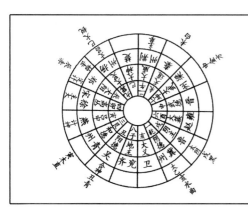

太乙在一宫理天

计神在吕申

主目文昌将大灵

主算二十四

主大将四宫

主参将二宫

客目始击将太阳

客算二十五

客大将中宫

客参将中宫

壬子四十九局　　甲子一百二十一局

丙子一百九十三局　　戊子二百六十五局

庚子三百三十七局

此局算得太乙一宫，理天，天内助主，其年水灾。

此时声息，虚惊敌人不来，奸细入觇，从东南来，敌使不可信，闻事吉实凶虚，贼来乘休气可击。

文昌九宫，在外地可攻内，对太乙。大臣奸不忠，妨贤用贿，臣下失礼。

主算二十四，长而不和，将吏全，太乙助，可以出兵深入缓攻，亦不宜大举。军中防水灾，重阴故也。

主大将四宫，发乘王气，可率三军深入敌境，缓攻取胜，得胜即宜班师，算不和故也。

主参将二宫，发乘囚气，可以陈兵策应大将，不宜展阵交锋。

出兵举赤旗、列锐阵出。向正东战，向正西奇兵，安巽地战，备东南伏兵，利亥子丑时。风云飞鸟从东南，冲太乙而来，急备大战。风云飞鸟从我军阵后来，冲入敌阵去，为天助，兵威急宜顺而击之大胜。

主将行兵：步卒在前，车骑次之，大将居中，静缓而出。向东行，通敌掣兵。向西，伺彼先举兵击之，此为临主人后起。

始击在辰，大人忧兵起。

客算二十五，杜塞无门。

客二将，固守不出。

太乙阳遁五十局

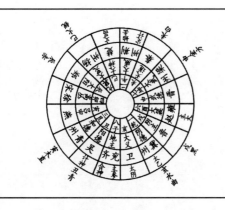

太乙在一宫理人
计神在地主
主目文昌将大威
主算十五
主大将中宫
主参将中宫
客算十三
客目始击将大武
客大将三宫
客参将九宫

癸丑五十局　乙丑一百二十二局

丁丑一百九十四局　已丑二百六十六局

辛丑三百三十八局

此局算得太乙一宫，理地，天内助主，有大旱水灾，荆冀二州为甚。

此时声息，无敌国人不来，奸细入觇。从正南来，闻事吉实凶虚。

文昌巳，在外地可攻内，对太乙，大臣奸欺闭贤，政事格易。

主算十六，长和，将吏全，太乙助，可以大举征伐。

主大将六宫，内迫宗室近臣攻外，不利有为，乘死气，不利出兵，宜固守。

主参将八宫，外迫大臣逆命内外连谋，举事攻内，不利有为，乘相气，宜陈兵拒敌，不宜展阵交锋，经云逼迫之时，用兵主客俱败，惟宜固守待时，不宜用兵。

始击在午，有火旱，荆冀并之分火旱。

客算十五，杜塞无门。

客二将，宜守不出。

太乙阳遁五十一局

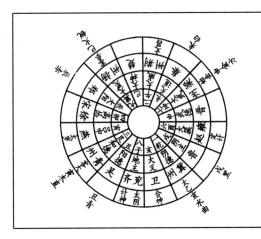

太乙在一宫理人

计神在地主

主目文昌将大威

主算十五

主大将中宫

主参将中宫

客目始击将大武

客算十三

客大将三宫

客参将九宫

甲寅五十一局　丙寅一百二十三局

戊寅一百九十五局　庚寅二百六十七局

壬寅三百三十九局

此局算得太乙一宫，理人，天内助主。

此时声息，有警贼入寇，有兵有将，鼠窃。从西南来，闻事吉实凶虚，敌使不实，贼来乘休气可击，贼去乘王气不可犯。

文昌午，在外地可攻内。

主算十五，杜塞无门。

主二将，固守不出。

始击在七宫。

客算十三，重阳不和，不宜大举征伐，军中防火乏水。

客大将三宫，发乘相气，可以率兵还境迎敌，先举克胜，既胜即止，不宜再进，算不和也。

客参将九宫，内值迫又格，太乙宫，不利有为，又乘休气，止可以出兵策应大将，不宜攻战。

出兵举青旗、列直阵出。向东北战，向西南奇兵，安坤地战，备西南伏兵，利戌亥时。有风云飞鸟从东南来，冲太乙宫，急宜准备，必有大战。风云飞鸟从我阵后来，冲敌兵而去，此为天助，宜顺而急击之大胜。

客将行兵：步卒在前，车骑次之，大将居中，静缓而出。向东北行，遇敌掣兵。向西南，先举兵击之，为客先起。

太乙阳遁五十二局

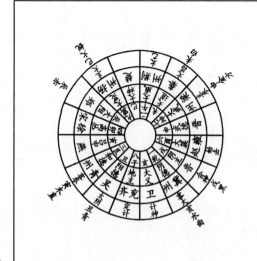

太乙在二宫理天

计神在大义

主目文昌将天道

主算三十九

主大将九宫

主参将七宫

客目始击将大簇

客算三十一

客大将一宫

客参将三宫

乙卯五十二局　丁卯一百二十四局

己卯一百九十六局　辛卯二百六十八局

癸卯三百四十一局

此局算得太乙二宫，理天，大旱，天外助客，南蛮兵起，扬州分多。

此时声息，虚夷狄入不寇，有将兵，多不和，从正西来，闻事吉实凶虚，敌使言实，贼初入乘囚气，可掩击贼。去乘王气，不可触犯。

文昌未，在外地可攻内，外迫大臣逆命举事攻内。

主算三十九，重阳长而不和，天下旱多、火灾。出兵举事宜速，不宜缓。军中防火、攻火灾，无水。

主大将九宫，内迫宗室近臣攻外，不利有为，乘休气，宜运谋，发兵拒险截击，不宜出战。

主参将七宫，外迫大臣逆命内外连谋，不利有为，乘囚气，宜固守，不宜出兵。

出兵举赤旗，列锐阵出。向东南战，向西北。有飞鸟风云从我军后来，冲入敌阵去，为天助，急宜顺而击之必胜。

主将行兵：车骑在前，步卒次之，大将居中，登高鼓噪急出。东南而行，遇敌旋兵。向西北，伺敌先举，然后我举兵攻击，乃主人后起也。

始击在酉，岁不登有兵。

客算三十一，长而不和，重阳厄火略，宜出兵拒敌，不宜大举征伐，乏水。

客大将一宫，发乘休气，宜出兵拒守要害，发兵按伏截首尾。

客参将三宫，发乘相气，可率锐兵深入边方，通敌挑战，攻击可以获胜。

出兵举黑旗、列曲阵出。向西北战，向东南奇兵，安酉地战，备正西伏兵，利巳午时。飞鸟风云从正北来，冲太乙宫，急备大战。飞鸟风云从西北来，冲向东南去，为天助，宜顺而击之大胜。

客将行兵：步卒在前，车骑次之，大将居中，静缓而出。向西地行，遇敌勒兵。向东南，先举兵击之，为客先起。

太乙阳遁五十三局

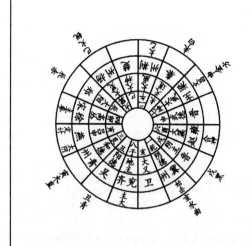

太乙在二宫理地
计神在阴主
主目文昌将大武
主算三十八
主大将八宫
主参将四宫
客目始击将阴德
客算三十五
客人将中宫
客参将中宫

丙辰五十三局　戊辰一百二十五局

庚辰一百九十七局　壬辰二百八十九局

甲辰三百四十一局

此局算得太乙二宫，理地，岁不登，天外助客，天子坐明堂而诛不道。

此时声息，虚敌人不入，奸细入境，从西北来，闻事吉实凶虚，贼入乘囚气可攻。

文昌七宫，在外地可攻内，又外迫大臣逆命举事攻内。

主算三十八，长和。可以大举深入，缓攻。

主大将八宫，外迫又格，太乙宫政事格，易在易气，凶将有犯宪章者，不利有为，乘相气，可以运谋遣将征伐，不宜出兵交锋。

主参将四宫，发乘王气，可以率兵深入敌境缓攻，士卒勇锐，所向克捷，以成大功。

出兵举黑旗、列曲阵出。向正北战，向正南奇兵，安坤地战，备西南伏兵，利巳午未时。风云飞鸟从正北来，冲太乙宫，急备大战。风云飞鸟从我阵后来，冲入贼阵去，为天助，急宜顺击之大胜。主将行兵：车骑在前，步卒次之，大将居中，鼓噪急出。向北行，遇敌旋兵。向南，伺敌先举，然后举兵攻击。

始击在亥，大人逆谋。

客算二十五，杜塞不通。

客二将，固守不出。

太乙阳遁五十四局

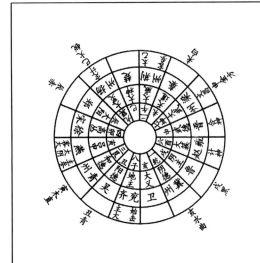

太乙在二宫理人

计神在大簇

主目文昌将大武

主算三十八

主大将八宫

主参将四宫

客目始去将地主

客算二十四

客人将四宫

客参将二宫

丁巳五十四局　　己巳一百二十六局

辛巳一百九十八局　　癸巳二百七十局

乙巳三百四十二局

此局算得太乙二宫，理人，天外助客。

文昌七宫，在外地可攻内，外迫大臣逆命举事攻内。

主算三十八，长和。可以大举征伐。

主大将八宫格，太乙政事格，易盗侮其君，夷狄侵掠，关击不为掩，不利有为，乘相气。

主参将四宫，关客大自猜，忌攻。凌在易气，不利有为，乘王气。始击八宫格，囚主大主，民病兵起。

客算二十四，重阳不和，不宜大举征伐；防水灾。

客大将四宫，关主参，不利有为，乘王气。

客参将二宫，囚有拘执，奔败事，不利有为，乘囚气。

主客四将，俱有关囚，较与四郭，固少差耳，皆不利有为，虽乘王相之气，出兵交战两皆败伤。智者莫如固守待时，若两家交锋，则主人被伤，客人败北，此不必再较，门具将发，而胜负可见也。

第十章　术数汇考十

《太乙局》九

时计阳遁成局

太乙阳遁五十五局

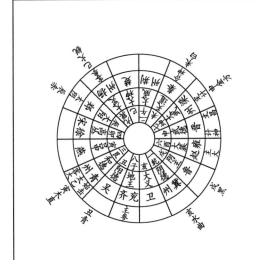

太乙在三宫理天
计神在武德
主目文昌将武德
主算十六
主人将六宫
主参将八宫
客目始击将和德
客算三
客大将三宫
客参将九宫

戊午五十五局　庚午一百二十七局

壬午一百九十九局　甲午二百七十一局

丙午三百四十三局

此局算得太乙三宫，理天，地震，天内助主，嬖宠入宫，兵起。

此时声息，有凶贼入寇，攻围逼迫，有兵无将，从东北来，闻事凶实吉虚，贼使不实，贼入乘相气，不可迎击，贼去乘死气，可追剿。

文昌申，在外地可攻内。

主算十六，长和，将吏全，太乙助，可以大举三军深入，缓攻克胜。

主大将六宫，发乘死气，不宜统兵出战，宜运谋发兵，按截其尾可胜。

主参将八宫，内迫宗室近臣攻外，不利有为，乘相气，可以拒守要害，遣兵伏守，贼人归路邀击。

出兵举白旗、列方阵出。向正西战，向正东奇兵，安申地战，备西南伏兵，利丑寅时。飞鸟风云从西南，冲太乙而来，急备大战。

风云飞鸟从我军后来，冲入敌兵去，为天助，急顺而击之大胜。

主将行兵：车骑在前，步兵次之，大将居中，鼓噪急出。向西行，遇敌旋兵。向东，伺彼先举，然后举兵攻击，此为主人后起。

始击三宫，掩有掩袭劫夺事，又同类相谋。

客算三单，阳不和，短而无将吏，虽太乙助，不宜大举征伐。

客大将三宫，直囚有拘执，奔败事，不利有为，乘相气，犹可发兵，按伏截杀。

客参将九宫，发乘休气，宜陈兵拒敌，不宜交战，兵威不振故也。

出兵举青旗、列直阵出。向东北战，向西南奇兵，安艮地战，备东北伏兵，利丑寅时。风云飞鸟从西南，冲太乙而来，急备大战。风云飞鸟从东北来，冲向西南去，为天助，急顺击之大胜。

客将行兵：步兵在前，车骑次之，大将居中，静缓而出。向东北行，遇敌掣兵。向西南，先举兵击之。

太乙阳遁五十六局

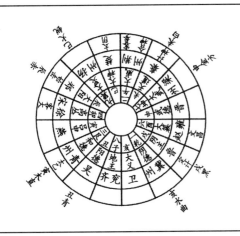

太乙在三宫理地
计神在天道
主目文昌将大簇
主算十五
主大将中宫
主参将中宫
客目始击将太阳
客算三十四
客大将四宫
客参将二宫

己未五十六局　辛未一百二十八局

癸未二百局　乙未二百七十二局

丁未三百四十四局

此局算得太乙三宫，理地，天内助主。

此时声息，有庆四夷来贡，有将兵多，奸细入，从东南来，闻事吉实凶虚，敌使不可信，贼出入俱王相，不可触犯。文昌六宫，在外地可攻内。

主算十五，杜塞无门。

主二将，固守不出。

始击在辰，民疫。

客算二十四，长和，将吏全，三才具，可以出师深入贼境，缓攻大胜。客大将四宫，外地大臣，逆命举事攻内，不利有为，乘王气，可以拒守要害，发兵按伏，邀击而胜。

客参将二宫，发乘囚气，不宜出兵攻战，宜陈兵保城拒贼。

出兵举赤旗、列锐阵出。向正东战，向正西奇兵，安辰地战，备东南伏兵，利丑寅时。风云飞鸟从西南来，冲太乙宫，急宜准备，必有大战。风云飞鸟从我阵后来，冲向敌兵去，此为天助，我威宜顺击之大胜。

客将行兵：步卒在前，车骑次之，大将居中，静缓而出。向东行，遇敌提兵。

向西，先举兵击。此为两军相对，为客先起之义。

太乙阳遁五十七局

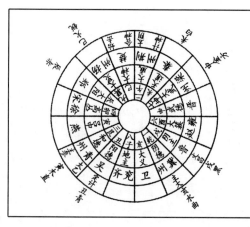

太乙在三宫理人

计神在大威

主目文昌将阴主

主算十

主大将一宫

主参将三宫

客目始击将大神

客算二十五

客大将中宫

客参将中宫

庚申五十七局　　壬申一百二十九局

甲申二百一局　　丙申二百七十三局

戊申三百四十五局

此局算得太乙三宫，理人，无人，人有变异，口舌妖言，互相残害。

人生妖怪，天内助主，青荆二州，大旱火灾。

此时声息，无奸细入，四夷来贡，有将兵多从东南来，闻事吉实凶虚，贼来乘王气，不可攻。

文昌戌，在外地可攻内。

主算十孤，阳不和，不利为主，不宜大举征伐。

主大将一宫，发乘休气，宜出兵指挥将吏攻战。

主参将三宫，直囚有拘击，奔败事，不利有为，可以拒守要害，发兵按伏截击。

出兵举黑旗、列曲阵出。向西北战，向东南奇兵，安戌地战，备西北伏兵，利丑寅时。有风云飞鸟从西南来，冲太乙宫，急备大战。飞鸟风云从西北方来，冲东南去，为天助，宜顺击之大胜。主将行兵：步卒在前，车骑次之，大将居中，静缓出门。向西北行，遇敌旋兵。向东南，伺敌先举，然后举兵击之。

始击在已，有大旱火灾。

客算二十五，杜塞无门。客二将，不出。

太乙阳遁五十八局

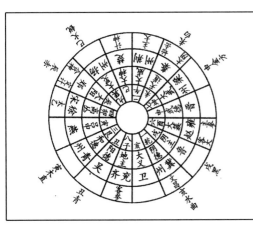

太乙在四宫理人
计神在大神
主目文昌将阴主
主算十二
主大将二宫
主参将六宫
客目始击将天道
客算二十六
客大将六宫
客参将八宫

辛酉五十八局　　癸酉一百三十局

乙酉二百二局　　丁酉二百七十四局

己酉三百四十六局

此局算得太乙四宫，理天，太岁格，天内助主，徐州南楚兵起。

此时声息，有警敌来，不寇而觇，有将兵多从西南来，闻事吉实凶虚，敌使不可信，贼来乘王气不可犯，贼去乘死气可截击。

文昌一宫，在内地可攻，外臣迫上。

主算十二，下和，太乙助，可以出兵征伐。

主大将二宫，发乘囚气，可以出兵，阵前指挥将士攻击，或按伏兵截击，不宜交战。

主参将六宫，关客大格，太乙政事格。

易改朔变服，不利有为，乘死气，有同类攻谋，不宜用兵，宜固守。

出兵举黄旗、列圆阵出。向正南战，向正北奇兵，安乾地战，备西北伏兵，利寅卯辰时。飞鸟风云从正西来，冲太乙宫，急备大战。风云飞鸟从我阵后来，冲入敌阵，为天助，宜顺击之大胜。

主将行兵：步卒在前，车骑次之，大将居中，默缓而出。向南行，遇敌提兵。向北，伺彼先举，然后攻击之。

始击在未，并太阴。

客算二十六，长而不和，不可大举，惟出轻兵深入袭击便回，军中可防水灾。

客大将六宫关格，有僭臣抗衡，不利有为，又乘死气，不宜用兵举事，宜固守可也。

客参将八宫发，乘相气，可率精兵深入缓功取胜，既得利即回。不宜再举。算不和也。

出兵举白旗、列方阵出。向正西战，向正东奇兵，安未地战，备西南伏兵，利寅卯辰时。有风云飞鸟从正西来，冲太乙，急备大战。风云飞鸟从正西来，冲向正东去，为天助，宜顺击大胜。

客将行兵：车骑在前，步兵次之，大将居中，鼓噪急出。向西行，遇敌旋兵。向东，先举攻之。

太乙阳遁五十九局

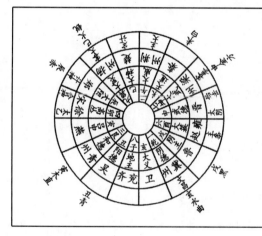

太乙在四宫理地

计神在太阳

主目文昌将阴德

主算十二

主大将二宫

主参将六宫

客目始击将武德

客算十九

客大将九宫

客参将七宫

壬戌五十九局　　甲戌一百三十一局

丙戌二百三局　　戊戌二百七十五局

庚戌三百四十七局

此局算得太乙四宫，理地，天内助主，北狄犯其冀。

此时声息，虚惊贼来，不寇而觇，有将兵多从西南来，闻事吉实凶虚，敌使不实，贼来乘王气，不可攻。贼去直休气，可追击。

文昌一宫，在内地可攻外。臣下迫上。主算十二，下和，太乙助，可以大举兵征伐。

主大将二宫，发乘囚气，宜运谋发兵，按伏截其归路，可胜不宜交战。

主参将六宫直格，大臣专政。凡事格，不利有为，又乘死气，宜固守，不宜出兵。

出兵举黄旗、列圆阵出。向正南战，向正北奇兵，安乾地战，备西北伏兵，利寅卯辰时。风云飞鸟从正西来，冲太乙宫，急备大战。风云飞鸟从正南来，冲向正北去，为天助，宜顺击之大胜。

主将行兵：步卒在前，车骑次之，大将居中，静缓而出。向南行，遇敌旋兵。向北，伺彼先举，而后攻之。

始击在申，并太阴移宫室，将叛畜死。

客算十九，重阳不和，不可举兵征伐。

客大将九宫，外迫大臣，逆命举事攻内，不利有为，又乘休气，可以拒守要害，发兵按伏截击，不宜交战。

客参将七宫发，乘囚气，不宜出兵攻战，宜陈兵固守。

出兵举赤旗、列锐阵出。向东南战，向西北奇兵，安申地战，备西南伏兵，利寅卯辰时。风云飞鸟从正西来，冲太乙宫，急备大战。风云飞鸟从我军后来，冲入彼阵去，为天助，我威急顺击之大胜。

客将行兵：车骑在前，步兵次之，大将居中，登高噪急出。向东南行，遇敌提兵。向西北，急先击之。

太乙阳遁六十局

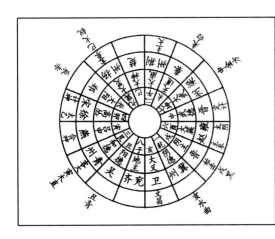

太乙在四宫理人
计神在高丛
主目文昌将大义
主算十二
主大将二宫
主参将六宫
客目始击将阴主
客算三十
客大将三宫
客参将九宫

二〇三

癸亥六十局　　乙亥一百三十二局

丁亥二百四局　　己亥二百七十六局

辛亥三百四十八局

此局算得太乙四宫，理人，天内助主，地震，文昌亥，在内地可攻外。

主算十二，上和，太乙助，可以举兵征伐。

主大将二宫，发乘囚气。

主参将六宫格，政事格易，不利有为，乘死气。此局主算和主大将，发乘囚气，出兵即败，主参将格，乘死气，尤不宜，用兵固守可矣。

始击在戌，山林有盗贼，路不通。

客算十三，重阳不和，不宜大举征伐。军中防火灾。

客大将三宫，内迫宗室，近臣攻外，不利有为，乘相气。

客参将九宫，外迫大臣，逆命举事攻内，不利有为，乘休气。

客算不和，客二将皆迫，不利有为，迫时用兵，主客俱败，虽乘王相之气，亦不可用兵，慎之。

太乙阳遁六十一局

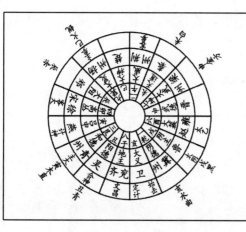

太乙在六宫理天

计神在吕申

主目文昌将地主

主算三十三

主大将三宫

主参将九宫

客目始击将大义

客算三十四

客大将四宫

客参将二宫

甲子六十一局　　丙子一百三十三局

戊子二百五局　　庚子二百七十七局

壬子三百四十九局

此局算得太乙六宫，理天，天外助客，岁不稔。

此时声息，有庆四夷来贡，奸细人，有将兵多从西北来，闻事吉实凶虚，敌使言实可信，贼来乘死气，可掩击。贼去乘王气，不可犯。

文昌八宫，在内地。

主算三十三，长而不和，宜举兵征伐，重阳防火乏水。

主大将三宫，发乘相气，可以大率兵士深入敌境缓攻，士卒勇锐，所向克捷而成大功。

主参将九宫，发乘休气，兵威不振，不宜交战，宜整兵策应。

出兵举青旗、列直阵出。向东北战，向西北奇兵，安坎地战，备正北伏兵，利申酉戌时。风云飞鸟从东来，冲太乙宫，急备大战。风云飞鸟从我阵后来，冲入敌阵去，为天助，宜顺而急击之大胜。

主将行兵：步卒在前，车骑次之，大将居中，静出。向东北行，遇敌旋兵。向西南，伺敌先举，然后我兵击之。

始击在亥，大人匿谋。

客算三十四，长和，太乙助，可以大举征伐。

客大将四宫直格，政事格易，蛮夷侵掠，不利有为，乘王气，可以出兵，指挥将士攻击，不宜亲战。

客参将二宫，发乘囚气，可以率兵拒守险隘，伏兵待敌而发，亦可获胜。

出兵举赤旗、列锐阵出。向正东战，向正西奇兵，安亥地战，备西北伏兵，利申酉戌时。风云飞鸟从东来，冲太乙官，必有大战，宜准备。风云飞鸟从东来，冲向西方去，为天助，宜顺击之大胜。

客将行兵：步卒在前，车骑次之，大将居中，静出。向东行，遇敌勒兵。向西，先举兵攻击之。

太乙阳遁六十二局

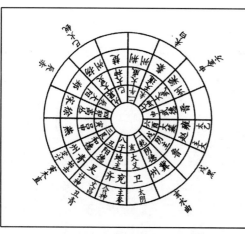

太乙在六宫理地
计神在阳德
主目文昌将阳德
主算二十六
主大将六宫
主参将八宫
客目始击将和德
客算二十五
客大将中宫
客参将中宫

乙丑六十二局　　丁丑一百三十四局

己丑二百六局　　辛丑二百七十八局

癸丑三百五十局

此局算得太乙六宫，理地，天外助客，劈宠入宫，兵起。

此时声息，无夷狄不来寇贡，贼入乘死气，可掩击，奸细不入，闻事吉实凶虚。

文昌丑，在内地可攻外。

主算二十六，长而不和，重阴厄水。不宜大举征伐。军中防水灾。主大将六宫，值有拘执，奔败，不利有为，乘死气，宜固守，不宜用兵。

主参将八宫，发乘相气，宜率兵深入缓攻助胜，既胜即回，不宜再举，算不和故也。

出兵举白旗、列方阵出。向正西战，向正东奇兵，安丑地战，备东北伏兵，利申酉戌时。有风云飞鸟从东，冲太乙宫，急备大战。风云飞鸟从我阵后来，冲入敌阵去，为天助顺而击之大胜。

主将行兵：车骑在前，步兵次之，大将居中，鼓噪急出。向西行，通敌旋兵。

向东，伺彼先举，然后举兵攻击，此为主人后起。

始击在三宫。

客算杜塞无门。

客二将，固守不出。

太乙阳遁六十三局

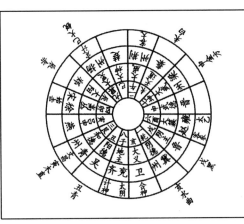

太乙在六宫理人
计神在地主
主目文昌将和德
主算二十五
主大将中宫
主参将中宫
客目始击将高丛
客算二十二
客大将二宫
客参将六宫

丙寅六十三局　　戊寅一百三十五局

庚寅二百七局　　壬寅二百七十九局

甲寅三百五十一局

此局算得太乙六宫，理人，天外助客，西戎兵起。

此时声息，有贼入寇，有将兵多从东来，闻事凶实吉虚，敌使不可信，贼出入俱乘死气，可以攻击。

文昌三宫，在内地可攻外。

主算二十五，杜塞无门。

主二将，固守不出。

始击四宫格，政事格易，蛮夷侵掠，格对太乙诸王忧。

客算二十二，长而不和，不宜大举征伐。军中防水灾，或雨阻。重阴厄水故也。

客大将二宫，发乘囚气，可以拒险，发兵按伏，邀其首尾得利即回，算不和也。

客参将六宫，因有拘执，乘死气，不宜出兵固守。

出兵举黄旗、列圆阵出。向正南战，向正北奇兵，安卯地战，备东方伏兵，利申酉戌时。风云飞鸟从正东，冲太乙宫，急备大战。风云飞鸟从我阵后来，冲入敌兵去，为天助，急宜顺击之大胜。

客将行兵：步卒在前，车骑次之，大将居中，静出。向南行，遇敌提兵。向北，先举兵击之。

太乙阳遁六十四局

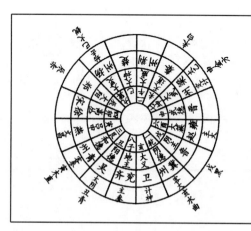

太乙在七宫理天

计神在大义

主目文昌将吕申

主算十六

主人将六宫

主参将八宫

客目始击将大灵

客算十一

客大将一宫

客参将三宫

丁卯六十四局　　己卯一百三十六局

辛卯二百八局　　癸卯二百八十局

乙卯三百五十二局

此局算得太乙七宫，理天，天外助客。

此时声息，有惊贼不入寇。有兵无将，从东南来，闻事吉实凶虚，敌使不实，贼入乘囚气，可攻。贼去乘王气，不可犯。

文昌寅，在内地可攻外。

主算十六，长和，宜大举征伐。

主大将六宫，外迫大臣，逆命举事攻内，不利有为，乘死气，不宜出兵攻战，宜坚固守。

主参将八宫发，乘相气，可以率兵深入敌境缓攻取胜，必获克捷而成功。

出兵举白旗、列方阵出。向正西战，向正东奇兵，安寅地战，时备东北伏兵，利未申时。有风云飞鸟从东北来，冲太乙宫，急备大战。风云飞鸟从我阵后来，冲入敌阵去，为天助，急顺击之大胜。

主将行兵：车骑在前，步兵次之，大将居中，鼓噪急出。向西行，遇敌提兵。向东，伺彼先举，然后我兵攻之，为主人后起。

始击九宫。

客算十一，重阳不和，太乙助，不宜大举征伐。

客大将一宫，发乘休气，不宜展阵交锋，宜拒守要害，发兵邀击首尾。

客参将三宫值格，上下格易，夷狄侵掠，不利有为，乘相气，可以出兵，按伏待敌而发，可以获捷。

出兵举黑旗、列曲阵出。向西北战，向东南奇兵，安巽地战，备东南伏兵，利申未时。风云飞鸟从东北，冲太乙而来，急备大战。风云飞鸟从西北来，冲向东南去，为天助，顺击之大胜。

客将行兵：步卒在前，车骑次之，大将居中静出。向西行，遇敌旋兵。向东南，先举兵击之，为客先起。

太乙阳遁六十五局

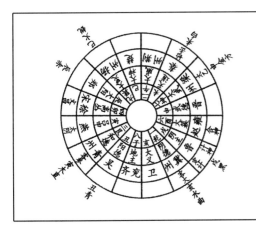

太乙在七宫理地
计神在地主
主目文昌将高丛
主算十五
主大将中宫
主参将中宫
客目始击将天道
客算一
客大将一宫
客参将三宫

戊辰六十五局　庚辰一百三十七局

壬辰二百九局　甲辰二百八十一局

丙辰三百五十三局

此局算得太乙七宫，理地，天外助客。

此时声息，虚惊，奸细入觇，贼不寇，有兵无将，鼠窃。从西南来，闻事凶实吉虚，敌使不实，贼初入可攻，贼去不可犯。

文昌卯，在内地可攻外。

主算十五，杜塞无门。

主二将，不出。

始击在未，外攻击，有兵围逼迫事。

客算一单，阳不和，短而无将吏，不宜举兵征伐。

客大将一宫，发乘休气，兵威不振，不宜展阵交锋，宜拒守要害，伏兵邀击。

客参将三宫值格，上下格易，蛮夷侵掠，不利有为，乘相气，可以率兵按伏截击首尾。

出兵举黑旗、列曲阵出。向西北战，向东南奇兵，安申地战，备西南伏兵，利未申时。风云飞鸟从东北，冲太乙而来，急备大战。风云飞鸟从我阵后来，冲入敌阵去，此为天助，宜顺而击之大胜。

客将行兵：步卒在前，车骑次之，大将居中静出。向西北行，遇敌提兵。向东南，先举兵击之，此为客人先起。

太乙阳遁六十六局

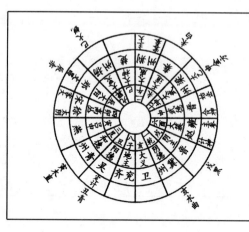

太乙在七宫理人

计神在大簇

主目文昌将太阳

主算十二

主大将二宫

主参将六宫

客目始击将武德

客算三十四

客大将四宫

客参将二宫

己巳六十六局　　辛巳一百三十八局

癸巳二百一十局　　乙巳二百八十二局

丁巳三百五十四局

此局算得太乙七宫，理人，天外助客。

此时声息，有庆四夷来贡。奸细入，有将兵多从西南来，闻事吉实凶虚。敌使不可信，贼来乘囚气出入，皆可掩击。

文昌辰，在内地攻外。

主算十二，下和，宜大举征伐。

主大将二宫，内迫宗室，近臣攻外，又关客参，不利有为，乘囚气。主参将六宫，外迫大臣，逆命举事攻内，不利有为，乘死气，经曰：迫时用兵，主客俱败，又乘囚气，慎之。

始击在申，外击臣子生逆，外国侵侮，移宫室。

客算三十四，长和，将吏全，太乙助，宜举兵征伐。

客大将四宫，发乘王气，宜大举三军深入敌境缓攻，取胜，士卒勇锐，效力所向无敌。

客参将三宫，内迫，不利有为，又关同类相谋，乘囚气，宜陈兵策应主将，不宜出战。

出兵举赤旗、列锐阵出。向正东战，向正西奇兵，安申地战，备西南伏兵，利未申时。风云飞鸟从东北方，冲太乙宫，宜准备，必有大战。风云飞鸟从我军阵后来，冲向敌阵上去，为天助，我威宜顺而击之大胜。

客将行兵：步卒在前，车骑次之，大将居中静出。向东行，遇敌掣兵。向西，先举兵击之。

太乙阳遁六十七局

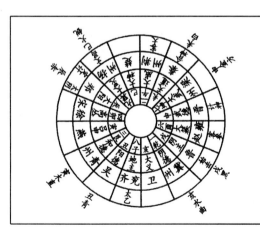

太乙在八宫理天

计神在武德

主目文昌特大灵

主算二十五

主大将中宫

主参将中宫

客目始击将阴主

客算二

客大将二宫

客参将六宫

二一一

甲午二百一十一局　丙午二百八十三局

戊午三百五十五局

此局算得太乙八宫，理天，天内助主。

此时声息，有虚惊，贼入不寇而觇，有兵无将，鼠窃，从西北来，闻事吉实凶虚，敌使言实，贼入乘王气，不可攻击。

文昌九宫，在外地可攻内。

主算二十五，杜塞无门。

主二将，固守不出。

始击在戌，臣下为孽，内苑有兵。

客算二单，阴不和，短而无将吏，不利为客，不宜举兵用事。

客大将二宫值格，政事格易，蛮夷侵掠，不利有为，又乘囚气，不宜出兵攻战。

客参将六宫，发乘死气，亦不宜用事。

此局主将杜塞，客大将格而乘囚气，客参发而乘死气，俱不宜用兵，宜固守待时。

太乙阳遁六十八局

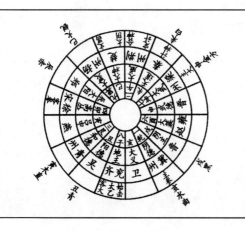

太乙在八宫理地
计神在天道
主目文昌将大神
主算十七
主大将七宫
主参将一宫
客目始去将地主
客算八
客大将八宫
客参将四宫

辛未六十八局　癸未一百四十局

乙未二百一十二局　丁未二百八十四局

己未三百五十六局

此局算得太乙八宫，理地，天内助主，有大水，兖州甚。

此时声息，有惊贼入近境寇。有兵无将，不和，从北来，闻事凶实吉虚，敌使不可信，贼入乘相气，不可击。贼去乘休气，可追击。

文昌巳，在外地可攻内，并太阴。

主算十七，重阳不和，不宜大举征伐。

军中防火乏水。

主大将七宫，发乘囚气，宜陈兵固守。

主参将一宫，内迫宗室，近臣攻外，不利有为，乘休气，宜固守，二将俱不可用兵。

始击八宫，有盗贼、兵起。霜雹为沴，民疫籴贵，畜死牛贵。

客算八单，阴不和，而无将。不宜举兵征伐。

客大将八宫，值因有拘执，奔败事，不利有为，乘相气，不宜出兵。算中无将也。宜发兵按伏，截攻可胜。

客参将，发乘王气，宜率兵战斗，既得胜即回，不宜再举，算短不和故也。

出兵举黑旗、列曲阵出。向正北战，向正南奇兵，安子地战，备正北伏兵，利亥子丑时。风云飞鸟从南来，冲太乙宫，急宜准备，必有大战。风云飞鸟从我军阵后来，冲向敌阵去，为天助，宜顺击之大胜。

客将行兵：车骑在前，步卒次之，大将居中，鼓噪急出。向北行，遇敌旋兵。向南，先举兵击之。

太乙阳遁六十九局

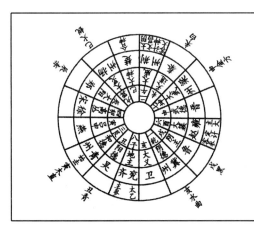

太乙在八宫理人
计神在大威
主目文昌将大威
主算十六
主大将六宫
主参将八宫
客目始击将和德
客算三十二
客大将二宫
客参将六宫

壬申六十九局　甲申一百四十一局

丙申二百一十三局　戊申二百八十五局

庚申三百五十七局

此局算得太乙八宫，理人，天内助主，有私通外国不轨事。

文昌午，在外地可攻内，并太阴。群丑对太乙，大臣怀奸，闭贤自谋同类。

主算十六，长和。可以举兵征伐。

主大将六宫，关客参，不利有为，乘死气。

主参将八宫，因有拘执，奔败事，不利有为，乘相气。

始击三宫，外击盗兵攻围，外国侵侮，嬖宠入官兵起。

客算三十二，长和。可以举兵征伐。

客大将二宫格，上下格易，蛮夷侵掠，不利有为，乘囚气。

客参将六宫，关主大有同类相谋，不利有为，乘死气。此局名四郭杜，谓四门杜塞，关梁不通也。主客四将井，二目俱各关囚对击将，乘囚死之气，不利有为，不宜妄动，宜坚壁固守可也。

太乙阳遁七十局

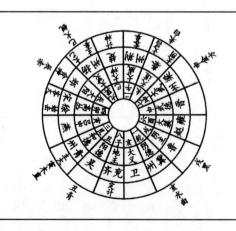

太乙在九宫理天

计神在大神

主目文昌将天道

主算三十

主大将三宫

主参将九宫

客算四

客目始击将高丛

客大将四宫

客参将二宫

癸酉七十局　乙酉一百四十二局

丁酉二百一十四局　己酉二百八十六局

辛酉三百五十八局

此局算得太乙九宫，理天，天外助客，西戎兵起。

此时声息，有凶贼入寇，有兵无将，从东来。闻事凶实吉虚。敌使不可信，贼出入乘休囚气，可以攻击。

文昌未，在外地可攻内，并太阴。

主算三十，孤阳不和，不宜举兵征伐，宜近境相机。

主大将三宫，发乘相气，可以出兵攻战，既得胜即宜收兵，不宜深入，算不和故也。

主参将九宫，值囚击，内有兵围事，在宗室近臣，又囚客大有叛臣，宫中火灾，不利有为，有乘休气，不宜出兵战斗，宜固守。

出兵举青旗、列直阵出。向东北战，向西南奇兵，安卯地战，备东方伏兵，利辰巳时。风云飞鸟从西北，冲太乙而来，急备大战。风云飞鸟从我阵后来，冲入敌阵去，为天助，宜顺而击之大胜。

主将行兵：步卒在前，车骑次之，大将居中静出。向东北行，遇敌提兵。向西南，伺彼先举，然后击之。

始击在高丛。

客算四单，阴不和，不利为客，又无将吏，不利出兵举事。客大将四宫，内迫又受制于客目，不利有为，乘王气。

客参将二宫，外迫大臣，逆命举事攻内，乘囚气，不利有为。

太乙阳遁七十一局

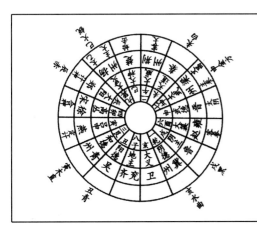

太乙在九宫理地
计神在太阳
主目文昌将大武
主算二十九
主大将九宫
主参将七宫
客目始去将大神
客算三十二
客大将二宫
客参将六宫

甲戌七十一局　丙戌一百四十三局

戊戌二百一十五局　庚戌二百八十七局

壬戌三百五十九局

此局算得太乙九宫，理地，太岁格，天外助客，扬州分大旱火灾。

此时声息，有庆四夷来贡，奸细人，有将兵多，从东南来，闻事凶实吉虚，敌使不可信，贼出入俱乘休气，可以攻击。

文昌七宫，在外地可攻内，囚主参有同类相谋，将相忌之。

主算二十九，长和。可以举兵征伐。

主大将九宫，值囚有拘执，奔败事，不利有为，乘休气，不宜大举攻战，宜陈兵固守。

主参将七宫，受制于文昌，不利有为，乘囚气，宜发兵邀其首尾，不宜交战。

出兵举赤旗、列锐阵出。向东南战，向西北奇兵，安坤地战，备西南伏兵，利辰巳时。风云飞鸟从西北，冲太乙宫，必有大战，宜急备。风云飞鸟从东南来，冲西北去，为天助，急顺击之大胜。

主将行兵：车骑在前，步兵次之，大将居中，登高鼓噪急出。向东南行，遇敌旋兵。向西北，伺敌先举，然后举兵攻之。

始击在巳，外辰击。

客算三十二，长和，太乙助，可以举兵征伐。

客大将二宫，外迫大臣，逆命举事攻内，不利有为，乘囚气，宜固守，不宜出兵攻战。

客参将六宫，发乘死气，亦宜固守，不利出兵攻战，战必败死。

太乙阳遁七十二局

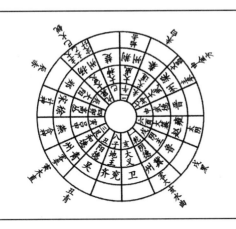

太乙在九宫理人
计神在高丛
主目文昌将大武
主算二十九
主大将九宫
主参将七宫
客目始击将大威
客算三十一
客大将一宫
客参将三宫

乙亥七十二局　　丁亥一百四十四局

己亥二百一十六局　辛亥二百八十八局

癸亥三百六十局

此局算得太乙九宫，理人，天外助客，扬荆二州大旱火灾。

此时声息，有凶贼入大寇，有将兵多，从南来，闻事凶实吉虚，敌使不可信，贼来乘囚气可攻，贼去乘相气不可攻。

文昌七宫，在外地可攻内，囚主参近将自谋同类。

主算二十九，长和，将吏全，可以举兵征伐。

主大将九宫，值囚有拘执，奔亡事，乘休气，不利有为，不宜用兵，宜固守。

主参将七宫，受制于文昌，乘囚气，不利有为，不宜用兵，二将休囚，一值囚一受制，算虽和，孰敢许其交战乎。兵家胜负：一欲算和、二欲气胜，而取胜必矣。

始击二宫，外击有兵围逼迫事在易，气凶。

客算三十一，长而不和，太乙助，亦可出兵攻战，宜深入而速攻。军中防火灾乏水。

客大将一宫值格，上下格易，不利有为，乘休气，可以运谋设策，发兵布置，不宜出战。

客参将三宫，发乘相气，可以大举士卒深入速攻取胜，获捷即，宜收兵，不宜再进，算不和故也。

出兵举黑旗、列曲阵出。向西北战，向东南奇兵，安午地战，备正南伏兵，利辰巳。时风云飞鸟从西北，冲太乙而来，急备大战。风云飞鸟从我军后来，冲入彼阵去，为天助，急宜顺而击之大胜。

客将行兵：步卒在前，车骑次之，大将居中，静默而出。向西北行，遇敌旋兵。向东南，先举兵击之。

第十一章　术数汇考十一

《太乙人道命法》一

太乙真诀祖数

中元甲子　起于嘉靖四十三年

一亿二千六百九十四万四千四百五十分

下元甲子　起于天启四年

一亿三千零八万九千九百五十分

上元甲子　此未来甲子也

一亿三千三百二十三万五千四百五十分

太乙数为三式之首，有岁、月、日、时四计。此日计太乙人道论命之说也。岁、月、日、时皆有祖数，乃演纪上元起于天地开辟之初，距今年今月今时所用之数。如岁计，算至嘉靖四十三年，中元甲子祖数一千○三十五万五千四百八十一。算若月计，则每年有十二个月，则月计祖数十二倍多于岁计矣。若日计，则每年有三百六十五日，有奇是日计祖数多于岁计者三百六十五倍。有奇艰于布算。故用截法，或起于周敬王几年，或起于隋开皇几年之类为始。而积至中元甲子，共若干年因积算。该若干万日，分以为日计之祖数，即中元甲子之祖数也。次递加六十年之总日，分为下元、为上元各祖数。

岁实数法

甲子　三百六十五万二千四百二十五分

乙丑　七百三十万零四千八百五十分。十万。

丙寅　一千零九十五万零七千二百七十五分。百二十五分　三百七十五万七千二百

丁卯　一千四百六十万零九千七百分。二十万。

戊辰　一千八百二十六万二千一百二十五分。　三百二十六万二千

己巳　二千一百九十一万四千五百五十分。十分　三十一万四千五百五十

庚午　二千五百五十六万六千九百七十五分　百七十五

辛未　二千九百二十一万九千四百分

壬申　三千二百八十七万一千八百二十五分

癸酉　三千六百五十二万四千二百五十分

甲戌　四千零一十七万六千六百七十五分

乙亥　四千三百八十二万九千一百分

丙子　四千七百四十八万一千五百二十五分

丁丑　五千一百一十三万三千九百五十分　四百三十八万六千

戊寅　五千四百七十八万六千三百七十五分　四百七十八万六千三

己卯　五千八百四十三万八千八百分　八百四十三万八千八百

庚辰　六千二百零九万一千二百二十五分　四百四十九万三千六百

辛巳　六千五百七十四万三千六百五十分　九十四万三千六百五十

壬午　六千九百三十九万六千零七十五分　四百五十九万六千零七

癸未　七千三百零四万八千五百分。一百○四万八千五百

甲申　七千六百七十万零九百二十五分。五　四百七十万九百二十

乙酉　八千零三十五万三千三百五十分。百一十五万三千三百五十

丙戌　八千四百万零五千七百七十五分

丁亥　八千七百六十五万八千二百分

戊子　九千一百三十一万零六百二十五分

己丑　九千四百九十六万三千零五十分

庚寅　九千八百六十一万五千四百七十五分

辛卯　一亿零二百二十六万七千九百分

壬辰　一亿零五百九十二万零三百二十五分

癸巳　一亿零九百五十七万二千七百五十分

甲午　一亿一千三百二十二万五千一百七十五分

乙未　一亿一千六百八十七万七千六百分

丙申　一亿二千零五十三万零。二十五分

丁酉　一亿二千四百一十八万二千四百五十分。百七十八万二千

戊戌　一亿二千七百八十三万四千八百七十五分。五百四十三万

己亥　一亿三千一百四十八万七千三百分。百八十八万七千三百

庚子　一亿三千五百一十三万九千七百二十五分。九千七百二十五

辛丑　一亿三千八百七十九万二千一百五十分。百五十分　五百四十九万

壬寅　一亿四千二百四十四万四千五百七十五分。四千五百七十五

癸卯　一亿四千六百零九万七千分。二百○九万七千

干支	实积	截数
乙巳	一亿五千三百四十万零一千八百五十分。	二百二十万一千八百五十
丙午	一亿五千七百零五万四千二百七十五分。	五百八十五万四千二百七十五
丁未	一亿六千零七十万零六千七百分。	二百三十万六千七百
戊申	一亿六千四百三十五万九千一百二十五分。	五百九十五万九千一百二十五
己酉	一亿六千八百零一万一千五百五十分。	二百四十一万一千五百五十
庚戌	一亿七千一百六十六万三千九百七十五分。	六百零六万三千九百七十五
辛亥	一亿七千五百三十一万六千四百分。	二百五十一万六千四百
壬子	一亿七千八百九十六万八千八百二十五分。	六百一十六万八千八百二十五
癸丑	一亿八千二百六十二万一千二百五十分。	二百六十二万一千二百五十
甲寅	一亿八千六百二十七万三千六百七十五分。	六百二十七万三千六百七十五
乙卯	一亿八千九百九十二万六千一百分。	二百七十二万六千一百
丙辰	一亿九千三百五十七万八千五百二十五分。	六百三十七万八千五百二十五
丁巳	一亿九千七百二十三万零九百五十分。	二百八十三万零九百五十
戊午	二亿零八十八万三千三百七十五分。	六百四十八万三千三百七十五
己未	二亿零四百五十三万五千八百分。	二百九十三万五千八百
庚申	二亿零八百一十八万八千二百二十五分。	六百五十八万八千二百二十五
辛酉	二亿一千一百八十四万零六百五十分。	三百零四万零六百五十
壬戌	二亿一千五百四十九万三千零七十五分。	六百六十九万三千零七十五
癸亥	二亿一千九百一十四万五千五百分。	三百一十四万五千五百

此每年一岁之实积。如甲子一年积三百六十五万二千四百二十五分，乃古历，岁实三百六十五日二十四刻二十五分。其法以万分为一日也。乙丑两年则积七百三十〇日四十八刻五十分，至癸亥六十年，则积二万一千九百一十四日五十五刻矣。此六十年一周，甲子之总数。以加中元祖数，为下元祖数。再加下元祖数，为上元祖数。又恐艰于布算，亦用截法。如六十年共积二万一千九百一十四日五十五刻，用天数七百二十日累减之至，不满七百二十日而止存三百一十四日五十五刻，为六十花甲一周应加之截数。故中元祖数一亿二千六百九十四万四千四百五十分加入三百一十四万五千五百，便成一亿三千〇〇八万九千九百五十分，而为下元之祖数，再加一个三百一十四万五千五百，便为上元之祖数一亿三千三百二十三万五千四百五十分也。明此理则上推递减，下算递加，可以至于无穷矣。

二十四气成数

冬至	三百六十五万二千四百二十五分
小寒	一十五万二千一百八十四分三十七秒半
大寒	三十万零四千三百六十八分七十五秒
立春	四十五万六千五百五十三分一十二秒半
雨水	六十万零八千七百二十七分五十秒
惊蛰	七十六万零九百二十一分八十七秒半
春分	九十一万三千一百零六分二十五秒
清明	一百零六万五千二百九十分零六十二秒半
谷雨	一百二十一万七千四百七十五分
立夏	一百三十六万九千六百五十九分三十七秒半
小满	一百五十二万二千八百四十三分七十五秒
芒种	一百六十七万四千零二十八分一十二秒半
夏至	一百八十二万六千二百一十二分五十秒
小暑	一百九十七万八千三百九十六分八十七秒半
大暑	二百一十三万零五百八十一分二十五秒
立秋	二百二十八万二千七百六十五分六十二秒半
处暑	二百四十三万四千九百五十分
白露	二百五十八万七千一百三十四分三十七秒半
秋分	二百七十三万九千三百一十八分七十五秒
寒露	二百八十九万一千五百零三分一十二秒半
霜降	三百零四万三千六百八十七分五十秒
立冬	三百一十九万五千八百七十一分八十七秒半
小雪	三百三十四万八千零五十六分二十五秒
大雪	三百五十万零〇二百四十分零六十二秒半

此书所用，尚是古时历法数目。故细推生日干支，偶有未符。如第一冬至下该是一岁之始，未有日分，而云三百六十五万二千四百二十五分者，乃自上年冬至距今年冬至整整一岁实数。三百六十五日二十四刻二十五分以起一岁之根，次将此岁实平分作二十四分，得一十五日二千一百八十四分三十七秒半，为一个节气之数，名曰气策。如小寒则于冬至之数，加一个气策，然满一岁实便该减去，而止用其零。故亦用截法，竟于小寒之下，写一个气策，曰一十五万二千一百八十四分三十七秒半次再加一个气策，便是大寒之三十〇万四千三百六十八分七十五秒。由此递加，即得各节气之数。

释十二神

推小游法

置天数以太乙宫，周二十四累去之，至不满之数。命起亥一、午二、寅三、卯四、酉六、申七、子八、巳九，不入中五八宫，顺行每宫舍三算，算尽处即本日小游所在之宫也。

如天数五十七，以太乙宫周二十四，去之余九算。命起亥一宫，舍三算；午二宫，舍三算；寅三宫，舍三算；算尽得太乙小游在寅宫三日。余仿此。

推文昌法

置天数满目，周一十八累去之至不满之数。命起申宫，算外每宫舍一算，顺行十六宫，值乾坤二宫重留一算，算尽处凡遇乾寄亥，艮寄寅，巽寄巳，坤寄申，得文昌所在之宫也。

十六宫　申、酉、戌、乾、亥、子、丑、艮、寅、卯、辰、巽、巳、午、未、坤。

如天数五十七满目，周一十八累去之余二算。命起申宫一算，酉宫一算，戌宫一算，算尽即文昌本日在戌宫也。

推计神法

置天数满计，周十二累去之至不满之数。命起寅宫，算外逆行十二神，得算尽处，即计神所在之宫也。

寅、丑、子，亥、戌、酉、申、未、午、巳，辰、卯。

如天数五十七满计，周十二累去之余九算，命起寅一、丑二、子三、亥四、戌五、酉六、申七、未八、午九得算尽，计神在午也。

推始击法

视计神所在之宫，照十六宫顺数至文昌所临之宫，得几数。又从艮宫数起对某数止，即始击所在之宫也。

如计神在午，文昌在戌，即从计神午上顺数至文昌戌宫，得六宫，神再从艮宫顺对六宫数去，得巳宫止，即始击在巳宫也。余仿此。

十六宫神，即文昌法内十六神也。

推主大将

视文昌所在之宫，数至太乙前一宫止，看经几正宫，即宜将宫数为算数，合成若干，为主算。去十用零，即为当生日主大将所在之宫也。若天目文星在间，辰亦作一算起余，辰不作算，只以正宫论，若主算撞十亦作一算。

如文昌在戌，太乙小游在艮，即文昌戌宫作一数，次乾宫一数，次子宫八数，合成十数，得主算十。撞十作一，即主大将在乾，寄于亥宫下，天盘亥官

推主参将

视主算多寡，三因之，亦去十用零，撞十作一，二十作二，三十作三，为主参将所在之宫也。

如主算得十，三因之得三十。撞十作一，三十作三，即主参将在艮三官，艮寄寅下，天盘寅官。

	乾 寄一 间亥		
坤 寄七 申	卯 寄四 间辰	亥 间辰 子 八	
申 间辰	辰 间辰 巽 寄九 巳	丑 间辰	
酉 六	巳 间辰	艮 三	
戌 间辰	午 二	寅 寄间辰	
	未 间辰		

推客大将

视始击所在之宫，数至小游，后止宫，止其所经之宫，得数合成为客算，去十用零，为客大将所在之宫也。

如始击在巳，小游在艮，即从始击巳宫，间辰作一数，次午二，次坤七，次酉六，次乾一，次坎八止。合成二十五数，得客算二十五，为客大将入中宫，杜寄于戌，即为客大将在戌宫也。

推客参将法

视客算若干，三因之，去十用零，与主参同法。

如今客大将二十五，杜寄于戌，今客参在辰宫也。凡主客二算，遇杜塞中五之数，五寄于辰、戌、丑、未四间，辰之中。其理傅会姑从统宗七十二局立法。

主算五，寄于戌。十五寄于未。二十五复寄戌。

三十五寄于丑。主参，取对冲。

客算五，寄于辰。十五寄于未。二十五寄于戌。

三十五寄于丑。客参，取对冲。

推四神法

置天数满四神，周三十六，去之至不满之数。命起亥宫，顺行九宫四土，每宫舍三算，算尽处即得四神所在之宫也。

如天数五十七，以四神周三十六，去之至不满之数，余二十一为四神节法。命起亥一宫，舍三算；午二宫，三算；艮三宫，三算；震四宫，三算；酉六宫，三算；申七宫，三算。算尽得四神在申宫，三算也。余仿此。

推飞符法

置前用天数，满四神，周去之至四神节法。命起辰宫，每宫舍三算，算尽处即得飞符所在之宫也。

如前四神节法二十一，命起辰、酉、申、子、巳、戌、未，算尽得飞符在未也。

推天乙法

置四神节法，命起酉宫，顺行每宫，舍三算，算尽处得天乙所在之宫也。

如四神节法二十一，命酉、申、子、巳、戌、未、丑，得天乙在丑也。

推地乙法

四神节法，命起巳宫，如前每宫舍三算，顺行十二宫，算尽处即得地乙所在之宫也。

如四神节法二十一当行七宫，命巳、戌、未、丑、亥、午、寅，算尽止得地乙在寅宫也。

此四项俱用将神节法，满四神三十六累，去之至不满之数为四神节法。四神太乙起于亥，飞符起于辰，天乙起于酉，地乙起于巳，皆顺行十二宫，每宫舍三算，算尽处即是各神所在之宫也。

十二宫神

亥、午、寅、卯、辰、酉、申、子、巳、戌、未、丑。

求太乙论命日计歌

太乙人道求日计，必须先推元会世。

一千空百十五万，更加五五四一继。

开辟一阳冬至始，天启下元甲子例。

下推每年宜加一，岁周相乘盈差隶。

二十五日二乙二，还有五分同减积。

七百二十累除之，分明将神节法出。

复满旬周六十去，甲子算外命冬至。

任他距古积浩繁，九子推源一何易。

甲子元七十二局数为天数，局为地数。

甲子元七十二局 数为天数，局为地数。

甲子	乙丑	丙寅	丁卯	戊辰	己巳
甲子 一数 一局	丙子 十三数 十三局	戊子 二十五数 二十五局	庚子 三十七数 三十七局	壬子 四十九数 四十九局	甲子 六十一数 六十一局
乙丑 二数 二局	丁丑 十四数 十四局	己丑 二十六数 二十六局	辛丑 三十八数 三十八局	癸丑 五十数 五十局	乙丑 六十二数 六十二局
丙寅 三数 三局	戊寅 十五数 十五局	庚寅 二十七数 二十七局	壬寅 三十九数 三十九局	甲寅 五十一数 五十一局	丙寅 六十三数 六十三局
丁卯 四数 四局	己卯 十六数 十六局	辛卯 二十八数 二十八局	癸卯 四十数 四十局	乙卯 五十二数 五十二局	丁卯 六十四数 六十四局
戊辰 五数 五局	庚辰 十七数 十七局	壬辰 二十九数 二十九局	甲辰 四十一数 四十一局	丙辰 五十三数 五十三局	戊辰 六十五数 六十五局
己巳 六数 六局	辛巳 十八数 十八局	癸巳 三十数 三十局	乙巳 四十二数 四十二局	丁巳 五十四数 五十四局	己巳 六十六数 六十六局
庚午 七数 七局	壬午 十九数 十九局	甲午 三十一数 三十一局	丙午 四十三数 四十三局	戊午 五十五数 五十五局	庚午 六十七数 六十七局
辛未 八数 八局	癸未 二十数 二十局	乙未 三十二数 三十二局	丁未 四十四数 四十四局	己未 五十六数 五十六局	辛未 六十八数 六十八局
壬申 九数 九局	甲申 二十一数 二十一局	丙申 三十三数 三十三局	戊申 四十五数 四十五局	庚申 五十七数 五十七局	壬申 六十九数 六十九局
癸酉 十数 十局	乙酉 二十二数 二十二局	丁酉 三十四数 三十四局	己酉 四十六数 四十六局	辛酉 五十八数 五十八局	癸酉 七十数 七十局
甲戌 十一数 十一局	丙戌 二十三数 二十三局	戊戌 三十五数 三十五局	庚戌 四十七数 四十七局	壬戌 五十九数 五十九局	甲戌 七十一数 七十一局
乙亥 十二数 十二局	丁亥 二十四数 二十四局	己亥 三十六数 三十六局	辛亥 四十八数 四十八局	癸亥 六十数 六十局	乙亥 七十二数 七十二局

丙子元七十二局

庚午	辛未	壬申	癸酉	甲戌	乙亥
丙子 七十三数 一局	戊子 八十五数 十三局	庚子 九十七数 二十五局	壬子 百九数 三十七局	甲子 百二十一数 四十九局	丙子 百三十三数 六十一局
丁丑 七十四数 二局	己丑 八十六数 十四局	辛丑 九十八数 二十六局	癸丑 百十数 三十八局	乙丑 百二十二数 五十局	丁丑 百三十四数 六十二局
戊寅 七十五数 三局	庚寅 八十七数 十五局	壬寅 九十九数 二十七局	甲寅 百十一数 三十九局	丙寅 百二十三数 五十一局	戊寅 百三十五数 六十三局
己卯 七十六数 四局	辛卯 八十八数 十六局	癸卯 一百数 二十八局	乙卯 百十二数 四十局	丁卯 百二十四数 五十二局	己卯 百三十六数 六十四局
庚辰 七十七数 五局	壬辰 八十九数 十七局	甲辰 百一数 二十九局	丙辰 百十三数 四十一局	戊辰 百二十五数 五十三局	庚辰 百三十七数 六十五局
辛巳 七十八数 六局	癸巳 九十数 十八局	乙巳 百二数 三十局	丁巳 百十四数 四十二局	己巳 百二十六数 五十四局	辛巳 百三十八数 六十六局
壬午 七十九数 七局	甲午 九十一数 十九局	丙午 百三数 三十一局	戊午 百十五数 四十三局	庚午 百二十七数 五十五局	壬午 百三十九数 六十七局
癸未 八十数 八局	乙未 九十二数 二十局	丁未 百四数 三十二局	己未 百十六数 四十四局	辛未 百二十八数 五十六局	癸未 百四十数 六十八局
甲申 八十一数 九局	丙申 九十三数 二十一局	戊申 百五数 三十三局	庚申 百十七数 四十五局	壬申 百二十九数 五十七局	甲申 百四十一数 六十九局
乙酉 八十二数 十局	丁酉 九十四数 二十二局	己酉 百六数 三十四局	辛酉 百十八数 四十六局	癸酉 百三十数 五十八局	乙酉 百四十二数 七十局
丙戌 八十三数 十一局	戊戌 九十五数 二十三局	庚戌 百七数 三十五局	壬戌 百十九数 四十七局	甲戌 百三十一数 五十九局	丙戌 百四十三数 七十一局
丁亥 八十四数 十二局	己亥 九十六数 二十四局	辛亥 百八数 三十六局	癸亥 百二十数 四十八局	乙亥 百三十二数 六十局	丁亥 百四十四数 七十二局

戊子元七十二局

辛巳		庚辰		己卯		戊寅		丁丑		丙子	
丙申 二百六十九数 六十九局	壬辰 二百六十五数 六十五局	戊子 二百六十一数 六十一局	甲申 百九十七数 五十七局	庚辰 百九十三数 五十三局	丙子 百八十九数 四十九局	壬申 百八十五数 四十五局	戊辰 百八十一数 四十一局	甲子 百七十七数 三十七局	庚申 百七十三数 三十三局	戊子 百四十五数 一局	丙辰 百四十九数 五局
丁酉 二百七十数 七十局	癸巳 二百六十六数 六十六局	己丑 二百六十二数 六十二局	乙酉 百九十八数 五十八局	辛巳 百九十四数 五十四局	丁丑 百九十数 五十局	癸酉 百八十六数 四十六局	己巳 百八十二数 四十二局	乙丑 百七十八数 三十八局	辛酉 百七十四数 三十四局	己丑 百四十六数 二局	丁巳 百五十数 六局
戊戌 二百七十一数 七十一局	甲午 二百六十七数 六十七局	庚寅 二百六十三数 六十三局	丙戌 百九十九数 五十九局	壬午 百九十五数 五十五局	戊寅 百九十一数 五十一局	甲戌 百八十七数 四十七局	庚午 百八十三数 四十三局	丙寅 百七十九数 三十九局	壬戌 百七十五数 三十五局	庚寅 百四十七数 三局	戊午 百五十一数 七局
己亥 二百七十二数 七十二局	乙未 二百六十八数 六十八局	辛卯 二百六十四数 六十四局	丁亥 二百数 六十局	癸未 百九十六数 五十六局	己卯 百九十二数 五十二局	乙亥 百八十八数 四十八局	辛未 百八十四数 四十四局	丁卯 百八十数 四十局	癸亥 百七十六数 三十六局	辛卯 百四十八数 四局	己未 百五十二数 八局

庚子元七十二局

丁亥		丙戌		乙酉		甲申		癸未		壬午	
戊申 二百六十九数 六十九局	壬辰 二百六十五数 六十五局	丙子 二百六十一数 六十一局	庚申 二百五十七数 五十七局	甲辰 二百五十三数 五十三局	戊子 二百四十九数 四十九局	壬申 二百四十五数 四十五局	丙辰 二百四十一数 四十一局	庚子 二百三十七数 三十七局	甲申 二百三十三数 三十三局	庚子 二百廿七数 一局	庚辰 二百廿一数 五局
己酉 二百七十数 七十局	癸巳 二百六十六数 六十六局	丁丑 二百六十二数 六十二局	辛酉 二百五十八数 五十八局	乙巳 二百五十四数 五十四局	己丑 二百五十数 五十局	癸酉 二百四十六数 四十六局	丁巳 二百四十二数 四十二局	辛丑 二百廿二数 二局	乙酉 二百三十四数 三十四局	辛丑 二百廿二数 二局	辛巳 二百廿二数 六局
庚戌 二百七十一数 七十一局	甲午 二百六十七数 六十七局	戊寅 二百六十三数 六十三局	壬戌 二百五十九数 五十九局	丙午 二百五十五数 五十五局	庚寅 二百五十一数 五十一局	甲戌 二百四十七数 四十七局	戊午 二百四十三数 四十三局	壬寅 二百廿三数 三局	丙戌 二百三十五数 三十五局	壬寅 二百廿三数 三局	壬午 二百廿三数 七局
辛亥 二百七十二数 七十二局	乙未 二百六十八数 六十八局	己卯 二百六十四数 六十四局	癸亥 二百六十数 六十局	丁未 二百五十六数 五十六局	辛卯 二百五十二数 五十二局	乙亥 二百四十八数 四十八局	己未 二百四十四数 四十四局	癸卯 二百廿四数 四局	丁亥 二百三十六数 三十六局	癸卯 二百廿四数 四局	癸未 二百廿四数 八局

壬子元七十二局

戊子	己丑	庚寅	辛卯	壬辰	癸巳
壬子 二百八十九数 一局	甲子 三百一数 十三局	丙子 三百十三数 廿五局	戊子 三百廿五数 卅七局	庚子 三百卅七数 四十九局	壬子 三百四十九数 六十一局
癸丑 二百九十数 二局	乙丑 三百二数 十四局	丁丑 三百十四数 廿六局	己丑 三百廿六数 卅八局	辛丑 三百卅八数 五十局	癸丑 三百五十数 六十二局
甲寅 二百九十一数 三局	丙寅 三百三数 十五局	戊寅 三百十五数 廿七局	庚寅 三百廿七数 卅九局	壬寅 三百卅九数 五十一局	甲寅 三百五十一数 六十三局
乙卯 二百九十二数 四局	丁卯 三百四数 十六局	己卯 三百十六数 廿八局	辛卯 三百廿八数 四十局	癸卯 三百四十数 五十二局	乙卯 三百五十二数 六十四局
丙辰 二百九十三数 五局	戊辰 三百五数 十七局	庚辰 三百十七数 廿九局	壬辰 三百廿九数 四十一局	甲辰 三百四十一数 五十三局	丙辰 三百五十三数 六十五局
丁巳 二百九十四数 六局	己巳 三百六数 十八局	辛巳 三百十八数 三十局	癸巳 三百三十数 四十二局	乙巳 三百四十二数 五十四局	丁巳 三百五十四数 六十六局
戊午 二百九十五数 七局	庚午 三百七数 十九局	壬午 三百十九数 卅一局	甲午 三百卅一数 四十三局	丙午 三百四十三数 五十五局	戊午 三百五十五数 六十七局
己未 二百九十六数 八局	辛未 三百八数 二十局	癸未 三百二十数 卅二局	乙未 三百卅二数 四十四局	丁未 三百四十四数 五十六局	己未 三百五十六数 六十八局
庚申 二百九十七数 九局	壬申 三百九数 廿一局	甲申 三百廿一数 卅三局	丙申 三百卅三数 四十五局	戊申 三百四十五数 五十七局	庚申 三百五十七数 六十九局
辛酉 二百九十八数 十局	癸酉 三百十数 廿二局	乙酉 三百廿二数 卅四局	丁酉 三百卅四数 四十六局	己酉 三百四十六数 五十八局	辛酉 三百五十八数 七十局
壬戌 二百九十九数 十一局	甲戌 三百十一数 廿三局	丙戌 三百廿三数 卅五局	戊戌 三百卅五数 四十七局	庚戌 三百四十七数 五十九局	壬戌 三百五十九数 七十一局
癸亥 三百数 十二局	乙亥 三百十二数 廿四局	丁亥 三百廿四数 卅六局	己亥 三百卅六数 四十八局	辛亥 三百四十八数 六十局	癸亥 三百六十数 七十二局

甲子元七十二局

甲午	乙未	丙申	丁酉	戊戌	己亥
甲子 三百六十一数 一局	丙子 三百七十三数 十三局	戊子 三百八十五数 廿五局	庚子 三百九十七数 卅七局	壬子 四百九数 四十九局	甲子 四百廿一数 六十一局
乙丑 三百六十二数 二局	丁丑 三百七十四数 十四局	己丑 三百八十六数 廿六局	辛丑 三百九十八数 卅八局	癸丑 四百十数 五十局	乙丑 四百廿二数 六十二局
丙寅 三百六十三数 三局	戊寅 三百七十五数 十五局	庚寅 三百八十七数 廿七局	壬寅 三百九十九数 卅九局	甲寅 四百十一数 五十一局	丙寅 四百廿三数 六十三局
丁卯 三百六十四数 四局	己卯 三百七十六数 十六局	辛卯 三百八十八数 廿八局	癸卯 四百数 四十局	乙卯 四百十二数 五十二局	丁卯 四百廿四数 六十四局
戊辰 三百六十五数 五局	庚辰 三百七十七数 十七局	壬辰 三百八十九数 廿九局	甲辰 四百一数 四十一局	丙辰 四百十三数 五十三局	戊辰 四百廿五数 六十五局
己巳 三百六十六数 六局	辛巳 三百七十八数 十八局	癸巳 三百九十数 三十局	乙巳 四百二数 四十二局	丁巳 四百十四数 五十四局	己巳 四百廿六数 六十六局
庚午 三百六十七数 七局	壬午 三百七十九数 十九局	甲午 三百九十一数 卅一局	丙午 四百三数 四十三局	戊午 四百十五数 五十五局	庚午 四百廿七数 六十七局
辛未 三百六十八数 八局	癸未 三百八十数 二十局	乙未 三百九十二数 卅二局	丁未 四百四数 四十四局	己未 四百十六数 五十六局	辛未 四百廿八数 六十八局
壬申 三百六十九数 九局	甲申 三百八十一数 廿一局	丙申 三百九十三数 卅三局	戊申 四百五数 四十五局	庚申 四百十七数 五十七局	壬申 四百廿九数 六十九局
癸酉 三百七十数 十局	乙酉 三百八十二数 廿二局	丁酉 三百九十四数 卅四局	己酉 四百六数 四十六局	辛酉 四百十八数 五十八局	癸酉 四百三十数 七十局
甲戌 三百七十一数 十一局	丙戌 三百八十三数 廿三局	戊戌 三百九十五数 卅五局	庚戌 四百七数 四十七局	壬戌 四百十九数 五十九局	甲戌 四百卅一数 七十一局
乙亥 三百七十二数 十二局	丁亥 三百八十四数 廿四局	己亥 三百九十六数 卅六局	辛亥 四百八数 四十八局	癸亥 四百二十数 六十局	乙亥 四百卅二数 七十二局

丙子元七十二局

庚子
丙子 一數 四百三十三局　丁丑 二數 四百三十四局　戊寅 三數 四百三十五局　己卯 四百三十六局
庚辰 五數 四百三十七局　辛巳 六數 四百三十八局　壬午 七數 四百三十九局　癸未 四百四十局
甲申 九數 四百四十一局　乙酉 十數 四百四十二局　丙戌 十一數 四百四十三局　丁亥 四百四十四局

辛丑
戊子 十三數 四百四十五局　己丑 十四數 四百四十六局　庚寅 十五數 四百四十七局　辛卯 四百四十八局
壬辰 十七數 四百四十九局　癸巳 十八數 四百五十局　甲午 十九數 四百五十一局　乙未 四百五十二局
丙申 二十一數 四百五十三局　丁酉 二十二數 四百五十四局　戊戌 二十三數 四百五十五局　己亥 四百五十六局

壬寅
庚子 二十五數 四百五十七局　辛丑 二十六數 四百五十八局　壬寅 二十七數 四百五十九局　癸卯 四百六十局
甲辰 二十九數 四百六十一局　乙巳 三十數 四百六十二局　丙午 三十一數 四百六十三局　丁未 四百六十四局
戊申 三十三數 四百六十五局　己酉 三十四數 四百六十六局　庚戌 三十五數 四百六十七局　辛亥 四百六十八局

癸卯
壬子 三十七數 四百六十九局　癸丑 三十八數 四百七十局　甲寅 三十九數 四百七十一局　乙卯 四百七十二局
丙辰 四十一數 四百七十三局　丁巳 四十二數 四百七十四局　戊午 四十三數 四百七十五局　己未 四百七十六局
庚申 四十五數 四百七十七局　辛酉 四十六數 四百七十八局　壬戌 四十七數 四百七十九局　癸亥 四百八十局

甲辰
甲子 四十九數 四百八十一局　乙丑 五十數 四百八十二局　丙寅 五十一數 四百八十三局　丁卯 四百八十四局
戊辰 五十三數 四百八十五局　己巳 五十四數 四百八十六局　庚午 五十五數 四百八十七局　辛未 四百八十八局
壬申 五十七數 四百八十九局　癸酉 五十八數 四百九十局　甲戌 五十九數 四百九十一局　乙亥 四百九十二局

乙巳
丙子 六十一數 四百九十三局　丁丑 六十二數 四百九十四局　戊寅 六十三數 四百九十五局　己卯 四百九十六局
庚辰 六十五數 四百九十七局　辛巳 六十六數 四百九十八局　壬午 六十七數 四百九十九局　癸未 五百局
甲申 六十九數 五百一局　乙酉 七十數 五百二局　丙戌 七十一數 五百三局　丁亥 五百四局

戊子元七十二局

丙午
戊子 一數 五百五局　己丑 二數 五百六局　庚寅 三數 五百七局　辛卯 五百八局
壬辰 五數 五百九局　癸巳 六數 五百十局　甲午 七數 五百十一局　乙未 五百十二局
丙申 九數 五百十三局　丁酉 十數 五百十四局　戊戌 十一數 五百十五局　己亥 五百十六局

丁未
庚子 十三數 五百十七局　辛丑 十四數 五百十八局　壬寅 十五數 五百十九局　癸卯 五百二十局
甲辰 十七數 五百二十一局　乙巳 十八數 五百二十二局　丙午 十九數 五百二十三局　丁未 五百二十四局
戊申 二十一數 五百二十五局　己酉 二十二數 五百二十六局　庚戌 二十三數 五百二十七局　辛亥 五百二十八局

戊申
壬子 二十五數 五百二十九局　癸丑 二十六數 五百三十局　甲寅 二十七數 五百三十一局　乙卯 五百三十二局
丙辰 二十九數 五百三十三局　丁巳 三十數 五百三十四局　戊午 三十一數 五百三十五局　己未 五百三十六局
庚申 三十三數 五百三十七局　辛酉 三十四數 五百三十八局　壬戌 三十五數 五百三十九局　癸亥 五百四十局

己酉
甲子 三十七數 五百四十一局　乙丑 三十八數 五百四十二局　丙寅 三十九數 五百四十三局　丁卯 五百四十四局
戊辰 四十一數 五百四十五局　己巳 四十二數 五百四十六局　庚午 四十三數 五百四十七局　辛未 五百四十八局
壬申 四十五數 五百四十九局　癸酉 四十六數 五百五十局　甲戌 四十七數 五百五十一局　乙亥 五百五十二局

庚戌
丙子 四十九數 五百五十三局　丁丑 五十數 五百五十四局　戊寅 五十一數 五百五十五局　己卯 五百五十六局
庚辰 五十三數 五百五十七局　辛巳 五十四數 五百五十八局　壬午 五十五數 五百五十九局　癸未 五百六十局
甲申 五十七數 五百六十一局　乙酉 五十八數 五百六十二局　丙戌 五十九數 五百六十三局　丁亥 五百六十四局

辛亥
戊子 六十一數 五百六十五局　己丑 六十二數 五百六十六局　庚寅 六十三數 五百六十七局　辛卯 五百六十八局
壬辰 六十五數 五百六十九局　癸巳 六十六數 五百七十局　甲午 六十七數 五百七十一局　乙未 五百七十二局
丙申 六十九數 五百七十三局　丁酉 七十數 五百七十四局　戊戌 七十一數 五百七十五局　己亥 五百七十六局

庚子元七十二局

壬子	癸丑	甲寅	乙卯	丙辰	丁巳
庚子 五百七十七数 一局	壬子 五百八十九数 十三局	甲子 六百一数 二十五局	丙子 六百十三数 三十七局	戊子 六百二十五数 四十九局	庚子 六百三十七数 六十一局
辛丑 五百七十八数 二局	癸丑 五百九十数 十四局	乙丑 六百二数 二十六局	丁丑 六百十四数 三十八局	己丑 六百二十六数 五十局	辛丑 六百三十八数 六十二局
壬寅 五百七十九数 三局	甲寅 五百九十一数 十五局	丙寅 六百三数 二十七局	戊寅 六百十五数 三十九局	庚寅 六百二十七数 五十一局	壬寅 六百三十九数 六十三局
癸卯 五百八十数 四局	乙卯 五百九十二数 十六局	丁卯 六百四数 二十八局	己卯 六百十六数 四十局	辛卯 六百二十八数 五十二局	癸卯 六百四十数 六十四局
甲辰 五百八十一数 五局	丙辰 五百九十三数 十七局	戊辰 六百五数 二十九局	庚辰 六百十七数 四十一局	壬辰 六百二十九数 五十三局	甲辰 六百四十一数 六十五局
乙巳 五百八十二数 六局	丁巳 五百九十四数 十八局	己巳 六百六数 三十局	辛巳 六百十八数 四十二局	癸巳 六百三十数 五十四局	乙巳 六百四十二数 六十六局
丙午 五百八十三数 七局	戊午 五百九十五数 十九局	庚午 六百七数 三十一局	壬午 六百十九数 四十三局	甲午 六百三十一数 五十五局	丙午 六百四十三数 六十七局
丁未 五百八十四数 八局	己未 五百九十六数 二十局	辛未 六百八数 三十二局	癸未 六百二十数 四十四局	乙未 六百三十二数 五十六局	丁未 六百四十四数 六十八局
戊申 五百八十五数 九局	庚申 五百九十七数 二十一局	壬申 六百九数 三十三局	甲申 六百二十一数 四十五局	丙申 六百三十三数 五十七局	戊申 六百四十五数 六十九局
己酉 五百八十六数 十局	辛酉 五百九十八数 二十二局	癸酉 六百十数 三十四局	乙酉 六百二十二数 四十六局	丁酉 六百三十四数 五十八局	己酉 六百四十六数 七十局
庚戌 五百八十七数 十一局	壬戌 五百九十九数 二十三局	甲戌 六百十一数 三十五局	丙戌 六百二十三数 四十七局	戊戌 六百三十五数 五十九局	庚戌 六百四十七数 七十一局
辛亥 五百八十八数 十二局	癸亥 六百数 二十四局	乙亥 六百十二数 三十六局	丁亥 六百二十四数 四十八局	己亥 六百三十六数 六十局	辛亥 六百四十八数 七十二局

壬子元七十二局

戊午	己未	庚申	辛酉	壬戌	癸亥
壬子 六百四十九数 一局	甲子 六百六十一数 十三局	丙子 六百七十三数 二十五局	戊子 六百八十五数 三十七局	庚子 六百九十七数 四十九局	壬子 七百九数 六十一局
癸丑 六百五十数 二局	乙丑 六百六十二数 十四局	丁丑 六百七十四数 二十六局	己丑 六百八十六数 三十八局	辛丑 六百九十八数 五十局	癸丑 七百十数 六十二局
甲寅 六百五十一数 三局	丙寅 六百六十三数 十五局	戊寅 六百七十五数 二十七局	庚寅 六百八十七数 三十九局	壬寅 六百九十九数 五十一局	甲寅 七百十一数 六十三局
乙卯 六百五十二数 四局	丁卯 六百六十四数 十六局	己卯 六百七十六数 二十八局	辛卯 六百八十八数 四十局	癸卯 七百数 五十二局	乙卯 七百十二数 六十四局
丙辰 六百五十三数 五局	戊辰 六百六十五数 十七局	庚辰 六百七十七数 二十九局	壬辰 六百八十九数 四十一局	甲辰 七百一数 五十三局	丙辰 七百十三数 六十五局
丁巳 六百五十四数 六局	己巳 六百六十六数 十八局	辛巳 六百七十八数 三十局	癸巳 六百九十数 四十二局	乙巳 七百二数 五十四局	丁巳 七百十四数 六十六局
戊午 六百五十五数 七局	庚午 六百六十七数 十九局	壬午 六百七十九数 三十一局	甲午 六百九十一数 四十三局	丙午 七百三数 五十五局	戊午 七百十五数 六十七局
己未 六百五十六数 八局	辛未 六百六十八数 二十局	癸未 六百八十数 三十二局	乙未 六百九十二数 四十四局	丁未 七百四数 五十六局	己未 七百十六数 六十八局
庚申 六百五十七数 九局	壬申 六百六十九数 二十一局	甲申 六百八十一数 三十三局	丙申 六百九十三数 四十五局	戊申 七百五数 五十七局	庚申 七百十七数 六十九局
辛酉 六百五十八数 十局	癸酉 六百七十数 二十二局	乙酉 六百八十二数 三十四局	丁酉 六百九十四数 四十六局	己酉 七百六数 五十八局	辛酉 七百十八数 七十局
壬戌 六百五十九数 十一局	甲戌 六百七十一数 二十三局	丙戌 六百八十三数 三十五局	戊戌 六百九十五数 四十七局	庚戌 七百七数 五十九局	壬戌 七百十九数 七十一局
癸亥 六百六十数 十二局	乙亥 六百七十二数 二十四局	丁亥 六百八十四数 三十六局	己亥 六百九十六数 四十八局	辛亥 七百八数 六十局	癸亥 七百二十数 七十二局

第十二章　术数汇考十二

《太乙人道命法》二

起例

一下祖数，又下岁实数，再下节数，次加本人生日节后之日数。

每节后数至生日止，一日加一万，除本生日不算，将前四项之数并之用七百二十除之，不尽者天数也。次将天数用七十二除之，不尽者为地数即局数也。再将地数用十二除之，不尽者人数也。

有此三数，方能定神将之方。

始定天盘，次安命位，加以日时。

天盘、命位、时元总以时辰为主。

再下身元，然后排十六神之位，加以十格，细推化曜，配以神煞，而终身之大象全焉。

运有大游真数百六流年，再加限例，加以阳九百六行宫。

外有流年，神式流年，卦体而行年备矣。

如戊辰年、丁巳月、辛未日、庚寅时。

上元甲子数一亿三千三百二十三万五千四百五十。

戊辰年一千八百二十六万二千一百二十五。

小满一百五十二万二千八百四十三分七十五秒。

后八日八万。

以上共一亿五千三百一十〇万〇四百一十八分七十五，以七百二十减之。

减法

○○○○○○○○○	二二四二六二八二○二二二四二六二八二○	七七四七一七八七六七三七○七七七四七二	一 二 三 三 四 五 五 六 七

		五	
		七	
○	○五三	八	
十	五二四	一	
百	四一八	四	因用古法比局却多了二日应减去二
千	五二二	○	日作一百八十八
万	三六二八	○○○	八四四六八
十	二二五	一○一二九	八四四三○
百	三八一	三四九九一	一一○
千	三一	五四○ 天	地 ○
亿	一	一一○	

起例歌诀

太乙天盘逆挽轮，本人生月转时宫。

先画地盘，顺布十二宫。将本人生月支加生时支逆行布十二宫，不论男女阴阳皆逆行，取天左旋之义也。

命垣年建加月建，虚数生时按下验。阴阳逆顺有定元，命诀干支日上见。

用本人生年支加生月支虚数至生时支止便是安命之宫，须看生日干支，阴阳以分顺逆。阳男顺数，阴男逆数，阴女顺数，阳女逆数。

命兄妻子与帛田，官奴疾福相父现。身宫轮背命垣行，月加日兮时上寻。

将本人生月支加生日支虚数，至生时支止，便是安身之宫。如命顺布则星逆行，命逆行则身顺布，男女皆然。

飞禄年干居生位，本人日上纵横配。飞马时干同一理，游行背禄是其拟。甲乙长生归亥神，戊己从来依午成。

飞禄下长年，干长生之宫，阳男阴女顺，阴男阳女逆安之。飞马下时，干长生之宫，禄顺则马逆，禄逆则马顺安之。顺逆俱以生人之日干为主，用年干者非也。

凡禄到官，禄宫住三年，余皆一年一宫，马逢疾厄官，则住三年，余只一年。

天盘地盘二十宫图

定天盘

将本人生月支加生时支逆行布十二支，不论男女阴阳皆逆行，取天左旋之义。假如以巳月加于地盘寅时之上，逆布午于地盘之丑。次未在地盘之子。次申在地盘之亥，直至辰在地盘之卯，为天盘之十二宫也。

定命宫

用本人生年支加生月支，看生日干支阴男逆女顺阳男顺女逆，数至生时，即命宫。假如以辰年加巳月，地盘上看生日是辛未，阴男宜逆，即于地盘巳上起辰逆数，地盘辰上是巳。地盘卯上是午。次寅上是未，丑上是申，直至未上是寅。生时即命宫立地盘未宫也。次从一命宫起顺布，二兄弟、三妻妾、四男女、五财帛、六田宅、七官禄、八婢仆、九疾厄、十福德、十一相貌、十二父母。

定身宫

将本人生月支加生日支，如命顺，则身逆；如命逆，则身顺。数至生时支便安身宫。

假如以己月加地盘生日未上看，前安命是阴男逆数者，今便从未上起巳顺数，申上午，次酉上未次戌上申，直至辰上寅是生时，便安身宫。

定飞禄飞马

飞禄看年干长生宫起，以日干阴男逆女顺、阳男顺女逆，定其顺逆；飞马看时干长生宫起，顺逆与飞禄相反。

甲寅乙卯丙子丁亥戊戌己酉庚申辛未壬午癸巳

假如戊辰年，戊禄起午，阴男逆行；庚寅时，庚马起巳，阴男顺行，以后每宫一年飞禄逆行，惟遇官禄，则住三年；飞马顺行，惟遇疾厄，则住三年。

定黑符

看时干定皆一宫一年以论流年。

长生甲卯乙亥丙寅戊午庚己巳癸壬申

假如庚寅时，则黑符在申顺行。

定五福

看天数，今一百八十八下天盘申宫。

定三基

君基看天数，今一百八十八下天盘辰宫。

臣基看地数，今四十四下天盘子宫。

民基看人数，今八下天盘巳官。

定局数

看地数，今四十四，即用四十四局，查七十二局内第四十四局，所开主算三十三，客算十四。以下各神一一查明，照天盘写于地盘之内。

假如四十四局小游在天盘子宫，四神在天盘寅宫，直至客参将在天盘午宫，然后看天盘各星所临对地盘是何宫，分以断吉凶。

定大游真限

看时支，从六合支辰行起。

假如寅时生，则寅与亥合，从亥宫行限起至七岁止，次八岁入寅宫至十八岁止，次十九岁入巳宫至二十二岁止。逐宫一一查明，次看官限有何星神，以断此限数年之吉凶。

大游限起法

以正时所合之支起，限行之下于地盘，各宫多寡先后不等，详列于后。

生时（以下入地元位）						
丑五年	酉六年	午七年	亥七年	寅十一年	巳四年	
子四年	卯十三年	辰十二年	未六年	申五年	戌五年	

生时	子	丑	寅	卯	辰	巳	午	未	申	酉	戌	亥
以下入地元位	丑五	寅四	卯八	辰五	巳七	午四	未七	申十	酉八	戌十	亥四	寅一
	酉一	卯七	辰十	巳一	午十	未八	申十	酉三	戌一	亥五	子五	卯十
	寅十	辰四	巳六	午十	未三	申九	酉四	戌八	亥十	子二	丑六	辰四
	卯九	巳五	午十	未四	申二	酉五	戌六	亥六	子四	丑八	寅七	巳五
	辰六	午三	未三	申九	酉一	戌十	亥十	子七	丑三	寅三	卯十	午三
	巳七	未六	申一	酉二	戌七	亥二	子三	丑五	寅八	卯十	辰三	未六
	午一	申七	酉二	戌五	亥四	子六	丑五	寅七	卯一	辰五	巳一	申十
	未八	酉六	戌六	亥六	子五	丑七	寅九	卯六	辰四	巳六	午六	酉七
	申一	戌三	亥七	子七	丑二	寅四	卯六	辰五	巳六	午七	未六	戌五
	酉八	亥四	子四	丑四	寅六	卯五	辰七	巳四	午六	未一	申七	子八
	戌七	子一	丑五	寅七	卯五	辰九	巳八	午八	未二	申四	酉二	丑六
	亥五	丑五	寅八	卯五	辰八	巳五	午五	未五	申五	酉八	戌五	亥八

周而复始。

大运

当生卦

推值事之爻，以当生受炁之辰，阳用初升之例，阴用六降之法也。

其法用本人生日生时之干支，并纳音五行之数相并毕，再加天地成数，总得若干，以甲子周六十除之，余不及六十者，从本人生日退一位逆数去至算尽处，得何干支为受炁也。

大抵阳象则从初位而上升；阴象则从六位而下降。总之，凡遇阳爻主事九年，每值阴爻主事六载也。

至于后天变卦，只变一爻，以成卦不更移动耳，行运位次总同首卦例，当生卦明平生分定进退之事，变动卦乃立业之限也。

限例太乙

即命宫十五，兄二十，妻三十一，男三五半，财四十，田四五，官宫六十，奴六四半，疾七一半，福八二半，相九六半，父百〇六。

大运

下地盘先于生月之宫住五年，然后移宫各住十年，阳男阴女顺，阴男阳女逆。

大游限

下地盘正时之合宫，起限行之，即真数行度也。

丑五	酉六	午七	亥七	寅十一	巳四
子四	卯十三	辰十二	未六	申五	戌五

周而复始。

阳九限

先从化炁之宫住若千年，次则每十年行一宫，男顺女逆行之。单取当生之日干，化炁五行，各从生方而起，值吉则吉，逢凶则凶。

如甲己日化土生于午后，午宫起限住五年，至六岁方移至次宫也。

乙庚日化金其数四，生于巳宫；

丙辛日化水其数一，生于申宫；

丁壬日化木其数三，生于亥宫；

戊癸日化火其数二，生于寅宫。

百六限

单取生日、生时之天干地支及纳音，三项所积生成之数。

再加大衍之数，总得若干，六十除之，不尽者，从生日起退一位逆行至算尽处，得何干支、为受炁，以此化炁。五行用水一、火二之长生宫起限，每十年一移，男顺女逆行之。

小运

流年卦

查平生所得卦数，再加行年所得命数，六十四除之，不尽者为流年值限之卦也。

大抵即以当生卦为主，而一岁再加一卦。如主卦乾，而一岁即坤之象也。

爻

以四金之终身例求之，次以先天定爻衍之也。

真运

下地盘取岁干化合，五行从地盘位上顺行一年一宫。

先于化合五行长生宫数上住若干年，然后行去化合五行，即水一、火二之类。

看流年冲合，以详灾福。

小运

下地盘即小壬之法也。男起丙寅顺行，一年一位。女起壬申逆行，一年一位也。

限元

下地盘从天命位起，一年一宫，阳顺女逆。

百六小限

依大限例，但男逆女顺，一年一移也。数至本人行年位即为小限所在之宫，便起正月也。如小限顺则月建逆耳，再加飞星之吉凶，以断灾福则奇验也。

三合

合化：甲己化土。

长生：水长生在申，土生在午。

先天：水一，火二，木三，金四，土五。起小限用此。

后天：水七，火九，木十一，金十三，土十五。日时干支、纳音用此。

天地

成数：即大衍，五十有五。

六十甲子纳音及日上起时图

阴阳	干支	所属	干支
子阳	甲阳	子水	甲木
丑阳	乙阴	丑土	乙
寅阳	丙阳	寅木	丙火
卯阳	丁阴	卯木	丁
辰阳	戊阳	辰土	戊土
巳阳	巳阴	巳火	巳
午阴	庚阳	午火	庚金
未阴	辛阴	未土	辛
申阴	壬阳	申金	壬水
酉阴	癸阴	酉金	癸
戌阴		戌土	
亥阴		亥水	

起小限法

自本人生日干支，生时干支，纳音五行之数，再加天地成数，总得若干数，以甲子周六十除之，余不及六十者，从本人生日退一位，逆数去至算尽得何干支，为受炁。受炁天干须看合化五行，从地盘长生宫照先天数起小限。

小限例

须分男子阳逆阴顺，女人反之。数至本人行年住处，即是小限所在之处。即从小限上起正月，如小限顺则月建逆，小限逆则月建顺。再看飞星之吉凶，以断灾福则奇验也。

大限则阳男顺，阴男逆。

其行宫之法：长生起首之宫，只主先天本数或水一土五，满此限则或二或六之数行至次宫也。是此方每宫看十年耳。

起大限小限式

如辛未日庚寅时，辛七、未八，加纳音十五，共三十，庚八、寅七，加纳音十一，共二十六。总之得五十六，加天地生成五十五，共一百一十一，内去甲子一周六十，存五十一。从辛未日退后数五十一日，得壬戌日，为受炁之日。天干壬化水在地盘长生亥宫起三年，从此每宫三年轮去，名为百六大限。

若从亥宫起男逆、女顺一年一宫移去，名百六小限也。

再从小限之宫起正月，男顺女逆，一月一宫布，去看逐月飞星吉凶。

安身命宫杂论

凡阴阳二命顺行者，不拘何年、月、日、时，命垣之位总不离乎，天盘本命所属之宫也。

凡阴阳二命所属与生时同属者，不拘何月生人，其命垣二位即是天盘本命所属之宫也。

凡阴阳二命顺行者，其十二时所生之人，各宫神将分列坐位皆同，虽依时移宫安命，其实十二宫之神永不移耳。

所不同者，唯空亡二宫与夫诸神之落宫衰旺尔，至若日元一宫之神，则确乎其不移也。

凡推查正时之刻者，天数地数人数三者并无加减，惟天盘则前后移一位耳。

如欲推上刻，将子字照原式在地盘退后一宫。

如欲推下刻，将子字照原式在地盘顺进一宫。

命宫如顺安者，总不离原生之命支位也。如逆转者，则宫位前后更易之。

如原式命宫在天盘之午位者，欲推上刻，则安于天盘之辰位；欲推下刻，则安于天盘之申位是也。

身元凡顺行者：如原式在地盘寅宫者，欲推上刻，则在地位之丑上是。欲推下刻，则在地位之卯上是也。

凡逆行者：如原式在地盘寅宫者，欲推上刻，则在地位之卯上是。欲推下刻，

图格合星诸宫二十

臣基 五福 君基 天乙 主大 臣基	子位君基 名朝会格	地乙仝戌宫断	客大格 值身命长生 同客大断 四神 主参 七土神 地乙在命有吉助为 陈陈宅否戚
古今业会也 如君位元在重格断 禄丙戌午朝君位 全名本午朝会格断 全福生元在寅格断 全君位元在寅断 值身命长生	地乙同戌宫断	禄寿同临格 夹格 拱财帛宫 亦拱身命官禄主贵 君臣担贡格 又三合有民臣福格 福德宫又福德宫一位 见三合有民福格 史高寿主贵 得用格定是金门客名三基	身命仝申 地乙仝申断 身命单见 小游独旺是高寿格 单见又小游独旺元星 丙辛见大客临旺是元文 客大文昌临旺是两府格 身命有福后主人相或凤声已 铸印格 化身多愁 值身命临 命为 君基福引尊君基格
客大宜身命神仙格 飞符值身命长生格 始击同	地乙同戌宫	福寿同临格 身命或官禄主富 君臣担贡格 亦夹身命有五福更贵	地乙同申断会吉又 大贵 地乙同申会吉又 文昌 君基 臣基 五福 客 小文昌 小游 君基 子后教君臣 全值身命小游临 史人有吉临一为立 帝座同亥断 元官星贵 帝星化禄主干

诸星在身命合格断

高寿格

福星守福德是也，身命见五福独旺亦是，小游独旺无星杂亦是。

正贵格

君基临亥、子上谓之居帝座上，有文昌辅之，主文字立身扬名，若化作禄，主干元官星者，主大贵。

君臣庆会格

须在身命即落陷宫亦好，在戌、午、亥、子尤佳。更有别星三五相聚主禄，碌盖杂乱无主也。如在生人禄上，又名上重格，主今古豪杰。

君前臣后格

如君在子、臣在亥是也。在身命宫主入相，不然亦主风宪之任。如倒置，则不贵，若三五星杂乱，则名屯蒙格，主不贵。

君臣朝会格

如君在子、臣在午是，倘君午臣子谓之颠倒不贵；君在亥、臣在巳同。

福引尊君格

命身有福星，后一位见君是也。

福君朝元格

如君基在亥，五福在巳是也。

正重格

如五福在亥，君基、臣基得一位在巳是也。

福君拱夹格

如身命在亥，君在戌，五福在子是也。如不拱身命而拱财，主多财，贵显夹官禄亦主贵。

长生格

如身命在亥，见小游客参，身命在申，见客大主参，余仿此。

神仙格

如身命单见客大临旺是也。又云客大在卯，云可步也。

历数贵格

如身命在辰、戌，丑、未见地乙是也。更会吉神，主大贵。

旺金贵格

如身命在酉，见主大是也。若同文昌必夺魁，三合见亦是。

铸印威权格

如身命在酉，始击临之是也。

三基得用格

三基居福德，定是金门客。

两府格

丙辛生人，身命见客大，文昌临旺是也。

金玉格

主大在酉，不问身命，主豪杰为吏。

长生格

小游在亥，谓之长生。三合见天乙，主大为吏人，有吉星立身高。

金克木格

小游在酉，化天元禄主，谓之金克木，为吏也。一生眉不伸，有亦恐无。

君臣担负格

如君在戌，臣在子，身命在亥是也。若身命有五福，更贵三合。有民基亦贵。

相傅格

此福臣共一位，又三合君基主拜相。

孤立格

此官禄有飞符或有君臣引用，亦主极品之贵。

禄马同临格

飞禄、飞马夹命或身宫俱主贵。

君臣夹福格

君基、臣基夹五福在身命宫，大贵不可多得。

宿秀格

地乙在命，主乞化，若有吉星在申、酉、戌上，却又主为阴阳二宅。

图之位得宫二十入神六十

君基化贵 主大科名 天乙科名	飞符入庙 始击入庙	小游禄库	臣基化贵 君基化贵 五福入庙 文昌入庙 计神入庙 主大入庙 客大科名 科名
五福入庙 臣基禄库 文昌禄库 民基入侍 客大入侍 地乙入侍 四神入侍			主大入庙
小游入庙 客小入庙			君基入庙 臣基入侍 计神入侍 始击入庙 地乙入庙
飞符科名 始击禄库 小游入侍 禄库	天乙入侍 主大入侍 君基禄库 五福入庙	君基化贵 臣基入侍 文昌入侍 客大入庙 四神入侍	君基化贵 臣基入侍 文昌入庙 计神入侍 客参科名 科名

十格

小游宫，同始击曰掩。

小游宫，同文昌，客主大小将曰囚。

小游宫一位或前或后，有始击曰击。

始击在主大小将傍亦是。

小游宫前后一位，有文昌及主大小将曰迫。

小游对宫，有始击，客大小将曰格。

小游对宫，有文昌，主客大小将曰对。

始击同主大小将曰关。

文昌同客大小将曰关。

算同亦然。

客主大小将自同宫。

文昌始击同太乙宫，主客四将又自相关，名四郭固。

三局 十一局 十七局 六十六局

客参同文昌宫，客参同主大宫名四郭杜；

主参同始击宫，主参同客大宫名四郭杜；

算五亦然。

已上计五项。

太乙文昌挟客名曰提挟；

二局小游文昌挟始击；

太乙始击挟主名曰提挟；

三十五局小游始击挟文昌；

三十九局小游始击挟主小；

又有二曰与四将挟太乙；

二十九局始击客大挟小游；

主客二目并大小将互相自挟也。

二十四局互相自挟；

文昌主大小将会太乙，挟始击客大小将。

十三、六十、六十三、主小文昌挟始击。

三十二，小游主小挟客小。

六十五，主小文昌挟客小。

四十九，文昌主大挟始击。

始击客大小将会太乙，挟文昌主大小将。

四十六，始击客大挟主大小

文昌始击相对曰争衡。

始击同君曰掩。

余五附驾名囚。

隔一宫辰而附之，始击之击也。

余五附之，名迫同而寻。

格者对也外将之总忌。

对者冲也，内将之通名，六格者，由君位而立也。

关亦同宫也，不列君位缘，相将之互同。合算如之。

四郭固者，谓二相掩囚，又值四将相关也。

四郭杜者，二参互同相位，二参互同大宫也。算五亦然。

至于提挟，乙昌挟客，乙击挟主也。

此正十格之所以立也。

外有始击同主大小者，亦有掩名其实相关也。

附主大小之间者，亦名击焉。

文始相将，争衡而立。

四将同宫，关格而鸣。

挟者挟也，将曰挟太乙也。又有主客二目并大小将互相自挟也。

大抵提挟之名，外三会乙以挟内，内三会乙以挟外也。

凡太乙文昌，始击在阳宫，得三九奇数，谓之纯阳。

其数自临为重阳。故三十三、三十九为重阳之算也。

得四八偶数，谓之杂阴。

其数自临为阳中重阴。故二十四、二十八与阴偶之数并为杂重阴。故二十二、二十六为杂重阴之算也。

凡太乙文昌始击在阴宫，得二六偶数，谓之纯阴。

其数自临为重阴。故二十二、二十六为重阴之算也。

得一七奇数谓之杂阳。

其数自临为阴中重阳，故十七、十一为重阳，与阳奇之数并为杂重阳。故十三、十九、三十一、二十七为杂重阳之算也。

上和者，乃阴阳自和之数，其相配为和中之和。故十四、十八为上和之算也。

一、四、八皆阴阳自和之数。

中和者，乃阴阳独立之数，其阴阳之数相并而为和。故二十三、二十九、三十

二、三十六为次和之算也。

二、六、三、九皆阴阳独立之数。

下和者，乃阴阳独立之数，与阴阳自和之数相配亦为和。故十二、十六、二十一、二十七、三十四，三十八为下和之算也。

上和之算，天地庆会，阴阳交通，士人高第，宦者荣迁，庶人财帛丰盛，田畴广盈。

中和之算，福禄迁崇，灾咎不作。

下和之算，福平安吉，平生幽雅，财禄滋实。

值此三和之算，虽遇九六灾限，则反凶而成吉也。

算得杂重阳之数，为穷塞驳杂之人，值运穷数极阳九百六灾限之年，则有囚困、刑狱、瘟疫之厄，不然则卒中风、邪暴亡，长幼哭泣，宜修德禳之。

算得杂重阴之数，为飘流驳杂之人，值运穷数极阳九百六灾限之年，则有流离失所，非横阴暗，不明之祸凶则致命。

算得阴中重阳之数，为阴乱其阳，乃波浪驳杂之人，多经险阻，更带囚迫，乃风狂之徒，有刑狱之厄阴人。逢之产厄、血崩，若值运穷，数极阳九百六灾限之年，凶不可逃也。

算得纯阳之数，为人太过，刚暴，乃阳之过也。值运穷数极阳九百六灾限之年，则有横暴之厄、金银失散，轻则悲哀，重则绝灭。

算得纯阴之数，为人不及柔狠，乃阴之过电。值运穷数极阳九百六灾限之年，则有刑囚徒配天伤之祸，女人得之，为不正乱礼而遭害也。算得三才无算，更逢掩击囚迫格，再兼星煞相克，主为人有妨，六亲破业败家，多为不正之事也。

无天数者，少而伤父、破产、失业、金帛丧废，小不习礼，大不守正之人也。

算中无十为无天，自单一至九算是也。

无地数者，少而伤母、破废田宅，而损妻也。

凡算中无五，为无地，单一、单四十一、十四、二十一至二十四、三十一至三十四皆是也。无人数者，有家不立，有官不守失人之所在，官致有刑责，金玉荡散，在士庶言而无信，行多虚诡，衣禄常不及也。

无一为无人，自十算二十、三十、四十是也。

三才俱无算者，得一算而带囚是也。灾祸尤甚。

此算得三才中有关缺三字二位算者，命宫虽有高强之位，又有福星临之，亦不免于刑狱之灾，或常患痈毒疮癣及瘟疫之疾。

以上种种克应，非曰事事全合，方为的然。内有一事来应，则为不爽矣。何也？盖天下古今人命同此一理，而式中星辰互相更变，非专重一算而可以定其终身也，惟以理通变为要。

七百二十总算成例

（上栏，自右至左，以「一百」「二百」「三百」为标。每列皆记一二三四五六七八九之序，末缀二位数。）

三百						二百						一百					
一二三四五六七八九 十三 一二三四五六七八九 十四	一二三四五六七八九 十一 一二三四五六七八九 十二	一二三四五六七八九 十九 一二三四五六七八九 百	一二三四五六七八九 十七 一二三四五六七八九 十八	一二三四五六七八九 十五 一二三四五六七八九 十六	一二三四五六七八九 十三 一二三四五六七八九 十四	一二三四五六七八九 十一 一二三四五六七八九 十二	一二三四五六七八九 十九 一二三四五六七八九 百	一二三四五六七八九 十七 一二三四五六七八九 十八	一二三四五六七八九 十五 一二三四五六七八九 十六	一二三四五六七八九 十三 一二三四五六七八九 十四	一二三四五六七八九 十一 一二三四五六七八九 十二	一二三四五六七八九 十九 一二三四五六七八九 百	一二三四五六七八九 十七 一二三四五六七八九 十八	一二三四五六七八九 十五 一二三四五六七八九 十六	一二三四五六七八九 十三 一二三四五六七八九 十四	一二三四五六七八九 十一 一二三四五六七八九 十二	

（下栏，自右至左，以「四百」「五百」「六百」「七百」为标。）

七百						六百						五百						四百					
十一 十二	十九 百	十七 十八	十五 十六	十三 十四	十一 十二	十九 百	十七 十八	十五 十六	十三 十四	十一 十二	十九 百	十七 十八	十五 十六	十三 十四	十一 十二	十九 百	十七 十八	十五 十六	十三 十四	十一 十二	十九 百	十七 十八	十五 十六

太乙人道论命要诀

太乙看数，先观命宫为主。

察其何星守命，旺陷何如。

次看对照及三方之神。

如命宫对照三方皆吉，乃以上格论之。

如命宫星陷，对照三方得吉，亦以好格论。

如命宫星吉，对照三方皆凶，当作常命论。

如命宫星陷，对照三方皆凶，乃下等论也。

再看身元，

身元要在强宫，遇吉则吉，遇凶则凶，逢凶星，更落陷，则更凶。

若身元旺吉，而命宫衰，是为命否身泰，亦许安闲。至于命好而身衰，即如下贱之人财多身弱也，以身为重，命次之。

更看时元，

言时元，乃晚年之象，子孙之父，若遇星吉，主晚年发福，及子孙好。如时元星凶，主晚年收成不足。

大凡看数，若身、命、时宫皆是凶星，却在庙旺之地，依旧发福，更有吉星扶助，则变凶成吉。

于星先看五福，

看数之法，祖数要下得的实，先看五福，次君基，次臣基，次民基。

一云以臣基为主，又云男命看五福，女命看臣基。大抵好星要在强宫，如星虽好，落在衰宫，终碌碌也。

论贵人于化曜，先看天元禄主，

天元禄或临身命及对宫，与三方旺而入庙入侍或同吉星旺，命、身、生时星皆旺，则贵无疑矣。即无科甲星，而有吉星合照者，亦可许贵。如同凶混，不以贵论。

次看正官星、天元官星、偏禄主地元，福干元星。

若聚在身、命、生时或散在身、命、生时多是二、三品之贵，更乘旺可至一品，或聚在福德、官禄二宫亦贵。

如入命之星不旺，只化星及禄主在官禄、福德之宫，与夫身元、日时之位者亦作文秀命论。若但文星、贵星见于凶星，成吏命也。

论富命必看命宫之星旺相，或民基禄主福星人身、命、生时及田财福之宫，不贵即富。

巨富格：身、命见计神在四季宫，无杀混而财帛有吉神。

论贫命看命、身星陷及无气，又财帛逢凶，此贫命也。

身、命、日时旺陷相杂，非贵、非富、非贫、非贱，乃寻常命也。

身命逢掩击关囚无倚，此贱命也。

天元、地元、干元、官星、身、命、生时俱无一位，身、命又落在陷宫，则为下贱，为僧、道，乃无情之格也。

若是命空亡，身在衰乡，而有天元禄主者，必在空门立身，食僧道禄也。

身宫断

身宫要在福德乡，更会禄马最高强。

命坐禄马虽身陷，亦不可作平常断之。身坐禄马有吉星入格，多主一、二品之贵。命、身坐禄马无吉星，有飞符却在官禄乡，多风宪之职。

妻妾之宫为人赘，相逢疾厄定为殃。

身居疾厄有四神，主为医，亦不免有暗疾缠扰。

如值空亡必孤寡，九流僧道细推详，更来奴仆宫中立，男非贵显女非良。

天元、地元、干元、官星、身、命、生时俱无一位，身、命又落陷宫，僧道之格。

命空亡，身在衰乡，而有天元、禄主，必在空门，食僧道禄。

身宫无四神，有别星化鬼，又落空亡，又地乙坐命，此乞丐格。

如飞始临身命，又福德宫在空亡，多奴仆格。

飞始在身命，流年岁星对照，难免血光之灾。如贵人命有此二星，太岁冲之，更值真数，主有杀戮之厄。

还须看命元、日元、时元及禄马所临或衰、或旺，孰吉孰凶，消息断之，不可执一而论。

　　身在财帛宫，有五福或化、或不化，皆主财帛丰盈。如见飞符，则多聚多散。

时日冲犯及衰败逢凶断

　　时日相冲人切忌，
　　时日冲年寿不长。
　　五行衰处逢凶煞，
　　必定其年到死乡。

```
亥 申 巳 寅 亥 申 巳 寅 亥 申 巳 寅 亥
此 七 六 九 五 二 五 四 止 一 三 止 三 七 二 百 止 百 七 十
百 〇 百 止 止 百 止 百   百 止 百 止 百 九 三 十 九 止
三 四 十 十 十 八 十 四   止 三 止 此

子 酉 午 卯 子 酉 午 卯 子 酉 午 卯 子
二 七 五 六 止 六 一 五 四 四 止 三 三 六 止 二 百 九 三 二
止 百 止 百   百 止 百 止 百   百 止 百 五 十 十
二 六 〇 五   九 三 十   十   十 九 二 止 岁 止 起

戌 未 辰 丑 戌 未 辰 丑 戌 未 辰 丑
四 六 七 止 五 止 五 六 四 九 三 二 三 五 二 八 二 止 百 五
止 百 止 百   百 止 百 止 百   百 止 百 七 十 七
八 十 二 七   五 九 四 八 十   十 十 一 止
```

五福天数例

　　十九算行一宫，看天数下天盘，从亥起顺行。

君基天数例

　　三十算行天一度，看天数下天盘，从戌上起顺。

上表

未	辰	丑	戌	未	辰	丑	戌
止六百六十	止五百七十	止四百八十	止三百九十	三百止	二百一十止	百二十止	三十止此

申	巳	寅	亥	申	巳	寅	亥
止六百九十	六百止	止五百一十	止四百二十	三百三十止	二百四十止	百五十止	六十止

酉	午	卯	子	酉	午	卯	子
止七百二十	止六百三十	止五百四十	止四百五十	三百六十止	二百七十止	百八十止	九十止此

下表

未	辰	丑	戌	未	辰	丑	戌
六十六	五十七	四十八	三十九	三十	二十一	十二	三

申	巳	寅	亥	申	巳	寅	亥
六十九	六十	五十一	四十二	三十三	二十四	十五	六

酉	午	卯	子	酉	午	卯	子
七十二	六十三	五十四	四十五	三十六	二十七	十八	九

臣基天数例

三算行一宫，看地数下天盘，从戌上起顺。

民基人数例

一算行一宫，看人数下天盘，从戌上起顺。

```
未  辰  丑  戌
十  七  四  一

申  巳  寅  亥
十一 八  五  二

酉  午  卯  子
十二 九  六  三
```

七十二局十二神方位表

主客	游四天地飞昌 大小计击击害窜 大小皆下天盘
一子七 天一地四人十 亥亥亥申申寅巳 化积累	
二丑六 天六地五人九 亥酉酉申申寅巳 化积累	
三寅一 天元地十人五 亥亥酉辰戌亥寅卯午 化诗神	
四卯二 天四地九人七 亥酉辰戌寅申戌亥 飞计会福化神	
五辰五 天四地元人六 午午酉酉亥 飞计会地化诗检	
六巳二 天十人五地四 午午申戌戌 文客大金福化诗神	
七午八 天十一地七人五 寅寅子未申丑寅 化将神	
八未一 天元地四人五 寅寅子未申丑亥戌 大四化秦大金输将天四	
九申三 天元地十人五 寅寅子丑卯午酉 化将神	
十酉三 天元地四人五 卯卯巳子卯午辰午 大四化神四化诗道	
十一戌四 天元地三人五 卯卯巳子辰申亥 化将神	
二十亥三 天一地四人五 卯卯巳丑子午申亥 文客大金福化神	
二十子一 天三地四人五 酉辰戌巳巳申子申亥 化将神	
三十子二 天八地十人三 酉辰戌巳子卯寅巳申 化积累	
四丑十 天八地九人四 酉辰戌亥寅申戌亥 化将神	
五十酉九 天七地十人四 酉辰戌亥午巳申子申 钟化积累	
六卯一 天元地三人四 申酉未午戌申亥 二秦化神文金累地化神	
七十辰七 天元地三人二 申酉未午戌申亥 飞计会民化逆检	
八十巳七 天六才元地二 申酉未午戌申子酉子 计四会民化将窜	

流年飞星

飞星十六神看天整位，仍天盘。假令一岁流年五福在子，至六岁仍在子宫，交七岁始入丑宫。余仿此。

上表

第一列（右）：始击 阳火 飞符 阴火 二星 寅午戌巳九年余六年

亥	戌	酉	申	未	午	巳	辰	卯	寅	丑	子
六子十二	六亥十二	六戌十二	六酉十二	六申十二	九亥十二	九午十二	六巳十二	六辰十二	九卯十二	六寅十二	岁亥十二
丑十	亥一子十	亥一子十	酉二戌十	申八戌十	五申一酉十	未四申十	巳五午十	辰一巳十	辰七巳十	卯二辰十	寅一卯十
寅七卯三	寅六卯三	子七丑三	戌二丑三	戌七亥三	戌三亥三	未十酉三	未十酉三	巳七午三	辰七巳三	辰七巳三	辰二巳三
辰九巳四	辰八巳五	寅四卯四	寅四卯四	卯八辰五	子四丑五	戌五亥四	戌二亥四	戌八亥四	申五戌四	午一申五	午一未四
午五未六	午七未六	午三午六	辰五午六	辰六午六	寅三卯四	子七丑五	子七丑三	子七子六	申七戌五	申三戌六	申七戌三
申三酉九	申二酉七	申二申七	午十巳六	辰九午七	辰九辰七	寅三寅七	寅九寅七	寅七寅七	戌六亥六	戌六亥七	戌八亥四
戌五	戌四	戌四	未八申四	未八未四	辰六巳四	卯五巳四	卯九辰四	卯八辰四	子二子八	子七子八	子四

下表

第一列（右）：文昌 阳土 臣基 阳土 民基 阴土 三星 辰戌丑未六年余三年

亥	戌	酉	申	未	午	巳	辰	卯	寅	丑	子
三子六	六亥九	三戌九	三酉九	六申九	三未九	三午九	三巳九	三辰九	九寅九	六丑九	三子六
丑十二	子十二	亥十二	戌十二	酉十二	申十二	未十二	午十二	巳十二	辰十二	卯十二	寅十二
寅十五	丑十八	子十五	亥十五	戌十五	酉十五	申十五	未十五	午十五	巳十八	辰十八	卯十八
卯十八	寅二十一	丑十八	子十八	亥十八	戌十八	酉十八	申十八	未十八	午二十一	巳二十一	辰二十一
辰二十四	卯二十四	寅二十一	丑二十一	子二十一	亥二十一	戌二十一	酉二十一	申二十一	未二十四	午二十四	巳二十四
巳五十二	辰七三十	卯二十四	寅二十四	丑二十四	子二十四	亥二十四	戌二十四	酉二十四	申二十七	未三十	午二十七
午三十	巳三十三	辰三十	卯三十	寅三十	丑三十	子三十	亥三十	戌三十	酉三十三	申三十三	未三十三
未三十六	午三十六	巳三十三	辰三十三	卯三十三	寅三十三	丑三十三	子三十三	亥三十三	戌四十二	酉四十二	申三十六
申三十七	未三十九	午三十六	巳三十六	辰三十六	卯三十六	寅三十六	丑三十六	子三十六	亥四十五	戌四十五	酉九十六
酉四十二戌	申三十七酉	未四十二申	午四十五未	巳四十七午	辰四十八巳	卯三十九辰	寅三十九卯	丑三十九寅	子四十八	亥四十二子	戌四十八

小游 阳木　亥卯未寅 六年余三年

子	丑	寅	卯	辰	巳	午	未	申	酉	戌	亥
子三	丑三	寅三	卯三	辰三	巳三	午三	未三	申三	酉三	戌三	亥三
丑六	寅六	卯六	辰六	巳六	午六	未六	申六	酉六	戌六	亥六	子六
寅九	卯九	辰九	巳九	午九	未九	申九	酉九	戌九	亥九	子九	丑九
卯十二	辰十二	巳十二	午十二	未十二	申十二	酉十二	戌十二	亥十二	子十二	丑十二	寅十二
辰十五	巳十五	午十五	未十五	申十五	酉十五	戌十五	亥十五	子十五	丑十五	寅十五	卯十五
巳十八	午十八	未十八	申十八	酉十八	戌十八	亥十八	子十八	丑十八	寅十八	卯十八	辰十八
午二十一	未二十一	申二十一	酉二十一	戌二十一	亥二十一	子二十一	丑二十一	寅二十一	卯二十一	辰二十一	巳二十一
未二十四	申二十四	酉二十四	戌二十四	亥二十四	子二十四	丑二十四	寅二十四	卯二十四	辰二十四	巳二十四	午二十四
申二十七	酉二十七	戌二十七	亥二十七	子二十七	丑二十七	寅二十七	卯二十七	辰二十七	巳二十七	午二十七	未二十七
酉三十	戌三十	亥三十	子三十	丑三十	寅三十	卯三十	辰三十	巳三十	午三十	未三十	申三十
戌三十三	亥三十三	子三十三	丑三十三	寅三十三	卯三十三	辰三十三	巳三十三	午三十三	未三十三	申三十三	酉三十三
亥三十六	子三十六	丑三十六	寅三十六	卯三十六	辰三十六	巳三十六	午三十六	未三十六	申三十六	酉三十六	戌三十六
子三十九	丑三十九	寅三十九	卯三十九	辰三十九	巳三十九	午三十九	未三十九	申三十九	酉三十九	戌三十九	亥三十九
丑四十二	寅四十二	卯四十二	辰四十二	巳四十二	午四十二	未四十二	申四十二	酉四十二	戌四十二	亥四十二	子四十二
寅四十五	卯四十五	辰四十五	巳四十五	午四十五	未四十五	申四十五	酉四十五	戌四十五	亥四十五	子四十五	丑四十五
卯四十八	辰四十八	巳四十八	午四十八	未四十八	申四十八	酉四十八	戌四十八	亥四十八	子四十八	丑四十八	寅四十八

客大 阳水　申子辰亥 六年余三年

子	丑	寅	卯	辰	巳	午	未	申	酉	戌	亥
子三	丑三	寅三	卯三	辰三	巳三	午三	未三	申三	酉三	戌三	亥三
丑六	寅六	卯六	辰六	巳六	午六	未六	申六	酉六	戌六	亥六	子六
寅九	卯九	辰九	巳九	午九	未九	申九	酉九	戌九	亥九	子九	丑九
卯十二	辰十二	巳十二	午十二	未十二	申十二	酉十二	戌十二	亥十二	子十二	丑十二	寅十二
辰十五	巳十五	午十五	未十五	申十五	酉十五	戌十五	亥十五	子十五	丑十五	寅十五	卯十五
巳十八	午十八	未十八	申十八	酉十八	戌十八	亥十八	子十八	丑十八	寅十八	卯十八	辰十八
午二十一	未二十一	申二十一	酉二十一	戌二十一	亥二十一	子二十一	丑二十一	寅二十一	卯二十一	辰二十一	巳二十一
未二十四	申二十四	酉二十四	戌二十四	亥二十四	子二十四	丑二十四	寅二十四	卯二十四	辰二十四	巳二十四	午二十四
申二十七	酉二十七	戌二十七	亥二十七	子二十七	丑二十七	寅二十七	卯二十七	辰二十七	巳二十七	午二十七	未二十七
酉三十	戌三十	亥三十	子三十	丑三十	寅三十	卯三十	辰三十	巳三十	午三十	未三十	申三十
戌三十三	亥三十三	子三十三	丑三十三	寅三十三	卯三十三	辰三十三	巳三十三	午三十三	未三十三	申三十三	酉三十三
亥三十六	子三十六	丑三十六	寅三十六	卯三十六	辰三十六	巳三十六	午三十六	未三十六	申三十六	酉三十六	戌三十六
子三十九	丑三十九	寅三十九	卯三十九	辰三十九	巳三十九	午三十九	未三十九	申三十九	酉三十九	戌三十九	亥三十九
丑四十二	寅四十二	卯四十二	辰四十二	巳四十二	午四十二	未四十二	申四十二	酉四十二	戌四十二	亥四十二	子四十二
寅四十五	卯四十五	辰四十五	巳四十五	午四十五	未四十五	申四十五	酉四十五	戌四十五	亥四十五	子四十五	丑四十五
卯四十八	辰四十八	巳四十八	午四十八	未四十八	申四十八	酉四十八	戌四十八	亥四十八	子四十八	丑四十八	寅四十八

主大
阳金
巳酉丑申六年余三年

主参
阴水
四神
阴水
二星申子非得亥三年余二年

地乙 阴土 辰戌丑未三年余二年

亥	戌	酉	申	未	午	巳	辰	卯	寅	丑	子
子	亥	戌	酉	申	未	午	巳	辰	卯	寅	丑
丑	子	亥	戌	酉	申	未	午	巳	辰	卯	寅
寅	丑	子	亥	戌	酉	申	未	午	巳	辰	卯
卯	寅	丑	子	亥	戌	酉	申	未	午	巳	辰
辰	卯	寅	丑	子	亥	戌	酉	申	未	午	巳
巳	辰	卯	寅	丑	子	亥	戌	酉	申	未	午
午	巳	辰	卯	寅	丑	子	亥	戌	酉	申	未
未	午	巳	辰	卯	寅	丑	子	亥	戌	酉	申
申	未	午	巳	辰	卯	寅	丑	子	亥	戌	酉
酉	申	未	午	巳	辰	卯	寅	丑	子	亥	戌
亥	酉	申	未	午	巳	辰	卯	寅	丑	子	

天乙 阴金 巳酉丑申三年余二年

亥	戌	酉	申	未	午	巳	辰	卯	寅	丑	子
子	亥	戌	酉	申	未	午	巳	辰	卯	寅	丑
丑	子	亥	戌	酉	申	未	午	巳	辰	卯	寅
寅	丑	子	亥	戌	酉	申	未	午	巳	辰	卯
卯	寅	丑	子	亥	戌	酉	申	未	午	巳	辰
辰	卯	寅	丑	子	亥	戌	酉	申	未	午	巳
巳	辰	卯	寅	丑	子	亥	戌	酉	申	未	午
午	巳	辰	卯	寅	丑	子	亥	戌	酉	申	未
未	午	巳	辰	卯	寅	丑	子	亥	戌	酉	申
申	未	午	巳	辰	卯	寅	丑	子	亥	戌	酉
酉	申	未	午	巳	辰	卯	寅	丑	子	亥	戌
申	酉	申	未	午	巳	辰	卯	寅	丑	子	

上表（客参 阴木 亥卯未寅三余二年）

亥	戌	酉	申	未	午	巳	辰	卯	寅	丑	子	客参 阴木 亥卯未寅三余二年
子	亥	戌	酉	申	未	午	巳	辰	卯	寅	丑	
丑	子	亥	戌	酉	申	未	午	巳	辰	卯	寅	
寅	丑	子	亥	戌	酉	申	未	午	巳	辰	卯	
卯	寅	丑	子	亥	戌	酉	申	未	午	巳	辰	
辰	卯	寅	丑	子	亥	戌	酉	申	未	午	巳	
巳	辰	卯	寅	丑	子	亥	戌	酉	申	未	午	
午	巳	辰	卯	寅	丑	子	亥	戌	酉	申	未	
未	午	巳	辰	卯	寅	丑	子	亥	戌	酉	申	
申	未	午	巳	辰	卯	寅	丑	子	亥	戌	酉	
酉	申	未	午	巳	辰	卯	寅	丑	子	亥	戌	
戌	酉	申	未	午	巳	辰	卯	寅	丑	子	亥	

下表（计神 阴土 辰戌丑未六年余三年）

子	丑	寅	卯	辰	巳	午	未	申	酉	戌	亥	计神 阴土 辰戌丑未六年余三年
亥	子	丑	寅	卯	辰	巳	午	未	申	酉	戌	
戌	亥	子	丑	寅	卯	辰	巳	午	未	申	酉	
酉	戌	亥	子	丑	寅	卯	辰	巳	午	未	申	
申	酉	戌	亥	子	丑	寅	卯	辰	巳	午	未	
未	申	酉	戌	亥	子	丑	寅	卯	辰	巳	午	
午	未	申	酉	戌	亥	子	丑	寅	卯	辰	巳	
巳	午	未	申	酉	戌	亥	子	丑	寅	卯	辰	
辰	巳	午	未	申	酉	戌	亥	子	丑	寅	卯	
卯	辰	巳	午	未	申	酉	戌	亥	子	丑	寅	
寅	卯	辰	巳	午	未	申	酉	戌	亥	子	丑	
丑	寅	卯	辰	巳	午	未	申	酉	戌	亥	子	

年干化曜起例歌

天元官星

辛壬年生，五福成名，乙庚主将，戊臣己民。丁甲小游，丙人客将，戊癸伐星，俱有威望。

干元

干元一位看年干，戊己君臣分类研。

父母星

得其益荫。

父母来生年干位，庚辛臣民各从类。

年干化曜表

	甲	乙	丙	丁	戊	己	庚	辛	壬	癸
天元官星		小游	主大	客大	小游	民基	主大	五福	五福	始击
						始击				
干元星	小游	客参	始击	飞符	君基	臣基	主大	天乙	客大	主参
父母星	客大	主参	小游	客参	始击	飞符	臣基	民基	主大	天乙

日干化曜起例歌

天元禄主

禄主化禄推，甲己是君基。乙庚从主大，丙辛客大宜。丁壬小游贵，戊癸始击奇。命中如遇此，名姓达天墀。更看宫衰旺，以定官高卑。

偏禄

复有偏禄主，亦可作维持。臣基好甲乙，辛壬五福绥。计文六己禄，以定官高卑。

官星

官位从来克日十，壬癸民臣丙四言。

妻财

妻财日克己四神，甲乙臣民依此寻。七干阴阳从类起，上与父母一般陈。

主大发财。

忌星

甲己化土忌小游，乙庚日兮始击愁。丙辛地乙从来忌，丁壬天乙最为忧。戊癸号火惟嫌水，四神之位理同求。

忌星，大嫌入官禄。

鬼星

日鬼壬计癸地乙，阴阳从类反官防。

鬼星，大忌入命。

凡鬼、忌二星在身、命、日时之宫，主为人懒散，作事有头无尾，或恃聪明而不钻研。大抵在财帛，则忌财帛。临福德，则忌其福，立妻妾内人，难德容双美，居子息，则男女多迍，入官禄，则忌官禄也。

日干化曜表

	天干	天元禄主	偏禄	官星	妻财	忌星	鬼星
甲乙丙丁戊己庚辛壬癸		君基主大客大小游始击君基主大客大小游始击	臣基臣基　地乙计神　民基臣基	天乙主大四神客大客参小游飞符始击民基臣基	臣基民基主大天乙四神客大四神小游始击飞符　文昌	小游始击地乙天乙四神小游始击地乙天乙四神	主大天乙客大四神小游客参始击飞符计神地乙

日支化曜歌

润下二客福星为，

炎上君文二曜存。

从革日支民主大，

君基臣基始击评。

皇恩日马对冲位，

依法求之类自神。

日支化曜表 <small>命宗作君基文四吉。</small>

	寅午戌	巳酉丑	申子辰	亥卯未
地元福星	君基 文昌 四神 吉	民基 主大 有	客大 客參 臨	臣基 始击 是
皇恩星	寅 地盘宮	巳	申	亥

诸星入十二宫庙旺表

	子	丑	寅	卯	辰	巳	午	未	申	酉	戌	亥
入庙	客大 文昌		小游 五福		始击				主大主大 君基文昌			
四神	主参 天乙		客参 民基		飞符		客大		计神 计神			
入侍	子	丑	寅		辰						戌	
	臣基 主大 小游	五福			客大						地乙	
民基				客大								
文昌				地乙								
四神						巳		未	申			亥
贵人	子					巳		未	申			亥
君基						巳		未	申		臣基	臣基

科名禄库赦文官分诸星

科名			禄库				赦文此帝王格		
寅 飞符 始击	巳 主大 天乙	申 五福 君基 臣基 民基 文昌 主大	亥 客大 主参 计神 地乙	亥 小游 文昌 客参 计神	丑 五福 君基	寅 小游	辰 臣基 文昌	未 小游	小游 文昌 亥为天门 巳为地户 文昌 申为人门 寅为鬼路 对更在天门

鞭策星

文昌主大名鞭策，天元禄主号科甲。

此宿逢之自显荣，科甲之年自然合。

对宫禄马亦来冲，君臣文主还相从。

飞禄行度官禄宫，文阵扫魁谁与共。

飞马不困八难位，一朝衣锦称荣贵。

若科甲年无此星，不准中式。

论飞禄飞马

凡飞禄飞马并者，仕人必荐拔，或对照者，逢科甲年则及第，不问克陷衰旺，皆利。若非科甲年，亦主近贵发福，常人遇之，定发财福。官禄宫中见飞禄，发贵成名荣九族，飞马不困八难宫，鹗飞霄汉朝天域。

流年遇五凶，此岁须当慎，禄宽马紧时，男女皆同认。煞逢禄马限，五凶光灿烂，一梦入南柯，长夜何时旦。命坐禄马虽身陷，亦不可作平常断之。

身坐禄马有吉星入格，多主一、二品之贵。

命身坐禄马无吉星，有飞符却在官禄宫，多风宪台察之职任。

论空亡

命落空亡，为人性好闲静。若吉凶星相杂，为性不常。

若命空亡，身在衰乡，而有天元、禄主者，必在空门立身，食僧道禄也。

大凡天元、地元、干元、官星、身、命、生时俱无一位，身命又落在陷宫，则为下贱，为僧道，乃无情之格也。

身宫空，主离乡背井，倚草附木，贴闲补空，狂荡飘蓬，轻浮怠慢，脱东算西，行止无定，宿食寺观，凑合修缉，传书度信，歌妓杂剧。

年、月空，主初生无依，祖居无倚，父母刑伤，身不自立，六亲间离，多招阻滞。

生日空，主妻伤子损，碌碌区区，成败进退，多忧少乐。

生时空，主鳏寡孤独，烦恼哀虑，思愁抑郁，饥饱劳逸，风痨瘫痪无善终。

空亡入限破田庄，妻子须防有损伤，财帛不惟多散失，更愁寿算入泉乡。

金空则鸣火空发，水空日夜流不息，不惟财宝积如山，官禄重重无断绝。

第十三章　术数汇考十三

《太乙人道命法》三

十六神吉凶赋

欲究太乙，宜明十六神。先推身命之吉凶，再察日时之衰旺。君基尊重，福禄资生；五福包藏，财帛冠世。四神一曜最主清贫，飞符一星多生偃蹇。臣基专任按法，为执古之人。民基好德去灾，享悠长之福。诚以始击大恶，文昌最仁。主大秉性清奇，临相貌则威严无匹；小游善于记识，在身命则诚伪莫摇。计神历仓库之职任，客大统旅众而驰驱。主客二参困人成事，天地两乙半世迍邅。小游客大，少女无男。始击计神，克亲损己。四神地乙，被刺多谋；天乙飞符，贪名无赖。五福遇臣基，必登相位；小游逢计宿，御史提刑。文昌地乙心胸，似江海之深；民基计神，金玉积仓箱之厚。客大主参，足恩多礼；君基四神，惜言不愚。文昌飞符，自知难达；客参五福，破祖离居；主大民基兮，流浪无定；臣基始击兮，清廉不污。飞符与二客同宫，身无进地。主大共四神同位，兵佐皇图。可怜遭横死，皆因飞四之逢；堪叹尔聋盲，只为地天之遇。臣基始击临未上，无问尊卑；君基飞符会寅宫，育痴男女。锦鞲绣勒者，计神辰方遇文宿。玉带金鱼者，主大酉地同始星。欲知贵后剥官，计始之临天禄；因何富中破产，飞符之来命元。心毒貌慈，主参天乙。身骄意傲，地乙小游。文星照计神，利济而有权；小游会臣基，高明而劝赏。小游同主大，已上荣华；始击见计神，辰中恬淡。天乙四神跨于离，蹈水赴火；地乙五福宴于酉，自缢投河。客参始击，一世颠连；主参飞符，终身羁绊。民基天乙会，四神助以贵；君基飞符同，五福因而殃。地乙在田庄，总富而有限；飞符在财帛，聚散乃不常。

十六神分合吉凶总断

每以生时身命，为富贵之分。衰旺休囚，有贫贱之别。君臣五福关身命，舜禹一堂；文计镇星在日时，伊汤千载。文昌计神，跨合凤池，高掌丝纶；五福臣基，同宫鸳序，批还敕诏；主客同福临身命，皇华绣衣而一道观风；始击君基获福星，乌府论列而两行侍从。真数会始，则鬼路难逃。大游际文，而雄飞可必。禄马遇鞭策，虽九万里皆在下风。计民合福星，则百万贯充塞宇宙。主大客大，名帅副得局，则多宜斧钺之威；天乙地乙，号孤星失位，则难得子孙之荫。禄元不欲离局，福曜不喜孤临。此其大略也，更须详明焉。

（五福）

五福总论

五福太乙属土，实上天赐福之神也。所临分野，无盗贼、兵戈、饥馑、疾疫之祸。在人身命日时，主五福兼备，聪敏正直。负挺特之资，秉超卓之气。天才颖悟，学识精微。道德崇高，功业超著。为国柱石，作世范模。负不世才，建非常功。天神不犯，地兵不损。更会吉星逢旺，必大贵。

旺陷例

五福阳土星，旺辰戌丑未。福申亥，陷寅卯。

化曜

天福、十福、天解、天医、天星。

五福赋

福星阳土之精，上天赐福之神。忌临宫于寅卯，喜安位于坤申。陷更杂凶，孤贫困苦旺。坤申还集，吉福德科名。入身命，正当四季之宫，身多福寿；加官禄，适临亥子之位，职掌权衡。见君星王侯之位，逢臣曜宰辅之勋。会民分，只财厚而难贵；遇飞分，乃后衰而先兴。同四神，为鄙吝之宿；见天乙，乃贪滥之星。逢小游，贵而常保；并地乙，富而不仁。会文昌，贵为卿相；同主大，尊为大臣。小将分，则近贵而发；客小分，同游宦而兴。遇计神，财盈禄厚；遭始击，胆大心英。会客大于旺宫，宣威沙漠；临官禄之要地，武镇边城。直符冲关，更居陷乡，必行凶而为盗；伐宿会合，又临亥子，喜驰骋而多淫。入福德之宫，还多寿考；居疾厄之位，无病终身。流年随宫分发达，大游依岁数升腾。照田宅进产业，居财帛添宝珍。

五福临十二宫分歌

子宫五福号天奇，
遇之身命日时宜。
只怕木神相聚合，
一生作事不逢时。

喜生春夏，秀气所钟，
秋冬逢陷，穷困夭亡。

丑宫五福最清幽，
此位从来拱斗牛。
身命逢之多福寿，
管教一世享优游。
寅宫五福曰天丧，
衰陷难教福寿昌。
若有伐星符会此，
纵然富贵亦难长。

主被山林恶物所伤，及脓血之疾。若同地乙，主安贫乐道。

卯宫福至号天休，

福浅灾深怨与愁。

任是同宫临吉曜，

资财星散总难留。

主祖业难居身，多流落，虽同吉星，财亦难聚。

辰宫五福号天昌，

富贵荣华姓氏香。

若得三基文宿合，

青衫脱却换黄裳。

辛、壬、丙、午生人遇之必贵显。主一生少疾病，亦多安乐。

巳宫五福主远游，

清闲懒散亦风流。

情和只是口头恶，

离祖方能遂所求。

主离祖发福，丙辛生人则贵。

午宫福到号天明，

身命逢之心志灵。

只为火炎成土燥，

得成名处却无成。

主远离父母或父母不全。

未宫五福号天权，

吉曜加时富贵全。

易姓更名定荣显，

他年侍御在金銮。

日生则贵，夜生平平，亦要更姓改名。

申宫五福实为强，

若会文昌更显扬。

年少青灯苦勤读，

传胪及第锦衣郎。

主禀性正直，深谋远虑，化为科名星，更得吉聚，主黄甲先登，康宁寿考。

酉宫五福号天荣，

赫奕声名众所宗。

君宿文星更同住，

豹变龙骧上九重。

会君基王侯之尊，文昌宰辅之贵，强星混杂，破格不贵，凶星尤忌。

戌宫五福名极旺，

化成大吉号天忠，

不惟名利俱昌大，

抑且身安衣禄丰。

必得祖宗荫下富贵，名高利厚。

亥宫五福最为安，

天门得地乃朝元，

独行定是英雄客，

职任元戎镇九边。

独行为权谋星，乃英雄豪杰，文武全才。最忌飞始混杂，则减福力矣。

上中下三等断

五福丑辰申亥上，

中巳戌午鼠羊鸡。

寅卯宫中推下等，

申科丑禄庙居辰。

辛壬遇者天元禄，

日时身命最为奇。

天资颖慧如神悟，

器大才宏福寿齐。

上利公卿居宰辅，

三基相遇世间稀。

中多富贵民司牧，

堆金积玉又何疑。

下等清幽非俗客，

一生淡薄也相宜。

既知本位衰和旺，

还须三合辨精微。

五福在身命日时宫杂论

五福如何定，难为一概陈。

五行从水土，十干喜壬辛。

要守时兼日，宜临命与身。

太阳辰入庙，武德申科名。

显禄须逢丑，危灾遇卯寅。

酉生还得用，富贵两全人。

五福临宫福最多，

吉星环拱意如何。

不惟福寿兼全格，

绝号当途第一科。

身命生时值福星，

人间富贵总超群。

儿孙荣显家门旺，

福比乔嵩寿比椿。

五福之星最是奇，

人生若值福崔巍。

若是更来身命上，

腰悬玉带挂金鱼。

福星拱福应天阶，

功镇边陲将相才。

帝座若逢当正拜，

虎貔旌旆入三台。

五福申辰福寿长，

那堪更在斗牛乡。

惟是卯寅灾蹇滞，

一生贫困以安常。

（君基）

君基总论

君基太乙属土，又名贵人星，又名科名星，为紫微大帝。诸星之主，群曜之尊，执掌权衡，较量天地人间之事。所在分野，无兵戈盗贼。人民安乐，五谷丰登；在人身命日时，主科甲巍峨，职任清显，尊居宰辅，位列三台，秉性威严，立身纯正；若身命日时无此星，虽贵不能近君，或累举不登科。

四柱相并则福厚，在旺位临年月上者，早年发福，日时上者，中晚成名。

若与凶星同宫，必然旺中有失，为遁世真仙。

君基一名科甲星，又名贵人星，主高科贵显，然须要吉星相辅，方能大贵。若独行无辅，为有君无臣，乃君命不行，则不能贵。如空陷，则为僧道，乃九流之命，在陷同凶，乃市廛之命。至于福君挟夹身命，福君朝会君臣，朝元入十大贵格也。

君基属土，富贵之星，正直聪明，学术精工。遇旺科名贵显，无陷则宰辅公卿。旺地逢凶，清高隐士。空亡刑克，非道即僧。若在女命，子贵夫荣。

一云：居禄主为叛逆臣，见身元为克薄子，逢禄马死于非命。

旺陷例

君基阳土星，旺辰、戌、丑、未，福申、亥，陷寅、卯。

化曜

紫微、太阳、天贵。

君基赋

惟君基之一曜，斡璇玑之十神。会五福于申辰，贵而寿考；同臣基于丑戌，际会风云。民基为财宝之星，庭集珠履；行度在官禄之上，名覆金瓯。在仆马兮，堆金积玉，难言乎贵；照子孙兮，浮花浪蕊，当反为忧；飞符不喜相逢，人有犯上之性。居禄主作叛逆之臣，见身元乃克薄之子。逢禄元则死于非命，值福德则亡于恶病。立相貌则五岳有伤，合财帛则一生鄙吝。四神有清修之操，相逢为道荫之星。非神仙乐道之人，则温雅幽闲之士。

君基临十二宫分歌

子位君基号正崇，

偏生别室喜相逢。

若加参从同宫位，

父正须教母异踪。

主科名荣贵，虽无吉星相扶。亦是衣禄自然。又同丑宫论。

丑位君基号殿元，

如心称意足田园。

平生操履无亏欠，

夫妇荣华子息全。

同文昌，则入相，腰金衣紫清华重禄。无吉星亦衣食丰余，且有后福。

寅位君基号毛头，

家计徒夸富者俦。

始积金珠终久败，

更兼名位亦难求。

禀性刚烈，多主军门横死。有吉星亦主兵权。

卯位君基号天亏，

百计俱无亦何施。

名利到头成就晚，

亲情不协更分离。

主恩残义薄，喜怒不常。衰废无寿，不利远行。

辰位君基号天璇，

清厚为人享福缘。

念寡怜贫犹自可，

又能宽大保长年。

必是异路骤发功名久远。

巳上君基号地官，

吉曜同此性偏宽，

若逢五福来同位，

富贵功名耸众观。

若逢始击，不免劳碌。

午宫君基号天基，

兴废从来火旺离。

土到此宫多躁暴，

谋心未息贵心机。

士子、馆阁、清职、庶人。主财丰

因何弑逆与离宫，

游伐符星天厄同。

自是数穷来恶运，

伐高何处觅元凶。

丑未寅卯是离宫，

纵有伐星果何用。

身宫池醉伐星高，

国破家亡因女宠。

未位君基号天垣，

素有家资享福缘。

若与文臣相会合，

曰名曰禄两俱全。

主贵，食天禄临事，威猛性达。市井得之。骤发无后。

申位君基号玉堂，

官宫旺相主文章。

文昌主大相加会，

绿鬓声名四海香。

化科名贵人，必登黄甲。主清华之职。黑头宰相。

酉位君基号天罡，

秋夜生人元气强。

志大心劳何日了，

尽教名利两相妨。

生于夏秋则安宁，春冬劳碌，或为医卜方士丹客。

戌位君基号玉华，

漠谋自是合中佳。

吉星相助资财厚，

天使声名播远遐。

主财丰富，清高慕仙，子孙功名福禄，得君眷顾。

亥上君基号天权，

不管人间福禄缘。

若遇周天诸忌宿，
又防身寿不长绵。

甲、己生人，则多福禄。

上中下三等断

君基四季号端门，
中利亥兮巳子申。
酉午卯寅推下等，
照人身命贵超群。
若遇凶星来会合，
清高处世作仙真。
如逢吉曜同临照，
台省公卿近至尊。
上利经纶为宰辅，
中居词翰亦沾恩。
如临下等兼空陷，
规矩方知艺术人。
职任公卿得令名，
只缘身命值斯星。
若临四季无凶破，
玉殿金銮作贵人。
巳申亥上贵英贤，
出入机关巧百端。
声誉自能扬海内，
几多威望耸人观。
君基本性自然高，
家业丰隆应富豪。

若值申宫并巳亥，

当年定自作官僚。

君基为福最称奇，

身命逢之福禄齐。

若在旺乡时与日，

他年龙虎拜丹墀。

旺宫，谓四季及亥、子宫也。

四柱身宫及命宫，

君星居旺福隆崇。

年月初兮日中主，

时为末限利名通。

君基星杂论

君基尊居亥子间，

丑寅时诞实为难。

更须母德临坤位，

文武高排左右班。

不阶尺土有人民，

亭长谁知是帝星。

若得君基临福德，

将军又出紫微庭。

君王何事喜神仙，

意在蓬莱万万年。

无奈四神居福德，

清高天乙又同躔。

君基天乙在命，四神在福。

君居官禄命辰戌，

伐符临照并地乙。
前勾后绶两三逢，
五宅三居依法律。
多少穷人有君躔，
如何天禄竟难沾。
只因落在空陷位，
凶会浮生只市廛。

君基失陷

庶民何必用君星，
官贵方知此曜临。
若是此星居恶弱，
斯人不过受廛氓。
君基时贵在空亡，
僧道当由此处详。
三台如无四神照，
又将寒士作商量。

君基在时空亡

君基带德近天位，
艺术逢之亦豪贵。
看看待沼金马门，
荣拜天恩由技艺。
荣华富贵度平生，
五福君基共计神。
何事不曾沾寸禄，
只因飞伐又临身。

五福君基在命，飞伐在身。

一点君星入帝宫，
伐前符后福临东。
身居天位时为德，
乱世英雄可令终。
身居八煞将星高，
疆上驰名惯六韬。
君宿南面端受职，
伐星又要禄宫遭。
富贵中年不自知，
幼年贫贱果何如。
君星盖为亏刑极，
五福生来却在时。
始击君基难共居，
功成名遂果何如。
只因五福来相救，
变祸为祥福有余。

君始同身命，五福拱之。

臣弑其君子弑父，
符伐君星同一处。
主将相对命如何，
又向将军快驰骛。

君始在身命，主大拱之。

此星幸矣出尘缘，
身命安排地与天。
生怕君基同伐宿，
一生狱讼受迍邅。

飞符游伐与同居，

剥职休官祸有余。

纵得文昌来救助，

几回仕路暗嗟吁。

君基、小游、又飞伐。

君基文昌福有余，

计神主客更相扶。

身宫命运逢三合，

也教敷陈皋禹谟。

君基、文昌、计神、主大。

巳酉之气最无气，

君基何用临斯位。

若逢地乙与飞符，

多是愚顽凶恶辈。

君基、飞符、地乙在巳、酉。

君基同主客，文宿更居身。

未论三公贵，先看五马荣。

（臣基）

臣基总论

臣基太乙属土，又名太阴，又名招摇。此星在紫微垣，辅佐上帝，下辖二十八宿。乃上天六官之长，斡旋造化之机，执持威福之柄。在人身命日时，不克陷，无凶宿同宫，为人心性纯朴谨信，临事不苟，聪明正直，英萃文秀。秉超卓之气，立挺特之资。贵极人臣，常亲帝座。最忌五凶同宫，主文而不秀，更忌小游。

得旺则三台贵显，无陷则执掌权衡。旺中逢吉，必然卿监郎官；逢凶遇陷，定是文而不秀。

旺陷例

臣基阳土星，旺辰戌丑未。福申亥，陷寅卯。

化曜

太微、太阴。

臣基赋

臣基阳土，喜临申辰之位；招摇吉宿，怕立寅卯之宫。会镇星，富贵两全；逢紫微，风云庆会。民基号财宝之宿；同局有青云平步之才；飞符号凶暴之星，临官遭退职停禄之咎。君同要旺，虽贵而心狠性严；始并陷宫，虽强而刑外克内。四神号曰孤星，而有清修之德；居身命禄元，而有贤节之名。天乙有威武之心，地乙有雄强之性。同照不克而不陷，斯有大仁而大德。小游为正直之星，不贪不妒；文昌乃文才之曜；最贤最明。有登金门之贵，为秉麾钺之臣。四海皆兄弟，一视而同仁。主大乃帅门之格，西宫为节度之权。资质巍峨而才德莫测，文武经纬而英雄始专。主参为帅府之臣，计神乃财库之职。陷宫则无可无否，旺位则有见有职。见官禄官封海外，遇福德侯门傅师。始击有勇锐之志，主性不良；天乙见身命之宫，仁者有勇。客大则为外帅，最有才德。在朝为令史之官，在外掌按台之职。客参有退休之志，命元有慵懒之心。为人无臧否之别，在身时为依附之人。居婚宫不宜外族，立仆位自践而荣。入福德福必依倚，临财帛财发因人。

臣基临十二宫分歌

子宫臣基名天逸，

作事疏通亲少力，

纵然名利早如心，

不若勤求厚利积。

富贵深谋亦云寡合。

丑位臣基号碧光，

生来荣耀便非常。

身虽闲散心多虑，

主作员郎与监郎。

甲己生人贵显，夜生性不躁，日生多忧不宁。

寅上臣基木益荣，

自如一宿好安身。

半清半浊半文雅，

方得平生聚宝珍。

会吉星，男科名，女封号。

春夏永寿，秋冬贫夭。

卯位臣基入木宫，

禀性原来不众同。

言辞磊落声名秀，

只利移居不利

必是早离父母，克害六亲，或刑父母。

限数忌之，丧祸之应，中防夭折。

辰宫臣宿挂金章，

生气相逢喜倍常。

自是精神不尘俗，

更逢吉曜富田庄。

巳上臣基不合宜，

天废为名主目亏。

身命逢之忧血疾，

若居疾厄更凶危。

主当权无功，依享他人之福，至老身心不宁。在身命，有血光之疾。

午位臣基对君基，

地道无成不得宜。

百倍威风当减等，

先虚后实可前知。

生于秋冬之间，则贵显，主持帅权。

未上臣基曰贵桓，

生来端的是英贤。

吉星相会功名显，

飞始相逢福力偏。

不问男女，主清孤克子，若会吉星，则贵显。

申位臣基曰黄堂，

禀性虚灵终莫强。

声誉蔼然腾海内，

女清男贵寿而昌。

主少年发达，三方星杂照作富论。

西位臣基曰不周，

生愁口眼见亏休。

为人作事多成败，

且见心高未有头。

会吉星方丰衣食。喜玩好。

戌位臣基曰荐文，

文昌相会动乾坤。

清闲燕逸无荣辱，

权国经邦节钺存。

主文武兼备，威烈酷刑。

亥位天门臣入宫，

营谋指画满胸中。

若逢君宿同宫分，

清朝早入位三公。

主刚烈、正直，位极人臣。

上中下三等断

臣基上戌未丑辰，

子午亥申中等分。

卯酉巳寅为下等。

最宜六己命生人。

身命日时无陷克，

爵高位显极人臣。

四神天地凶星会，

减贵倾荣秀不文。

上等公卿亲帝座，

若非守土必丝纶。

中居廊庙琴堂任，

下等清幽艺术名。

一云：上等中书为辅佐，中等递运最劳形。若逢下等多庸俗，技术舟车仆隶人。

在酉、子、巳宫多招暗疾，若非木石伤残，必带疤痕点痣。

居壬、戌、申、丑，必主文明。

妻奴宫处世尘埃，身命宫禁庭显贵。

臣基科甲成名早，

频建功名相位新。

惟忌妻宫与仆位，

空劳尘世祸相侵。

人生身命值臣基，

乘旺何忧发福迟。

衣食绵绵不劳力，

钧衡大任以优为。

衣锦腰金入庙堂，

不为公相也丞郎。

臣基最喜居身命，

必主荣华得富强。

土宿臣基纯厚称，

天才颖悟学渊深。

若临四杜逢宫旺，

少年应是作公卿。

臣基临旺世间稀，

位跻公卿结主知。

声誉播传天下晓，

姓名书记太常旗。

不谗不佞更聪明，

骨鲠尤能察狱情。

且是恤孤兼念寡，

安民阜国享升平。

乘旺在亥，主历清华之任，为公卿。

察狱讼，有富国安民之庆。

臣基星杂论

臣基如共四神来，

文计兼全日主排。

身命时中逢亥子，

定膺爵土至三台。

臣基四神在亥、子，会文计，同在亥、子宫，主得水利，或羽姓人扶富贵。

臣基亦是贵人星，

旺位须教一点明。

臣后君前文计会，

便看垂手取功名。

臣后君前会文计。

臣基本是贵人星，

文计游星共吉神。

四季宫逢称得地，

清华声誉出王庭。

臣文游计同在四土位。

君臣庆会合为官，

何以时为贫贱看。

盖为星躔俱退伏，

福星官禄了无干。

君臣同陷。

天乙如同妙绝伦，

为文为武总超群。

更逢主大同临照，

极品高官荫子孙。

臣基天乙同在申酉会主大，同申酉宫至武贵，商姓人扶发福。五金中得利，更逢主大王侯之命。

为臣何不面天颜，

只为君星位向闲。

若更臣基居晦没，

此生名位极艰难。

五福科名在命垣，

身居禄库庙居辰。

文昌主大三基并，

必是当年食禄人。

文昌主大计臣同，

四柱临之在旺宫。

更逢客大真为贵，

身列公侯将相中。

臣文计或会主或会客。

臣基一宿独居申，

主大当权助四神。

定是弃文来就武，

雄文伟略肃边尘。

臣基、主大、四神在申。

臣基一宿多犹豫，

天乙刚数宜相遇。

君罕更在禄元来，

必挟飞龙正乾御。

臣基、天乙、君禄元。

名位因何知假手，

小游臣基命宫守。

文昌落在无力方，

福德之宫福星有。

臣基、小游在身命福居福。

世禄何由得见知，

须将五福父宫推。

君基又向当头立，

主大当权仔细推。

文星遇贵命宫臣，

何故还非食禄人。

只为空亡逢五鬼，

此生却好作公身。

五刑何事及王侯，

家破身亡作楚囚。

无奈臣基同伐宿，

飞符三合又同游。

臣会飞伐。

山中宰相果何如，

不事王侯不济时。

只为四神并尊曜，

仙风道骨乃真师。

臣基四神。

臣基临戌为入庙，

入相皇家正年少。

必须午位有君基，

寅上文昌三合照。

臣基在戌，君基文昌三合。

臣基文昌居馆阁，

主将貔貅共沙漠。

若逢福德落空亡，

无成典吏多贫薄。

功名何事拾芥易，

官禄臣星身命贵。

伐星若也反相生，

兵甲之中是科第。

心中本拟十分忠，

何事当年不善终。

只为飞符同始击，

三方持刃向身宫。

伎俩多端占九流，

符文二宿好追求。

臣基不合同居退，

汩汩劳生不自由。

臣基不可遇飞符，

重则文身轻则徒。

若得福星又临贵，

却因事贵足珍珠。

击星为主遇臣基，

戊癸生人又卯时。

不是提刑持玉节，

定为台谏立丹墀。

华盖空亡遇贵人，

文昌权贵又同臣。

此身必是为僧道，

也要君基三合临。

臣基伐宿若相同，

牢狱安身不善终。

若得福星来解救，

反为吉庆却无凶。

（民基）

民基总论

民基太乙属土，又名财富星，为上帝食禄之神。掌管禄库之事，在人身命日时，主财禄丰盈，金玉堆积，良田千顷，亦可纳粟求名，安分有百年安乐，一生利实名虚，临旺则享福悠长，失陷仅虚名远播。遇吉而名望播扬，逢凶则事多翻覆。

田财逢旺，镪基广厚。

寅卯宫陷，困蹇孤寒。

民基身命日时宫，自是家肥福禄丰。

若到田财并临旺，大而富贵小从容。

仓廪富盈巨富翁，田连阡陌粟陈红。

陶朱猗顿无奇术，不过民基守命宫。

民基虽不到官勋，积玉堆金亦可成。

能取百年身快乐，更兼身内有虚名。

旺陷例

民基阴土星，旺子丑辰未申，陷寅卯酉。

化曜

少微、财宝、富星。

民基赋

民基为独富之星，在人为财宝之宿。若临三元之上，必为至富之人。居福德宫，多田广宅；立财帛内，积玉堆金。在田宅宫，三代富足；入官禄位，一世荣华。会五福，为朝廷之客；遇君基，则辅弼之臣。见臣基，乃清高之位；遇飞符，为剥禄之人。在婚宫，刑破而困外；居禄上，财散而可怜。四神则为僧道，天地则有悭名。小游财不积，半成半败；天乙性好贤，有礼有仁。文昌则富贵清显，家丰而好学；主大则田宅丰厚，爱礼而享荣。主参则乐贤好士，计神则多算善营。居旺所谋必遂，临衰所望无成。始击害众成家，易成易败；客大运船行陆，极昌极荣。会财帛家兴在外，见官禄贵不可言。居嗣位过房庶出，值妻宫再醮再婚。临父母则重拜照，相貌必堂堂。在仆马济济蹄轮，临命元英雄盖世，入禄元富贵百年。见禄勋而乘旺，仕路亨通；遇刑克而失位，生涯窘迫。未可一定，须在详推。

民基临十二宫分歌

子位民基号天通，

财宝丰盈府库充。

身命日时如相遇，

家财山积永无穷。

财禄丰而功名薄。

丑位民基号碧精，

平生作事更能成。

福文若也来相会，

禄显名高职更清。

主福禄双全，富贵清显。

寅位民基号少财，

劳碌身心事难遂。

六亲无靠致奔波，

吉星如会亦可贵。

劳力、劳心，自幼创业，逢吉星亦可小贵。

卯位民基号通疏，

满屋金珠莫道无。

只因刻薄无情义，

致令破败室空虚。

主为人刻薄，无情，以致破败，到老无成。

辰位民基号天权，

素有家资享福缘。

若得吉星同立旺，

必然富贵涉他乡。

民基临辰生六戊，

积玉堆金财必厚。

还须身命不空亡，

福德之宫福星在。

巳上民基可安身，

地户原来属万民。

名为天遁闲宫兮，

职掌资财帝阙亲。

主幼年有权职司财赋，然不免劳心、力。只是有子不得力。

午位民基号土光，

精神洒洒秀声扬，

多因徵姓成家计，

吉曜相扶乃积仓。

与吉星，主远徙，虽仕不近君。旅途安康，因徵姓人发达。

未位民基守枢宫，

多是经邦掌籍官，

外郡亦当为禄吏，

君基相助有恩封。

主义，尊难交交人，不长恩，人不足，小辈反怨，口大心小，言不行。

申位民基号太常，

男人俊秀女人强。

成家多得阴人力，

横发资财富贵长。

酉位民基人皆忌，

作事无成多困滞。

平生力役尚无寻，

更往他乡离祖地。

日生主清秀，近贵发福；夜生衣禄不备。

> 戌位民基名阴晦，
>
> 作事不成多窒碍。
>
> 不惟颠倒任西东，
>
> 若是子宫忧后代。

一生劳力，有虚名，阴命损胎，阳命腰疾。

> 亥位民基号天清，
>
> 作事多应要速成。
>
> 俊士遇之声价重，
>
> 帝王亲问用调羹。

只是多好淫欲，遇灾即解。

上中下三等断

民基上亥申子辰，中巳丑未午戌论。卯酉寅宫为下等，六戊生人禄主星。身命日时逢此宿，粟红贯朽富豪称。上等司农漕运总，中能计度会经纶。下等开张宜邸店，田畴货利善经营。

民基利实主虚名，旺在子丑申未辰。若逢寅卯兼酉位，可怜零落受清贫。

民基星杂论

> 有土从来有此民，
>
> 普天率土属吾君。
>
> 庶人只可言田宅，
>
> 职带官阶是守臣。
>
> 家国如逢福德星，
>
> 民基一点又分明。
>
> 三方若也无飞伐，
>
> 何用临洮万里城。

不阶尺土定乾坤，

卸却戎衣位至尊。

自是君基居福德，

民星拱北共朝元。

一同文轨混山河，

一位民基看若何。

飞符若临国家位，

争城争地用兵多。

职高守土立藩方，

拱北民星一点光。

自北自南随地分，

更将文武细推详。

民带飞符遇破军，

定为典吏与公身。

文昌相见乘亏晦，

点污身形锦绣纹。

民基来临子息宫，

更兼五福与之同。

二星若也无亏退，

官诰多因受子封。

土厚南方非赘疣，

人生疾病莫他求。

如何貌竦神偏秀，

盖为身宫有小游。

姓名自小挂军中，

食禄何曾有战功。

天德临身飞入命，

民基地乙又同宫。

职方守土便身亡,

身命之宫木宿强。

三合四神光又现,

必然消渴致膏肓。

男儿发福得妻财,

妻位民基却人来。

更有文昌同入庙,

因妻食禄奋尘埃。

似贵不贵分天禄,

君民相会诚为福。

只因福德落空亡,

一生多见穷途哭。

民基喜吉忌凶星,

主大文昌与计神。

飞始若来相混杂,

世间只是作常人。

　　凡民基与四神、天乙、地乙、飞符、始击同宫,主破败祖业,困乏孤贫,多历风霜艰难辛苦,一凶星一破,惟始击五破。

　　限数逢之,主财发事顺。

<h1>（文昌）</h1>

<h2>文昌总论</h2>

　　文昌太乙属土,又名进贤星,一名天目,乃文明之宿,掌判十神之祸福也。在人身命日时,与四柱相并,主量洪志大器,远机,深学术,精微天姿俊逸,抱仁义清高之德,负经纶济世之才,职居文翰,任历清华。此星有吉星相辅,方能如愿,

若是独行，当在上库出身，或州县教职，如值空陷，亦是文才之秀士。又云陷于寅卯，非农圃之徒，即工师之匠，若会凶星，多为刀笔之书吏。又云：逢疾凶更陷，老困沟渠。

旺陷例

文昌阳土星，旺辰戌丑未，福申亥，陷寅卯酉。

化曜

天目、天辅、文书。

文昌赋

文昌贵宿，文华词藻。在人身命，禄寿清高。喜逢五福，为贵为荣；更值君基，作卿作相。臣基乃太傅之曜，民基乃官库之象。见飞符乘旺，平步青云。逢恶曜同途。老困沟壑。乘旺乃亥子之地，居陷是寅卯之方。非农父之流，必工师之匠。四神兮文章清秀而不俗，天地兮僧道孤高而可为。居奴仆位上，必刀笔持雄。非空门之五戒，定文书之一员。小游兮学堂博问，得局则丹桂飘香。受制将荒芜门户。主大作天魁禄主，为衣锦，不为学士之格，亦是状元之命。主参席专师傅，计神职司诰制。始击浩然其气，禄上壮哉，其财独喜。午戌之宫，贵无二位。若临亥巳之上，禄享三台。客大文章美丽，主大词源沛来。

文昌临十二宫分歌

子位文昌难得逢，
君子亨嘉名利通。
若有四神来会合，
定当清绝冠文雄。

若合照福君，诸吉神，主文章冠世。

丑位文昌辅帝君，

笔端三峡显文明。

更逢春夏旺生处，

凌烟阁上立功勋。

若同君福在命，侯伯之贵。喜生春夏，不利秋冬。

小游同文而不秀。

寅上文昌果何如，

好学无成未足奇。

若是夜生仍富贵，

姓名终必达天墀。

夜生安享福寿，日生多忧。再同土神，六亲离散，财物成败，劳碌苦辛。

卯上文昌未足忻，

天败为名志未伸。

主大相扶方吉利，

守分方安晚自荣。

辰卜文昌重阙开，

少年平步上云阶。

计神更与同宫分，

职掌天书傅御才。

主聪明、英俊，如逢计神，必清贵显达。

巳位文昌天禄名，

如逢旺火却光荣。

小游若也来相克，

盖世文章总不成。

若生春夏富贵荣迁，秋冬贫贱孤寒带疾。父母宫遇，必先克父。

午位文昌号上班，

独得锦绣耀乡关。

四神设要相会立，

多好栖身泉石间。

夜生名显，日生多忧，而病少乐不遂。与四神同，多为修行之人。

未位文昌最吉祥，

豹变荣为昼锦堂。

若得吉神来聚会，

少年高折桂枝香。

日生智识明远，贵禄重重。

申位文昌都吏名，

生平涵养气津津。

福君相会位高显，

早发荣华耀二亲。

若会君福，负不世之才，立非常之功，历任清华。

酉位文昌独自居，

自专自是性拘拘。

若无吉宿相资助，

至老终为一腐儒。

主自为妄大，若会福君，仍是大贵。独行必秀而不实。

戌上文昌禁苑称，

平生作事速于成。

文章早发闻朝野，

岂特青衫遇一经。

夜生必权贵显达，日生主破祖劳神，多辛苦。

亥上文昌辅帝王，

生来伶俐饱文章。

若得吉星来相助，

看取荣身步玉堂。

主文章冠世，入翰苑精学，天文、术数名利两全，终身富贵。

上中下三等断

文昌丑亥申辰上，子巳午未戌中居。寅卯酉宫为下等，在人身命必文魁。若立旺宫逢吉曜，三台八座拜丹墀。上等权衡国柱石，中居廊庙翰林儒。下等九流亦贵显，多闻博学利名奇。

辰戌丑未兼申亥，

更有吉星相聚会。

日时身命若逢之，

翰苑文章冠海内。

文昌入庙须临旺，

必是英秀仕中人。

五福三基相扶助，

清华文萃作公卿。

在亥宫。

文昌星杂论

南极星腾一点光，

此星为贵是文昌。

入垣入局无亏晦，

帝里驰名翰墨香。

陷却文昌失位行，

为儒到老也无成。

福居华盖君星见，

僧道从知是此星。

小游天厄持飞刃，

或向官符立身命。

定罹刑宪作囚徒，

更主一生脾胃病。

无心富贵隐山林，

在亥三基同照临。

不是神仙来下界，

驱神役鬼是真人。

多巧皆从指下生，

千丝万缕费经营。

文昌亥子身逢计，

监将偏从午位行。

水土木刑同战地，

动多虚诈及奸谋。

不惟猾吏罹刑宪，

常与狂徒一例忧。

与小游并刑克，在四神之地。

掌中模范乃甄陶，

水土营生不惮劳。

文宿主参同日照，

从来此数实难逃。

君星居午文昌子，

臣基临申背飞始。

必然两府主声名，

若逢主大又知兵。

方得为官又复停，

文昌为在晦宫行。

身居无气天干水，

官禄宫中伐犯君。

身命文昌合是儒，

如何产地性顽愚。

四游不合三方照，

土厚申辰气不苏。

克妻破祖子螟蛉，

退晦交亏失位行。

更会伐星并主大，

必然瘄病致伤生。

飞身直入紫微垣，

亥上文昌贵莫言。

若得民基为福主，

少年必是镇名藩。

伐宿若来妻子位，

福德之宫天与地。

必为僧道守孤贫，

虽有文昌何所贵。

文昌之宿居紫微，

何幸生人在日时。

不是抱蟾攀桂子，

也应美誉出天姿。

文昌陷地只虚名，

到老为儒名未成。

纵有吉神来助力，

得官不久又消停。

文昌一位贵人星，

清显高名定出群。

金马玉堂终有路，

少年平步上青云。

在亥子身命宫。

人生逢旺进贤星，
性格聪明迈古今。
笔走龙蛇飞万丈，
声名洋溢著儒林。
文昌自是文章贵，
头角峥嵘登上第。
行年运数若相逢，
腾播声名盈海内。
印绶双全四海钦，
盐梅辅主立功勋。
英雄响应边方事，
始显文章入庙廷。

（计神）

计神总论

一名财宝星，又名天机星，乃图计之宿也。为太乙烛龙之神，能量天地人间之事，布算岁月日时，能知风雨雷电，日月盈虚。在朝为度支郎，在野为转运使，在人身命日时为财宝星，主千变万化，百谋百中；与吉神相并，贵显清高；与凶神相会，虚名虚利，一生财物不聚，多能计较度量，至老操持忧虑，劳力劳神。喜立旺宫，料事多中，为监司或主财之职，又或转运货物，资生财利，忌临卯寅陷地。

旺陷例

计神阴土星，旺辰、戌、丑、未，陷寅、卯。

化曜

天机、天宝、财星。

计神临十二宫分歌

子位天机果是奇，

吉曜同临世所稀。

金玉满堂还寿考，

曰名曰利总相宜。

为人机巧直捷，又文雅，男女皆然，主财禄丰盈，田园广厚，逢吉星大贵。

丑位计神名天侍，

计较有余人莫比。

奉公取利利名荣，

更遇吉星尤发贵。

秋冬生人，骤发荣贵。官高极品，深谋远虑。

寅位计神曰阴鬼，

千谋百计不荣身。

只宜掌握他人物，

少年偃蹇不由心。

卯上计神天耗星，

多思多虑漫纷纷。

公私阻阨时时有，

亲戚无依骨肉分。

在襁褓，家业失散，作事千谋，百变难逃困苦，财散而后聚。

辰位计神最荣昌，

入庙安然号月堂。

曰士与农皆吉利，

民丰财物士文章。

主机谋，远虑，作事聪明，科甲早发，贵显朝堂，必先贫后富。

巳上计神偏不喜，

虽曰天聪终有虑。

半生作事一无成，

多为终身运数否。

必先成后败，作事奸诈，克妻伤子，晚景凄惶，仕途困穷遭贬。

午宫计宿守边宫，

名利资财不甚丰。

用尽机谋方吉泰，

但交亲友不从容。

主孤独，歇灭，作事奸巧，见他人之财帛，如己物，百计搜求。

未宫计宿号琴堂，

富贵名高四海香。

家道兴隆财丰盛，

更多权柄服他方。

主财物丰盈，利路通达，生有荫庇，至家不艰，难会吉星，贵显出众。

申宫计宿偏多福，

天庾为名是若何。

富贵不求随分得，

英名洋溢遍山河。

主科名高显，富贵双全，夜生多为权帅。

酉宫计宿号淹延，

挠乱疑谋在中年。

晚景却教膺福寿，

镒基随分富田园。

日生不利，夜生好。主财物耗散，家业漂流。心性狂荡，言语不实。

戌宫计宿号都堂，

衣禄丰盈姓氏香。

权重志高人钦仰，

一生安乐又荣昌。

必作财库之职，钱谷之任。日生不吉，夜生多富贵。

亥宫计宿拱君台，

动作勤谋事有成。

只利功名权禄位，

百年丰富又光荣。

主机谋出众，为豪杰之士。帝王亲问，名达天庭。

上中下三等断

计神四季值为上，

子午酉申巳亥中。

寅卯二宫为下等，

计算营为自不同。

身命日时凶陷少，

必然富贵有仪容。

若遇凶星来破吉，

虚名虚利总成空。

上等总司督领贵，

中能计度主财丰。

下等公庭监艺术，

造作推扶干运功。

度量之星是计神，

旺宫丑未戌和辰。

不值凶星与克陷，

资财转运甚丰盈。

计居旺位多良策，

若遇凶神枉费心。

万事到头无一得，

虚劳计较费精神。

计神星杂论

命值天机多富豪，

名扬中外福坚牢。

财流贯朽谁能似，

更主机深志气高。

计神值陷主忧疑，

身命逢之定足悲。

一世经营尝兀兀，

所谋何事不攒眉。

计神一宿甚清高，

机变权谋富略韬。

仕路显荣依日月，

官居馆阁显英豪。

计神旺位主清高，

文居馆阁武英豪。

仕路超群须显赫，

当亲君福入丹霄。

晦伏交宫计忌临，

如添主将却伤身。

四神天乙盲聋哑，

飞伐相逢克六亲。

计神克陷岂为良，

五煞相逢不可当。

家业萧条身寂寞，

若逢飞始重刑伤。

计神恶绝最须忌，

奸盗邪淫是暗徒。

身命日时若遇此，

男妨妻妾女妨夫。

计神若被一凶侵，

才学机谋枉用心。

财物散如秋后叶，

一生难免俗尘撄。

计神辰戌并丑未，

度支转运分外内。

在人却是财宝星，

主将最宜与同位。

流通财计足军民，

五福居辰计在身。

夹辅君星居北极，

此身端许列朝绅。

劳力劳心事不成，

四神飞伐太无情。

三方合照成凶会，

役役谋生少利名。

秘策奇谋是计神，

最能谋己又谋人。

臣基禄主来相会，

白简风霜凛缙绅。

身为巨猾得高官，

游计当从劫煞看。

禄主将星居酉上，

定如韩信拜登坛。

天乙地乙计神同，

武断乡方气概雄。

若有君文来救助，

诗书亦见日新功。

心镜虚明察隐微，

计神天乙两相依。

臣基若也临田宅，

财利丰饶家道肥。

一派资财绝异丰，

计民五福到申宫。

君星若不临官禄，

只是乡邦一富翁。

身命空亡遇计神，

十无一得枉劳神。

福宫若更逢天乙，

寂寞孤贫难立身。

（小游）

小游总论

太乙之星也。元始混沌七变而生太乙。太乙者，水星也。逢土则止，故不入中宫九经，以统天地之气变化，以测天地之候。化为阳木，乃岁星之精，是以旺于东方也。在亥为科名，未为禄库，寅为入侍，卯为入庙。丁壬生人为天元，禄主在人身命日时，秉旺位，主文章秀丽，学业精微；功名超著，禄位显达；负不世才，立非常功。立陷宫，多为刀笔之吏；因贵成名，文而不秀；又或头面带破，肢体有伤。

<h3 style="text-align:center">旺陷例</h3>

小游阳木星，旺亥、卯、未、寅，陷申、酉。

<h3 style="text-align:center">化曜</h3>

天枢、监将、木星。

<h3 style="text-align:center">小游赋</h3>

太乙小游为监将，临于寅卯为庙旺。见五福兮权柄归己，遇君基兮食禄自天。若三星合宫，大富大贵。臣基有简介之名，民基有慷慨之度。地乙则秉性执迷，叹一生之多苦。文昌秀而不实，在卯亥达而早阻。照身命不克而不陷，有威仪多礼而多文。逢主大之印权，颜子天年何太短。见主参之辅宿，淳风神术信须传。计神则所谋难就，始击则操修不贤。客大为外帅，主女人有权柄；禄元为晚发，嗣位主子迟延。若临福德，贵当专阃。更在禄勋，禄主迁升。联客参为泛滥之星，会为技术之士。照福德兮，寄食于外邦。在子孙兮，螟蛉之派裔。居财帛为商旅。若陷囚为败废，在官禄而乘旺，官居僚佐，照禄主而受克，福为使介。婚宫兮花烛两明，父母兮萱堂必再。欲究贵贱，此其大概。

<h3 style="text-align:center">小游临十二宫分歌</h3>

子上小游天足名，

不清不秀不安平。

化为禄主犹之可，

若遇凶星寿早倾。

春夏生人衣食安宁，若生秋冬，带疾伤神，会吉神，可免凶星口舌。

丑上小游号华堂，

中岁功名亦奋扬。

闲暇优游情性急，

衣冠严雅姓名香。

主爱洁净新鲜，好修饰，财物虚耗聚散不常，甲己人遇之，头面破相。

小游之星最喜寅，

旺相荣华异众人。

且是襟怀不尘俗，

功名富贵得全身。

日生贵显，甲第高科。夜生近贵，掌财招好子。

小游居卯最清奇，

金殿文章四海知。

若是禄元尤妙甚，

荣华挺特应昌期。

春夏生人享福、发贵、有权。秋冬时逢四墓，主高寿，若女人身命逢之，好为嬉耻不相宜。

小游辰位碧文星，

文学清高过众人。

若是丁壬人值此，

中年荣贵作朝臣。

日生清贵发福于异乡。

小游居巳乃为良，

景福为名衣禄昌。

若是丁壬值禄位，

少年当作紫农郎。

主有明权或符箓，法师鬼神自伏，艺精孤独。秋冬生力稼辛苦。

小游午上号天章，

作事威权一世昌。

举措定教无滞碍，

清闲学道也相当。

主艺精技巧而孤独，秋冬生劳碌辛苦。

玉辇未宫遇小游，

此宫遇吉主封侯。

权高爵贵人间少，

紫绶金章第一流。

主权高清善，明刑狱法，不乱用，会吉星方大贵。

小游申宫最不喜，

金来伐木岂相宜。

淹蹇无聊多执滞，

公门休向作生涯。

主多是非，不利公门，作事上下不睦，若天元官星干元星亦可免咎。

小游酉上不堪逢，

作事谋为欠始终。

早岁已遭肝肾病，

刑流难免贮财空。

主自幼艰难，有肝肾之疾，至老无成，望大心高所行不实。

孤宿游星戌上安，

病符为客一般看。

天轮亦化分车宿，

少克男儿女不常。

常带目疾，智拙多忧，心田暗毒，有不明之祸。

亥上小游天爵名，

化作科名尤最妙。

少年平步玉堂中，

更喜文昌同入庙。

与文昌同功，名贵显。若逢飞始，终难贵，虽贵亦不佳。

小游偏喜亥宫临，

掌握人间富与贫。

年月日时倘相遇，

定为世上个中人。

上中下三等断

小游亥卯未寅上，

午辰子戌数中评，

巳酉丑申为下等，

在人身命喜强临。

文君吉宿相同会，

超著功名贵出群，

天地等凶来破吉，

功因遇贵亦成名。

上等总督居方面，

中为都辖总权能，

下等艺术精通日，

制造修营事业明。

又云：亥卯未寅为旺宫，科名贵显。

巳酉及申乃陷地，花酒飘蓬。

又云：亥卯必监司之任，未寅称将相之功，陷位刀笔公门，主多能艺术。大抵正己正物，以己律人者也。

小游星杂论

小游木宿德难纯，食禄多财自有因。

恻隐仁慈人见喜，四时常与物维新。

小游临旺主科名，庙在高丛禄在寅。

临命临身神自佑，不劳余力作公卿。

七元真数最幽元，入庙当为将相权。

不作朝郎作卿监，忽然平步上青天。

小游金地主身孤，男命穷途更独居。

若是有妻妻不正，女流守寡定无夫。

尤忌四神同，女命多为婢妾。

小游文计共居寅，可以荣身入翰林。

今值庚辛位亏极，徒为技艺更伶仃。

亏晦交宫遇小游，必为艺术占儒流。

文昌若见以儒断，主大如逢艺术流。

小游临亥曰科名，巳位相逢又有臣。

更得文昌在官禄，朱颜绿鬓位公卿。

主参客大与同宫，台谏监司职位隆。

若是伐星受金制，巡边奉使立奇功。

位列监司是旺乘，都缘亥上曰科名。

直须文计来相助，倘若逢君入翰林。

监将休教遇计神，疾成消渴早亡身。

请从西上分明看，伐不来时又不真。

已矣瘟黄不令终，符枢盖为入身宫。

伯夷有节身何在，伐宿因知亦在中。

晦退交宫作九流，命居子午可追求。

福星伐宿如临照，又作军中一教头。

血污游魂不得归，身居羊刃命飞来。

小游克命如临卯，天伐应难免震雷。

男儿形相不周全，天地四神符共躔。

伐星偏若同分野，定主颠狂心病连。

小游西上莫遭逢，天乙飞符更煽凶。

彗宿对躔尤可畏，肺痨常带血光终。

小游遇贵作妻星，日合初非是正婚。

若是妻宫五福照，荣封邑号达君尊。

第十四章　术数汇考十四

《太乙人道命法》四

（主大将）

主大将总论

主大将属阳金，又名魁星，又名节钺星，太乙之精也。称上目，秉大将生杀之权，掌禁苑侍卫之职，为天子之号令。在人身命日时，主禀性果敢，学问高明，智谋敏捷，经略出众，可以安邦建国，破敌冲锋。居旺，则文高甲第，武掌兵刑，为守土之方，面屏藩王室，惟威权之服众，勇冠群雄。巳、酉、丑、申号科名，而贵为将相；寅、午、戌位日蹇滞，而蹭蹬孤贫。恶宿并加，须防兵阵之厄。陷空相遇，梦魂旅舍飘零。

旺陷例

主大将，阳金星，旺巳酉丑申，陷寅午戌。

化曜

天权、太白、魁星。

主大将临十二宫分歌

主大子宫号富润，

守静安闲是宿缘。

经籍未尝违左右，

执持生杀镇三边。

主掌机密之权，日生必大贵。

主大丑宫名总持，

厚重端严不妄为。

文治邦家武专阃，

清名富贵两相宜。

主镇静之权，与君福同会者，兵权万里。

寅宫主大名天损，

纵然先富后须贫。

平生作事多屯蹇，

若遇飞符损寿龄。

主泛滥多贪，离乡之应。凶星冲破主水厄。

卯宫主大号天尘，

志气飘飘人仰钦。

限遇运逢财禄进，

身临坐镇福威深。

主大辰宫名库珠，

富贵荣华可自如。

谋为更改多宜外，

暗合那堪寄积储。

会吉星，主吉。会凶星，主凶。

天统星居巳上宜，

乃文乃武运谋机。

安边镇国成功绩，

若见文昌衣锦归。

主文武两全，先贫后富。

主火偏嫌守午宫，

若逢飞始更加凶。

主客参来人习诡，

不犯徒流也是穷。

不问男女，主争斗盗伤，身体亏残。

未上名为上吉星，

寿龄自是吉相亲。

飞符若不同宫分，

名重英豪冠世人。

主聪明智慧秀气所钟。

主大申宫号紫阳，

文居台阁武边疆。

为人多是精神俊，

富贵声名远播扬。

主兵权万里，机密生杀之权。

酉宫主大实堪夸，

玉仲为名积富奢。

若遇文昌同此位，

香名四海接黄麻。

同五福为两府之格。

主火堪怜在戌方，

名为吊客主刑伤。

薄亲损己多成败，

财物犹如雪见汤。

主破祖离乡，若会凶星，不得善终。

亥官主大本来佳，

益寿令人作事奢。

立德平生多富贵，

更兼名利不虚花。

主子孙成行，贵显。

上中下三等断

主大巳酉丑申上，亥辰子卯未为中。寅午戌宫为下等，在人身命有声名。能消始击凶星难，怕与凶星共一宫。上等辅臣为将相，中参侍卫掌兵刑。下等军功族校贵，不然仆卒陷害生。

掌握天枢节钺高，

命身见此必英豪。

若居庙地乘生旺，

二十年前衣锦袍。

主星巳酉丑申存，

武烈文清侯伯尊。

火局若临时运值，

官非疾病亦相寻。

主大将星杂论

主大名为太白星，

西宫入庙福庚辛。

若同五福居申酉，

虎略龙韬作侍臣。

运数相逢主将临，

威名烜赫实惊人。

入庙必为台谏客，

边方亦作虎符臣。

五福文昌三合宫，

逢基值计蔼春风。

能通吏事并儒术，

名利无初却有终。

主将星高克命宫，

为奴为婢走西东。

天元又向丁丑取，

何以谋生只困穷。

身在空亡马上安，

前驱负弩历艰难。

将星落陷全无力，

莫把将军一例看。

主客伐星相会严，

必主持节为奉使。

第七宫中仔细推，

小游为禄却居子。

午宫若与小游同，

肢体伤残不令终。

若更伐星同此位，

每愁身命殒兵锋。

文昌计神同一位，

文武全才身极贵。

孤虚华盖两相逢，

僧道寒儒并术士。

岁月兵间老不知，

只因主将定盈亏。

更兼飞伐临官禄，

两字黥徒断莫疑。
天乙地乙同居子，
前后夹持有飞始。
若非军旅阵中亡，
往往行年困法死。
民基主大在金乡，
身命逢之福庆长。
若到午宫多夭折，
终身决定损锋芒。
官宫若得将星来，
更有文昌喜气催。
三合君臣相会聚，
名魁金榜位三台。
主将偏能制伐星，
主居申酉伐居寅。
君基又向阳明位，
入则为台外使臣。
亏折从来是戌宫，
飞符切莫到其中。
行年地乙如相会，
家业都归一炬空。
主将在陷见飞符，
羊刃重逢死裂肤。
若或正丁二坤位，
鹰扬堪笑在乡间。

主将星高田宅位，

身居德马又逢贵。

此生役役为他人，

何时得到清闲地。

伏刃休教遇小游，

刃宫身命最堪忧。

此星若作吊梁客，

遗臭乡闾笑不休。

福协君基贵，威加始击洪。

计神文宿协，文武两全功。

（客大将）

客大将总论

客大将属水，吉星也。与主将分权治事，戡定祸乱，清平海宇。深谋远虑，辅佐圣明。在人身命日时，主为人刚烈，性快，易喜怒，正直公平，口无含伏，心无毒害。好神仙修炼，喜他邦富贵，宜游宦。临旺宫会吉星，功名超著，显达边邦；或为巨商大贾，游行四方。若丙辛生人，化为天元禄，主福禄更厚，必能定乱平危，安镇边隅，而立大功。

亥宫为入侍，申位主科名。入庙须临子，禄库却居辰。远虑添监将，深谋协计神。三基五福助，安险立功勋。凶神若相犯，须从旺相寻。破家何所有，强项不堪亲。屡被官刑扰，频遭祸患侵。吉神不得遇，偃蹇过平生。

旺陷例

客大阳水星，旺申子辰亥，陷戌未丑。

化曜

天帅、外将、将星。

客大将临十二宫分歌

> 子宫客大为入庙，
>
> 英名扬显多荣耀。
>
> 君基五福若相逢，
>
> 将相功勋人罕到。

若独立，主动中有静，静中有动，经商得财，有吉星辅，一品之贵。

> 丑宫客大名暗陋，
>
> 作事多疑难辐辏。
>
> 奔波劳苦主迁移，
>
> 祖有镒基亦消瘦。
>
> 寅宫客大号厄星，
>
> 平生衣禄仗他人。
>
> 一生贫困无依藉，
>
> 谋望徒多辛与勤。

主财帛耗散，多招官非，有耳肾疾。若逢飞始，主死于非命。

> 卯宫客大晦多迍，
>
> 宝镜尘埋不遇春。
>
> 暗里不知人面目，
>
> 乍兴乍废总无成。

主困穷，言语不实，富而后贫，破祖流落，父子异苗。会吉，可保富贵。

> 辰宫客大称最贤，
>
> 名显家豪号金鞭。
>
> 若无飞始同临会，

名利俱成福禄全。

逢福君，主科甲及第，官居宪台两府之命。日生如是，夜生则否。

巳宫客大无所利，

多动多疑多执滞。

空门若也得逢他，

或出或居多得地。

利为僧道，主强悍，视他人之财如已之物，性偏好胜，成败不一。

午上名为玉辇来，

命宫见此喜安排。

随缘名利人多羡，

家有珍珠进横财。

有非常之名，不测之灾。侍御外帅得权。有心肺之疾，或作九流之业。

未宫客大未为良，

百计千谋总未强。

散尽资财还未了，

一生奔走受凄凉。

主一生困苦，或为僧道，游艺歌舞。

申宫客大号玉堂，

还宜出入走江乡。

资财厚载多如意，

富贵清高不可量。

主英俊显达，或为边帅，文武全才，一品之贵。文为台谏，武任边方。

酉宫客大不相和，

变幻无端号激波。

定有水灾当戒慎，

早宜修禳奠蹉跎。

日生吉，夜生性弱，有始无终。若贵必有大灾。

戌宫客大号平权，

遇吉惟须积善缘。

衣禄丰盈名利盛，

滔滔安享镇长年。

为四海游说之客。作事成败不长，有始无终。

客大荣居亥上名，

生来福禄自相成。

衣冠不但夸鲜丽，

马上传呼号玉婴。

主掌生杀，抚镇边隅定乱除奸，为当时权帅。

上中下三等断

客大上亥申子辰，中等丑未酉兼寅。午卯戌巳为下等，日时身命喜相临。四方商贾声名震，外任功名禄位盈。上等边方为节度，中参巡尉掌漕荣。下精艺术九流辈，陷能歌舞伎方行。

申子辰亥为旺宫，丙辛人遇福尤崇。

深谋远虑人艰测，定乱除奸立大功。

客大将星杂论

客星最喜遇臣基，

南北东西亦自宜。

贸易有无兴厚利，

安身鼓腹乐熙熙。

五福科名在命身，

丑居禄库庙居辰。

文昌主大三基并，

必是当年食禄人。

动作迁移在外生，

只因客大照其身。

主游福德身居仆，

阿女常呼阿秀名。

客大亥子自成福，

何幸君基同一宫。

事上临民皆通变，

定应涉世作英雄。

客大相逢伐宿来，

道途失意损资财。

若逢劫煞临身命，

一命刀兵去不回。

君基主大会同宫，

福寿从来享万钟。

封赠又能居上品，

方知五福共相逢。

主大如逢在亥方，

流年奉使出要荒。

必须伐宿临身贵，

更有民基在旺乡。

客大民基与小游，

有权有柄又多谋。

众人宾服来相请，

便是当年霸者流。

一叶孤舟寄此身，

四神亥子甚分明。

马为福德咸池命，

女子风尘男人军。
四神太乙与文昌，
客大同宫定不祥。
女子风尘血光厄，
男儿破荡定刑伤。
将星必可为边将，
客大星高有威望。
三合若遇四神来，
僧道立身好高尚。
申子辰人在亥宫，
飞符伐宿又相逢。
此身往往成孤立，
名挂囚书死狱中。
客大独居身与命，
边官宰辅前缘定。
若临旺处久安邦，
但遇陷宫兴废论。
神仙原是此星为，
符法通灵世所希。
若得君臣来辅合，
子房出作帝王师。
客大之星会四神，
位加君宿入天庭。
臣基不到民基到，
又是宫中汉客星。
客大之星属水神，
最嫌身近命相亲。

父母子孙宫内值，

多应此子是螟蛉。

横发资财天一方，

六庚遇此必为商。

若还指拟人成就，

缘木求鱼亦渺茫。

戡乱安邦讨战功，

丙辛人值福尤隆。

易嗔易喜性偏快，

庶出螟蛉笑语中。

（主小将）

主小将总论

主参属水，吉神也。实为副帅之星，在人身命日时，主近贵成名，立业兴财，发福，最能办事，便言语。但祸福不能自专，乃因人成事倚，人为生，衣食仰仗于人，临于卯、辰之方，名万水朝东格，亦主贵显。

会吉星，为文秀之极，更立旺，主依附贵人成名，发福，或为吏书。

申、子、辰、亥生人，主富贵，大忌与小游、天乙、飞符、始击同宫，多是下贱轻浮之辈，乃依富得财，因贵得名者也。

若立旺会吉，实有协济匡襄之才，失陷逢凶得中，有失，虽有功名，不过偏裨微贱也。

又云：逢凶遇陷，堪宜辅从之勤。女命逢凶，定是偏房婢妾。

旺陷例

主参阴水星，旺申、子、辰、亥，陷戌、未、丑。

化曜

天翊、天参、天喜。

主小将临十二宫分歌

> 子宫最利是主参，
>
> 乘旺身居紫绶间。
>
> 名利定依官贵发，
>
> 文为词馆武安边。

会五福三基诸吉星，主登科甲。见凶星，主武贵。冬生尤大贵。

> 丑宫号曰玉门安，
>
> 只利于民不利官。
>
> 飞始临之为败绝，
>
> 喜神同处却多欢。

日生夭折劳苦，夜生男女皆荣贵。

> 寅宫参将号超群，
>
> 到处为家到处亲。
>
> 官宦多迁民别祖，
>
> 吉凶还向数中分。

主气血自用，好搬是非。

> 卯宫参将不宜逢，
>
> 天晦为名便不终。
>
> 凡事多成更多败，
>
> 可怜骨肉又西东。

主阴谋、损官、性僻、执拗，或貌有亏。若丙辛生人，名万水朝宗主贵。

> 主参玉辇到辰宫，
>
> 自是依人得显荣。

若问成家宜在外，

不拘南北与西东。

名水归东海格，更有吉星相扶，主掌丝纶之任。会凶，则贫穷夭折。

主参巳上不曾闲，

潦倒营谋道路间。

士庶逢之多废产，

先成后败立身难。

主眼目之疾，是非日有。

午宫水宿喜相随，

福禄来亨更足财。

管干多因贵人力，

虚而不实行多乖。

主得外财，但为人狂诈不实，亦多心血不足之疾。

主参到未恶难当，

孤苦伶仃走异乡。

技艺之能因糊口，

贫穷方免入缁黄。

主参最喜入申宫，

化了科名福禄荣。

曰武曰文推吉助，

五凶最忌与之逢。

得吉星相辅，乃贵文星，为文武星，为武。若会凶，又为下贱之格。

主参酉宫名沐浴，

阴贵人扶方发福。

虽劳心力福悠长，

一见凶神又不足。

主得阴贵人力，而享福悠久，只是身心多操持。

戌宫参将不可居，

破祖离乡失所依。

更见始飞同位住，

牵连盗贼起灾非。

会吉星，主得他乡人力扶持。逢凶，则有盗贼牵连之害。

翼居亥上号天魁，

说道谈元众所推。

自有高人为荐拔，

敬他妙用好施为。

逢福君，主科甲之贵，必提携上进。日生，文武出群；夜生，贫困夭折。

上中下三等断

主参亥子申辰上，巳午酉寅中位分。丑卯未戌为下等，全凭相助有声名。身命日时逢此宿，商音资助利名成。身宫到也飘零客，年月逢之破祖应。日宫成败妨妻子，时位加临困亦深。三合对宫推仔细，吉凶消长乃分明。上等金书为辅佐，中应费力与劳神，若居下等多庸俗，技艺舟车仆隶人。

主小将星杂论

主参依附贵人成，

福禄荣华显姓名。

切忌凶星同度照，

得中有失旺中倾。

主参福力本来轻，

乘旺须当倚贵人。

若遇凶星同克陷，

为奴为婢一无成。

主参水将与君评，

祸福由来别有因。

吉曜临之贫转富，

凶神一遇富还贫。

主参阴水名天奕，

申上科名为小吉。

文昌若与陷宫同，

学究穷年无了日。

陷位参星身命居，

招人议论被人欺。

更防盗贼钱财失，

官讼难明事可疑。

天奕从来游骑称，

更居旺地福星临。

限数逢之多际遇，

为官为吏可成名。

主参临旺地，必赖贵人成。

凶煞如相犯，灾轻亦作军。

参将难自立，衣食且营营。

若不倚人活，多为废疾翁。

（客小将）

客小将总论

　　客参属木，亦副将之星，又名旅星、孤星、从星、柔弱星、泛滥星。在人身命日时，福力本轻，不能自立，必须依贵发福成名，或是富豪提携引拔，或干吏得官，或为人掌管财物，因而获利。旺则为巨商大贾，得四方之财，亦或因游艺而得厚利。总之，副参之星，乃因人成事者也。

大抵客参在人身命，宜出游，不宜坐守。若三合会吉，又主威镇边方，称他乡远方富贵。如立陷逢凶，则漂流困苦。若女命临之，他乡远配。若与五福、君基同会亥、卯、未、寅宫，或是木命生人见之，作贵格论。如同立陷宫，则泛滥飘蓬，不能自立，倚人为生。若与四神及天地或飞始，又同立衰乡者，必为盗贼或为乞丐。

旺陷例

客参阴木星，旺亥卯未寅，陷申酉。

化曜

天从，天喜。

客小将临十二宫分歌

客参居子名天否，

作事无终亦无始。

纵然名利在身宫，

多不到头中路止。

会吉星，近贵发福。上人成就，异路功名。

客参居丑号天轻，

足计多谋人所钦。

衣食从容财更足，

还因游艺得功名。

参将本来吉，逢凶始见乖。聪明为活计，伶俐作生涯。逢凶，主言不实，行不果，乃僭伪之徒。

客参寅位贵而昌，

近责成名号玉堂。

基业本来称富厚，

于今名利两相当。

主英发聪敏，得贵人成就功名。春夏生，主早贵。秋冬生，主孤独，多疾病。

客参在卯号官星，

庙旺何愁不显名。

衣锦不须归故国，

东西南北好安身。

主近贵及出入王侯之家，掌权发号施令，侍从参谋，或为家臣及兵符印信首领之职，喜春夏日间，忌秋冬夜间，同上断。

客参辰位最相宜，

立业还宜近水居。

若遇飞符为下贱，

飘流无定总支离。

主依贵成家，为人聪明利便。但是僭伪之徒，言行不实。

客参巳位曰天伤，

只见萧条不见昌。

困苦多般难度日，

仍教流落在他乡。

客参午位号天休，

百事无成到白头。

淹蹇更多灾与疾，

一生衣食不能周。

客参居未号天琼，

官贵相扶获显荣。

中末限星临此处，

命身凶会必贫穷。

主得贵人之力，而获名利。在穷途亦好辨。

客参临申实可悲，

肢体伤残面目亏。

若在九流还不碍，

自甘清苦利毛锥。

主肢体有伤，面目不全。或为医卜九流。

萍踪四海转飘蓬，

盖为参星到酉宫。

只好作奴常近贵，

不然劳碌受孤穷。

主隶卒近贵。或在市廛，碌碌贫苦。

客参福力本无多，

戌上安身没奈何。

纵有吉星来护助，

平生惟有受奔波。

客参居亥福星饶，

富贵荣华是尔曹。

公子宴闲谈笑共，

要求名利敢辞劳。

主侍贵显，或为监押差遣公吏，日生秀而不实，夜生贵显智高。

上中下三等断

客参上亥卯未寅。中平子丑与戌辰。酉申午巳为下等，艺游商贾外方荣。身命日时逢此宿，必因人助始成名。上等外边督赞画，中商技艺远方行。下等市廛为俗子，不然困苦也甘贫。

客小将星杂论

客参星宿本来佳，

近贵成名更起家。

主得富豪相赞助，

吉星三合乃荣华。

客参属木旺东方，

倚赖他人作栋梁。

只恐凶神临照处，

终身定是受凄惶。

客参阴木外朝帅，

亥上科名应得利。

飞符五福计神同，

只作市廛小经纪。

客参星与主参同，

每每随星降吉凶。

三五凶星来共照，

为奴作婢走西东。

从星居旺亦为奇，

斡运机谋智有余。

不论为农与为贾，

自然通泰出亨衢。

客参太乙号孤神，

大抵难为是六亲。

运仗吉扶招利禄，

临时遇恶损亲人。

若逢月日多残疾，

兄弟须知异姓人。

更遇岁君互交换，

求名落职在逡巡。

柔弱星辰本不祥，

若临陷地更多殃。

人生身命如相值，

缺乏厨粮主饿亡。

客参福力轻，不可合凶神。

凶神若相会，衣食常不遂。

区区俯仰人，平生不能贵。

更临绝陷地，清贫过一世。

旺则为商旅，财福乃立至。

（始击）

始击总论

始击属火，凶神也。又为伐宿，又为酒色星，乃荧惑之精。太乙之初，始有其神，实系元始击搏之气也。东出曰彗，南出曰始击，西出曰孛，北出曰太乙，临人身命曰时，主性强好杀，多拗口恶，早离父母，幼失祖业，四柱若犯，父母早见刑伤，若临寅、午、戌、巳，必从武途贵显。又云：当大贵亦好声色，如立陷宫，下贱之辈。乙庚生人逢之，主淫荡狼籍，机诈百出，患痈疽脓血之疾，及水灾，或颠狂，或因斗犯牢狱之厄，须作福修禳方，可免凶。惟戊癸生人，化为天元禄，主有权贵，显功名远，大陷宫不忌。六子生人遇之，如得五福，主大救助，虽有厄，终不凶天。

大抵此星，须分大小气数，以年为运，月为气，日为禄，时为马。如日时带禄马，命身无克陷囚迫，在寅、午、戌、巳必大贵。

又云：命逢始击者，克亲破祖刑伤，异姓螟蛉庶出。乙庚命遇，必须修禳；戊癸命遇，多招富贵。

寅主科名之骤发，戌招财，福自天来，巳为入侍，午为入庙，有出将入相之权。寅、午、戌、巳旺宫，权衡辅佐。日时身命立陷，恶死非刑。

一元分造化，搏击始为初。凶星为第一，临野九州灾。须防身与命，更忌日兼时。恃势情多欲，血光疾污身。凶深殃九族，祸浅克双亲。限数若逢此，必为泉下人。官禄疾厄中不宜见，主中风盲聋瘖哑。见五福，可以免凶。

若限数逢之，官员罢职，庶人退财，公吏遭刑。会客大，则更的。见飞符同限其年岁终之月，不论老少，必主暴卒，轻则风肿残疾。

始击临十二宫分歌

子宫始击号为囚，

身命逢之百种忧。

挠括是非公府患，

又防父母不相投。

主家业耗散，平生孤苦贫乏，强顽而虚假，阴谋害物，有汤火毒疾。

始击来居丑位中，

名为赤道带祥容。

仍防骨肉无恩眷，

吉宿相资家道丰。

主财物先见耗散，祖业凋零，一生劳苦，晚年方得资财有余。

始击偏宜寅上藏，

变凶为吉号黄堂。

不惟禄厚人多福，

职显身高意亦强。

若独立，主科甲贵显两府之格，戊癸生人更佳。

始击卯宫号太华，

半忧半吉也亨嘉。

不利运逢并限遇，

恐防公诉起私家。

主先败后成，早年贫苦，晚景安乐，发财发福。大限临之，孝服连绵。

始击辰宫暴败名，

平生多是犯官刑。

若为戊癸天元主，

福禄多应致显荣。

主性傲，无知愚鲁，志大心高，有官刑之辱，到老无成，戊癸生，因祸得福。

始击星宜在巳宫，

福神添集喜相逢。

仍嫌限数会于此，

不免官司口舌中。

主富贵双全，福禄安享。

午上始击号天冲，

福禄逢之自显荣。

武镇边疆能保国，

化为禄主福尤隆。

主功名富贵，骤然而发。

始击未宫未为喜，

家资破散余无几。

蹇滞萧条受苦辛，

不是刑妻定克子。

申宫始击号改端，

灾祸临头何日安。

百计千谋总虚假，

贪心无厌定遭官。

主性强悍，视他人之财如已物，贪心不厌。

酉宫始击未为祥，

迟钝多因学不强。

清淡家贫方可守，

若还富足主颠狂。

主一生成败作事，多虚不实。

始击平安占戌宫，

荣华威重号天堂。

吉星相与同宫住，

名利相期服四方。

主良田万顷，金玉千箱，富贵两全，更食天禄。

始击之星临亥方，

名高业重忌亲房。

是非当见灾危甚，

纵读诗书名不香。

主贫贱，一生飘流，多招灾祸，病不离身。

上中下三等断

始击上巳寅午戌，丑卯中等数分明。亥未酉申辰子下，戊癸生人禄主星。

旺地名利多骤发，

陷宫灾害岂能伸。

五福主大方能解，

余星不敢与之争。

上等功名威武大，

中能统督职兵刑。

下等四方奔走士，

江湖游艺乐耕耘。

星之最凶名始击，

火位相逢化为吉。

若更命宫来吉神，

限数值之成大业。

此论戊癸生人。

始击凶星亦不同，

若临寅午戌兴隆。

戊癸命宫同此宿，

定然节钺作英雄。

戊癸生人逢始击，

寅午戌巳成贵职。

若逢客大四神临，

旺处乖张得处失。

寅午戌兼巳，始击喜临之。

事业高千古，声名振一时。

中能安百姓，外可统全师。

戊癸天元禄，扶持更合宜。

始击星杂论

四柱三基五福高，

自然名利两相饶。

飞符始击如相照，

不是螟蛉命不牢。

荧惑之星火速追，

若逢客四定为灾。

关囚掩击兼临陷，

任是高官落职来。

公吏失权遭杖责，

庶人口舌又消财。

日时身命如俱犯，

修德禳之免祸胎。

伐宿击星最为凶，

戊癸人逢乃有功。

身旺煞高身有印，

君星不犯庆重重。

辛酉生人畏伐星，

更嫌火命带悬针。

官符合并须流配，

路死应须马上寻。

争帝争王起草莱，

伐星为到午宫来。

民南君北文昌亥，

有土有民此有财。

宿出东方曰彗星，

乃为灾曜祸非轻。

小游天乙如同到，

妻子当年亦受刑。

偏方割据逞英雄，

伐共民星在命宫。

若更君星寅卯上，

项王垓下楚歌终。

宫中便有伐星名，

此宿难逢戊癸生。

更有吉星相辅助，

威风凛凛握强兵。

自是皇朝一直臣，

如何牢狱反亡身。

臣基一宿因居晦，

伐宿同来却在寅。

宿出南方名始击，

旺位逢之富无敌。

若是主参来共居，

断是奴仆生篡逆。

此星何以为财亡，

伐宿同民凶莫当。

伐旺若逢民恶绝，

事方如意便堪伤。

始星若是到西方，

孛宿为名祸莫当。

主大当生为禄主，

却携三尺镇边疆。

兵刃如林肯出头，

计神持刃与同游。

伐星若作天元主，

战伐常封万户侯。

此星居北果何如，

太乙为名自不虚。

酒色之中须戒慎，

不然身命早嗟吁。

莫大威权是伐星，

只嫌亥子与庚辛。

若遇主将来相制，

变祸为祥保此身。

无端一死不分明，

刺客好人误此身。

自是客参同晦弱，

又嫌身命刃宫行。

伐星寅位当骤发，

若在艮宫好符法。

更持羊刃镇鬼门，

精通六丁并六甲。

几阵腥风血染魂，

立身朝夕向屠门。

伐星为到砧刀位，

命弱那堪见四神。

金马玉堂登显贵，

击星临旺建新功。

若逢陷绝兼囚克，

修德禳之可免凶。

始击官宫与福宫，

逢之生旺福兴隆。

九州四海英才出，

五岳三山秀气钟。

人生始击在生时，

三岁还多父母遗。

若有福天临巳午，

胞胎襁褓必分离。

（飞符）

飞符总论

　　飞符属火，凶神也。一名困厄，又名直符。照人身命日时，主破祖离乡，身孤六亲无靠，克害妻子，财物破散，心性慵懒，多学少成，孤贫之命。又主禀性刚暴，不受屈处。若临四火旺地，主武烈英豪，或为边帅。又云：文为台谏，武镇边疆。又云：会福君，文为台谏兼武。立陷宫，性僻奸诈，好酒狂诞，难学易忘，处事头绪多端。妨父母，克六亲。心雄胆大，无始终，不守信。纵得五福、三基救助，但免贫困，而富贵不久，盖星多刑害也。惟寅、午、戌、巳，则变凶成吉。若亥、子、卯、酉，主成败飘蓬，多招暗疾，骨肉刑伤。女命胎产之厄，男命水火之残。

旺陷例

飞符阴火星，旺寅午戌巳，陷亥子。

化曜

天符、直符、天极、天殃、火星。

飞符临十二宫分歌

飞符在子名天哭，

衣食不多无显禄。

家居改革祖基迁，

若逢吉宿灾不足。

主离乡背井，六亲无靠。见五福三基，可免凶咎。

飞符人丑最堪娱，

天乙为名主身孤。

身若带时血滞疾，

或伤脾胃或痈疽。

主为小校兵隶或宰杀。亦是破祖孤独。

飞符寅位号天旋，

变祸为祥衣禄全。

运若逢时仍忌扰，

或生疮毒苦忧煎。

主握总戎之职，日生功名清显，夜生夭折多败。

飞符临卯名沐浴，

作事不成多不足。

生人身命或逢之，

僧道九流妨骨肉。

主衣食劳碌，歇灭多凶，必遭刑狱，挠括小人侵害。

飞符辰上号天滞，

是非家计汤浇雪。

若还从参来相会，

作事无成又窘迫。

主熔铸炉冶，得火之利，有刑害，多是非。

飞符巳上号天医，

只利功名不利私。

官贵值之多得意，

庶人何以慰心思。

主兵权骤发，不久亦退败。或为提调班首。

飞符午上最难逢，

元帅威名自不同。

福禄自然天与足，

但防骨肉有西东。

主强项威猛，足计多谋，为兵符宣制首领。日生贵显有权。

飞符未上名天失，

作事多废无定日。

宜为僧道方无害，

士庶闻之遭辱叱。

主临事不密，能说他人，不能自虑，或为军营书吏司总。

飞符申上号破星，

直须仙箓保全身。

更逢吉曜来相助，

亦可名为善守人。

主财物破散不常。多成败。若会吉星，主得外人财帛。

飞符酉上号暗堂，

若逢身命有刑伤。

平生多晦何时了，

家事浑如雪见汤。

又主身孤离乡。

飞符戌上宝阁称，

不惟去祸且荣身。

福君同到尤为吉，

作事无疑名利成。

主边帅方面首领。日生有功名，亦不长，多暗昧，子少女多。

飞符亥上多不喜，

败坏财物皆如此。

一生作事更多疑，

果是凶神名绝体。

主孤独刑伤，见吉星，亦难免，纵有二三子，传家惟一见。

上中下三等断

飞符上巳寅午戌，中为丑未与申辰。下临亥子并卯酉，日时身命忌相临。纵有吉星来解助，亦知富贵不悠深。上等督提纲领贵，中能营掌会施行。下为流荡飘零客，终始奔波受苦辛。

天上凶星号直符，

若临分野立焦枯。

人生身命逢囚迫，

性烈心雄胆气粗。

年月日时怕相逢，

资财破散一朝空。

饥馑为奴终乞丐，

飘蓬无定任西东。

阴谋计较多淫荡，

不利行船怕水灾。

更有几般霜刃死，

多因飞宿命中来。

飞符星杂论

飞符坐命是官符，

必受王刑毁发肤。

若有赦文星宿见，

虽然带讼罪应无。

飞符遇吉共居寅，

暗有声名遇贵人。

定得阴人成就力，

腹心相助获珠珍。

心灵性慧自超群，

冠世文章四海闻。

食禄岂同常格贵，

或文或武著儒勋。

飞符始击名困厄，

冲身冲命冲时日。

饶他伶俐与聪明，

终作飘流浪荡客。
祖业不利缘何事，
为有飞符在命元。
更少吉星来救解，
奔波劳碌走无边。
纵得高官无厚禄，
或遭刑克在衰宫。
只宜云外为僧道，
高卧林泉众所宗。
飞符凶煞主灾危，
祖业全消散作灰。
流落飘蓬犹自可，
克妻害子更相催。
飞符照命是凶星，
金水深兮木土轻。
行年二限如相遇，
定生疾病与官刑。
飞符凶曜临旺宫，
六乙生人身命逢。
从来始破终无害，
破过之时后亦丰。
君基为福助飞符，
亥子之方有若无。
更有凶神来混杂，
祖宗虽达亦防诛。
飞符火宿最为凶，
假是流年四柱逢。

若在亥宫并子局，

英雄总是一场空。

巳午还同五福居，

日时身命类相须。

不因炉火成家业，

徵姓之人助力维。

果敢武严暴烈雄，

君基客大四神同。

吉神相助还同旺，

平地荣华富贵从。

飞符亥子最为凶，

只忌来临身命宫。

别安身命多吉会，

又将符法达天聪。

民基飞符凶与吉，

祖业须防暗消灭。

旺位逢之亦可丰，

陷地临时有灾厄。

有妻死别又生离，

天厄来同便可推。

更有客参同此位，

身亲奴婢属天机。

播迁乡土若飘蓬，

伐宿来临客大同。

更有雷轰并木压，

照天一炬业归空。

离祖伤妻命至孤，

身宫多是带飞符。

若来旺位枢星共，

骤发功名在外都。

莫把凶星一例看，

飞符往往作高官。

生时带煞身临德，

衣绣浸寻来獬冠。

飞符乘旺遇三基，

入仕何愁官品卑。

若是文星文位见，

若为武宿武中推。

飞符偶喜遇文昌，

更见三基并吉祥。

不作元戎临塞漠，

必司刑宪凛风霜。

（四神）

四神总论

　　四神属水，凶星也。在人身命日时，主财物不聚，作事歇灭，孤独无依，乃僧道高尚之士。若在家，定是妻迟子晚。或三合对照，会吉星，亦可作贵格论，如立旺地，主仕宦清贵，多历河海舟船之任。在申、子、辰、亥宫，名宿秀格，主秉性孤独，纵有心腹之交，不能始终友谊。在卯为万水朝东格，非立旺，亦医术高尚之士，或鱼盐商贾。在沐浴宫，春夏生人，为人花柳，秋冬生，则为渔人，或舟师。在煞位，则吏人、狱卒、剑子、屠沽。在陷宫，败财破祖，孑身无依，茶坊酒肆之徒。在寅、午、戌、巳方，为克火，又是财丰安享之命。得羽音人力，立旺亦显达，能守己，为清高之士。总之，聚散之星，进退无常，九成九败。

旺陷例

四神阴水星，旺申子辰亥，陷戌未丑。

化曜

天厄、天哭、白衣、孤星、沐浴、贯索、呻吟、水星。

四神临十二宫分歌

四神居子号天宜，

伶俐聪明性格奇。

更有吉星相聚会，

平生衣禄自饶余。

主聪明颖悟，逢五福、三基，主爵禄丰厚，丙辛生人尤美。

四神居丑名天喜，

赋性多能复多艺。

若逢吉宿到斯宫，

限数逢之身亦贵。

主得商贩鱼盐之利，及舟船水洋之财。

四神寅上不相宜，

淹蹇萧条作事迟。

天乙更来同位处，

凶行横祸日相随。

主性凶好杀，流落他乡，修船、补漏、竹木、雇载之工。

四神卯上号烧炉，

当改根基别处图。

若是独行无大患，

何忧疾病与悲呼。

主得水利，及舟船雇觅，行商之类。逢飞始，主痨疾伤残。

四神辰位主荣华，

名号金鞍实可夸。

心性聪明人莫及，

只防子息见虚花。

会吉星，有调羹之美。主酒肆、茶盐、巨商、大贾，财富丰盈。

四神巳上号天渊，

绝气为名合此言。

不利六亲并子息，

宜僧宜道守当年。

少年离亲随聘，或庶出。主下贱，弄巧歌舞调笑之辈，日生主富贵。

四神午位号幽微，

水火相和财谷宜。

旺地逢之多显达，

文昌到也更何疑。

利口才舌辩。日生乃富贵，情性忠良，财帛多，主先散后聚。

四神居未不相成，

别祖离宗号失荣。

身命逢之多改革，

游年当此弟兄分。

主裁剪、技巧、匠作，走富贵之家。夜生辛苦无依，日生亦贵，相貌异常。

四神申位喜相临，

秀气所钟人敬钦。

若是文昌来会合，

清闲富贵福悠深。

会吉，功名显达。

四神酉上天月星，

多成多败不安宁。

家财散后声名淡，

语默施为假似真。

主善言语，作事机巧，贵人敬爱。日生衣禄绵远，夜生贫困伤残。

漂蓬无依号天休，

戌上四神多诡谋。

祖业得来如瓦解，

是非难定莫贪求。

奔波四方。

亥上四神名本源，

初岁伶仃老自安。

若是文昌在三合，

骨肉荣华得异缘。

主近天颜，禄位高显，善谈笑，好下问，临险成福。

上中下三等断

四神上亥申子辰，中午丑卯酉宫寻。巳寅未戌为下等。日时身命莫相临。

多见吉星多主贵，凶星相聚最无情。上等功名荣水利，中等周游野店迎。下等伶俐多技艺，笑谈歌舞善修营。

富贵谁能并，文章孰与伦。申辰亥子地，光大显家门。四神水宿土宫临，福禄消除祸患侵，纵有吉星无爵位，也须忧闷损精神。

在亥子清闲富贵，在申辰职位高强，戌未丑定离乡井，寅巳宫家产难存。女命逢之，更值陷宫，奸淫泛滥。

四神星杂论

四神若遇贵人星，

喜欣亥子及申辰。

德重道高人仰慕，

山中高卧旧纶巾。

四神本合是孤神，

得地翻然作贵人。

三合臣基文计助，

此身何虑困红尘。

游计何须遇四神，

此星相会定劳神。

水灾火患成痨瘵，

终作穷人与废人。

损气伤人是计神，

四神何用又临身。

若非脾胃生浮肿，

捉月游魂问水滨。

四神文昌同失位，

医卜羽流并技艺。

当生主将是禄元，

薄有才名须遇贵。

行年孝服更离乡，

飞伐俱来致不祥。

击宿若还同禄主，

更名易姓得田庄。

君基四神亥子丑，

票性聪明世希有。

文昌小游同计神，

皆有扶持爵禄有。

九流僧道格何从，

天厄来临福德宫。

不作丹霞方外客，

也须异术动三公。

贯索还来身命临，

遭逢此处必惊人。

丧门吊客并为助，

父母妻孥必殒身。

日时身命值斯星，

疑谋猜虑乱纷纷。

如逢陷地生痨瘵，

脏腑之灾恐有刑。

（天乙）

天乙总论

天乙属金凶神也。又名天镇，又名天锋，实为孤独之星。在人身命日时，主破祖离乡，平生蹇滞，心性耿介，高尚寡合，不和人情，六亲不睦，终身无靠，性强气傲，身孤不苟。又主刚明果断，所谓仁义而利薄者也。在申子辰三方，便合金白水清格，主近大贵发福，亦有权贵显。在巳酉丑三方，便合才学富贵格，谓金神得金局也。在寅午戌三方，金入火乡名销铄格。主有疾病是非，拮据难亲易疏。在亥卯未三方，化为天暗星，乃不贵，三合照吉星，亦可富贵。如无，则破祖身孤，与人往来多招是非，不和人情，更见凶星，宜作福修德禳之，方可无大患，而发福亦迟。若主旺宫，则武事贵显，巳丑分，名为将相，申酉分，果敢功勋。陷地居之，则平生蹇滞，凶星聚会，主僧道清名，吉曜同宫，才名显著，恶绝并立，阵死遭刑，女命逢之，主产难堕胎之害。

旺陷例

天乙阴金星，旺巳酉丑申，陷寅午。

化曜

金乙、天虎、天裸、天锋、白虎、金星。

天乙临十二宫分歌

子上名曰天骥星，

之生遇著有虚名。

三基五福同三合，

富贵荣华驰令名。

主破祖虚花，中年成败，克子刑妻，游方食禄。逢飞始诸凶，则困苦劳神。

丑宫天乙实清奇，

天帅威权最所宜。

志气昂昂人敬服，

果然豪杰不卑微。

主武职贵显，阴谋有毒。五金中得利。女命有灾厄。

天乙寅方号怒涛，

若同飞始寿难高。

江乡踪迹无依靠，

别立门庭方富饶。

求谋有利，主得外财。春夏生，则多富而相貌甚美。会凶星，主漂流下贱。

卯宫天乙名暗财，

劳力劳心善作为。

若遇飞始临其地，

金谷资财似火吹。

主技艺及绣造、裁剪、针匠，求利生财。夜生须谨防因财受害之事，不则饥寒。

天乙辰宫号天宪，

舞文弄法多更变。

若非身病与人伤，

终值公非残首面。

主炉冶得利，或山林采取五金八石生财。会吉星，主贵但奸猾。

巳宫天乙号金章，

百计千谋力量强。

不特声名扬四海，

生平浩气姓名芳。

秋冬气秀，馆阁之贵。主炉火烧炼，显名成就兴家。

天乙凶星在午方，

名为天戮主残伤。

独行自是宜屠宰，

若见凶星有祸殃。

主幼失父母，蹇滞憔悴，不得善终。日生有生杀之权，夜生贫困夭折。

未为天暴受苦辛，

生来成败费经营。

播迁事业方安定，

只是为人性不平。

主九流巫术，得大人敬爱。然多小人是非，憎嫌拮据。

天乙申宫号玉旌，

吉星同会称心情。

边陲武术威名重，

千载黄河一鉴清。

主武职边将，会三基五福，主科甲台谏。春夏荣华，秋冬偃蹇，女命如之。

酉宫天乙在金方，

凛凛威风肃纪纲。

凶曜不来相混杂，

纵有微灾亦吉星。

威镇边疆，武贵之格。

天乙戌宫为望云，

生来无利亦无名。

为人狂妄还遭谤，

虚诈偏多灾祸侵。

主幼失父母，克子害妻。老见孤单破相。

亥宫天乙号名星，

吉宿如临事事亨。

士宦逢之临大限，

前程显耀乐升平。

主祖业耗散，中年成败。

上中下三等断

天乙上申巳酉丑，中居亥卯末子辰。寅午戌宫为下等，富贵多因险处生。身命
日时遭破败，平生孤独主劳神。上等功名荣显贵，九流艺术在中平。无依下等多淹
滞，困苦刑伤甚不宁。

天乙星杂论

民基天乙共居申，

富贵之家有此身。

利厚名轻无横逆，

何妨五福反居寅。

人间最苦是孤身，

天乙原来居命身。

纵有祖居多破败，

可怜终日苦伶仃。

生逢天乙无依靠，

衣禄从来未得亨。

不作佣人求度日，

也须技艺得偷生。

天乙金星凶可知，

忌临身命在生时。

更遇三刑并六害，

将来横死不全尸。

天乙五福同旺地，

日时身命数相际。

定因贵显得成名，

积玉堆金说奇遇。

天乙属金会伐星，

不为盗贼乃为兵。

无端起讼遭刑宪，

立命原来在卯寅。

天镇天锋是此星，

却来巳上化科名。

往往灵人不灵己，

终由异路得微名。

发达多因立旺宫，

却来五福与相同。

更兼主将三合见，

眼望旌旗捷报荣。

天乙小游居巳午，

更有伐星同一处。

身在胞胎须失父，

不是螟蛉妾是母。

（地乙）

地乙总论

地乙属土，凶神也。实为鳏寡之星。在人身命日时，主孤僻自强，禀性耿介，奔波劳苦，克妻害子，衣食不周，有刑狱之厄，及痈疽血光之灾。亦好山林。乘旺颇敦厚，重义，异路功名，多骤发，若修德，必致大贵。立陷主体亏，手足眼口不全，性恶奔波。若无吉星救解，则多病遭刑，破祖妨亲，不招兄弟。若立旺位，逢五福、三基相助，必主贵人，成就功名，多生财禄，又主好天文、地理、术数及明医卜之艺，钦动公卿。

地乙之星明历数，数为阴土主坟墓。
阳宫亦解算天文，阴宫地理多奇遇。

亦须逢旺。

地乙凶星悖不和，好行杀戮动干戈。
身命如逢绝陷地，孤贫蹇滞奈之何。

主好杀，倨傲无情。

旺陷例

地乙阴土星，旺子丑辰未申，陷寅卯酉。

化曜

天裒、天狗、土星。

地乙临十二宫分歌

子宫地乙号贪官，

利己伤人定不安。

还加众恶同相济，

离背亲婚祸患牵。

日生贵，夜生不利，主明天文、地理、术数。亦与辰宫同论。

转祸为祥丑上安，

平生衣禄有何难。

金章紫绶功名显，

莫作寒窗冷眼看。

因远游发福，或镇守边隅之职。

寅上名曰厄会孤，

宗亲不利叹穷途。

为人性烈多权变，

虚诈难交情义疏。

纵见吉星，亦主贫困、孤单、多灾疾，或庶出鳏寡。

卯宫地乙最伤心，

死别生离祸患侵。

仁义乖疏下流辈，

四神若会疾相侵。

主家破财散，到老辛苦。或痨疾或僧道。会吉星，衣食稍丰。

地乙辰宫玉骑飞，

化凶为福理精微。

吉星会也方称妙，

不见凶星始道奇。

主耿介孤高，中年发福，为富贵格，或为守土之官。会凶星，衣食不足。

巳宫地乙谩嗟咨，

劳力劳神过虑思。

兄弟不堪情谊薄，

到头名利晚成迟。

吉星扶助，当骤发，或为医卜之流，逢凶则无倚。

午宫地乙不宜临，

陶铸生涯多苦辛。

若要清闲身自在，

不戴黄冠定作僧。

主装塑窑灶，磁器土物。或为僧道医士。

未宫地乙号班头，

利己还须苦志求。

竭力经营成事业，

从来祖业不曾留。

干办食禄，自立贵显。

地乙居中号紫微，

声名不薄少灾非。

若还五福来相会，

衣食丰盈造帝扉。

主秉性重厚，能言语，多风流。财帛耗散而不聚。

酉宫地乙名宫怨，

妻子不全家业变。

飞符始击或来同，

不惟抱疾还贫贱。

主游艺、流荡、赌嫖、猖狂，刑克妻子，下贱之辈。

戌宫地乙若相逢，

玉树为名气象雄。

衣禄到头终有望，

也成名利也成功。

主富厚，财谷丰盈。通天文地理历数。

亥宫地乙号清台，

历数通灵不妄裁。

食禄天厨权职重，

吉神聚会乃英才。

主贵显丰富若妄自尊大，贪名恋禄，反受辱矣。

上中下三等断

地乙四季皆为土，中等巳申子侵。卯酉寅为下等，日时身命莫相临。男孤女寡防刑害，痼疾沉疴作废人。上等孤高边外贵，中能陶铸艺工能。下多流落风尘内，抱疾随缘莫强行。

在辰戌身荣富足，居寅卯蹇滞淹留。卯酉主孤寒，寅卯主劳困。女命逢之，好颜色，善歌谣。

地乙星杂论

地乙凶神性不和，好行杀戮用干戈。

人生若值临身命，蹇滞孤贫没奈何。

午上此星为白虎，若临身命堪愁楚。

岁冲飞刃或相逢，生世颠狂立身苦。

地乙五福莫居寅，破业亡家婢所生。

若是命身多吉宿，凶神化解却安宁。

地乙文昌若遇君，飞符带印主临兵。

莫将一例凶星看，杀曜当权是贵人。

地乙文昌亥子位，最喜臣基来聚会。

吉星若见禄主星，青罗紫绶称荣贵。

性洁山陵寄此生，孤高耿介独能行。

文昌更与君基会，食禄清廉亦显荣。

四神地乙主离乡，更见飞符水火伤。

家业自然多破败，终身不免道途亡。

若逢地乙向东行，半是灾危半苦辛。

作事乖张无所著，一生劳碌向公门。

土宿三基地乙神，最嫌宫分卯兼寅。

吉星聚会相和解，丑未辰戌旺欣欣。

天乙为灾若会同，行年一见便生凶。

饶君天禄丰盈厚，抱疾遭刑不善终。

第十五章　术数汇考十五

《太乙人道命法》五

二神同宫格

五福　君基

五福喜同君基星，
功镇寰区驰俊名。
更临辰戌丑申未，
必然台阁作公卿。
五福君基同旺位，
一生富贵两全人。
行年限数如相会，
财进添丁禄位盈。

在子、丑、辰、巳、亥。

五福君基同入庙，

黄甲科名正年少。

裂土分茅富贵尊，

功业崇高握权要。

福君同一位，端拱事天皇。

甲己为禄主，辰戌入庙堂。

名标龙虎榜，择善侍君王。

富贵人间少，千仓与万箱。

加旺位，必登科甲，福最大，禄最高，将相之才，王侯之贵。拱夹身命大贵。

又云：君基亏刑极，而五福在时，主中年富贵。

一云：在酉，王侯之尊。在四土及申，主公卿。在亥、子、巳上，亦富贵。

五福　臣基

当生五福臣基会，

纯厚温良世所稀。

官禄宫中星更吉，

明良际会步天衢。

如加旺相，必登相位，贵极大臣。官禄宫中星吉，主拜相。

《经》云：福君同位，宰辅之勋。

五福　民基

五福民基主发财，

兴隆家业祖传来。

若居陷位寅卯上，

名微禄薄却无灾。

如旺，主安享之福甚厚，但不能大显，只可纳粟。求名为民父母，惟得大富，金玉满堂，粟陈贯朽之象。

又云：福民相会，为朝廷之客照。财帛化富星在妻宫，主妻禄。

在子息无亏退，主受子封。忌入寅、卯位，主名微禄薄，却无灾晦。

五福　文昌

五福文昌富贵高，

若临旺地作英豪。

日时身命如相遇，

德行清华众所超。

五福文昌同旺处，

必作文章秀丽人。

若随龙门并亥子，

定膺上第得功名。

五福文昌聚会，姓名早岁馨香，馆阁丝纶美任，平生爵禄非常。

如加亥、子，主科甲入相。又主德行清华。

五福　计神

流通财计足军民，

五计同来立命身。

安内攘夷多显绩，

青云直步入枫宸。

五福清华福最高，

计神如共定英豪。

平时日命如逢著，

富贵双全衣锦袍。

加旺，主文章冠世，财富名高，定膺极品之荣。

《经》云：福计同会，禄财丰厚。

五福 小游

福游照处临官旺，

当是英豪俊迈人。

更得喜神来辅合，

多因简拔立功名。

加旺，主科甲高显，贵极人臣，得角音姓氏人之力。

福游二位入青龙，

交互相临寅卯宫。

带得骑龙兼亥子，

英年富贵位三公。

《经》云：福游同会，贵而常保。又主权柄归己。

在亥、子宫、大贵，在寅、卯宫发福。一云：同在卯位，不主富而主劳苦。

小游金地立身孤，

男命穷途更独居。

若是有妻妻不正，

女流守寡定无夫。

福游位相同，不宜申酉宫。

木因金所克，零落与飘蓬。

临申、酉，为恶绝陷地，多主刑克，飘流异乡，多受困苦。尤忌四神同，女命多婢妾。

五福　主大将

五福主大两吉神，

旺位公侯科甲名。

文居两府兼将相，

凶会边方作辅臣。

五福同主大，申宫科甲高。

共居辰酉位，横发贯英豪。

　　加旺在申、酉、丑位，乃是两府之命，公侯之贵。

　　又云：同在辰亦然。若会凶星，主为边帅，剪除祸乱，清平宇内旌节，辅臣之尊。

五福　客大将

五福客大两喜同，

申子辰亥白天钟。

威灵贤帅因时起，

蓬岛真仙应运逢。

　　加旺，必是贤帅，或作真仙，乃出世应运之人。居四水位上，享至厚之福。又云：加旺宣威沙漠。

　　临官禄之要地，武镇边城。

五福　主小将

五福主小会，端居庙旺中。

为文与为武，须假贵人荣。

申子辰亥住，富贵福兼隆。

　　加旺于四水位上，能助五福之德，必与大贵，作参谋，假力行权，得大人之助而享福。

又云：限数逢之多际遇，为官为吏可成名。

若在陷宫应是仆，会同文昌书吏人。

五福　客小将

五福客参将，成名在他乡。

应得贵人力，威权立纪纲。

如亥、卯、未能助五福之德，随贵人游宦，获财发福。

假力行权，多得赞助，而无惊忧，福依他人也。

又云：主他乡成名，或游宦而兴，木命人更的。

大抵主破祖离居。

五福　始击

五福始击旺宫临，

戊癸人逢大显名。

官禄吉同真贵显，

直登云路作名臣。

五福客目如相会，

俱在旺乡贵不移。

始击若旺五福衰，

一生未免尘埃埋。

五福若旺始击衰，

亦作英雄居上客。

切须仔细认根基，

吉凶响应无差忒。

恶星对照卯同寅，

亦可安宁保此身。

不必更论成与败，

不为大富不为贫。

伐宿禄元逢五福，

舞文弄法能润屋。

瘠人肥己了无情，

堪笑盛衰成反覆。

　　五福与始击，同须分清浊，吉凶盖五福，旺申至丑。始击旺，寅至未加旺，多因战功立身，成名发福。如戊癸两干生人遇之，定主科甲及第，当朝一品，出将入相之荣。加于申、酉、戌、亥、子、丑位者应之，此系福旺始衰也。官禄吉尤的。如居陷地，多为九流术士。居于寅、卯、辰、巳、午、未方者应之。

　　一云：福旺始衰，申、辰宫也。福衰始旺，寅、巳宫也。

　　又临亥、子，驰骋多淫。

五福　飞符

福飞南方四火位，

临旺武功获显贵。

性执多刚不可当，

还因炉冶得厚利。

飞符先向命宫躔，

五福虽来却后天。

名利晚年方遂意。

可怜困苦在初年。

福飞水位不为良，

面目股肱须见伤。

虽有吉神来救护，

临终难免恶声扬。

　　喜四火位，主先衰而后兴。加旺，主武职威显，或因符箓发福，必得徵音姓氏人力赞助，获财福，飞符在巳、午应之。又云：飞符在寅会吉亦富。又云：飞符先

到，五福后到，主名利，晚年方遂。在水位，主面目有伤，更主性暴，不得令终，更主克妻害子。又云：主性好杀戮丑行，豺虎狼狈手足，头面带疾。飞符在卯，与五福同名，为恶绝居于命位，而天元属水者不寿。又同在卯，主行法。又云：五福在晦伏宫，与符厄同住，应凶恶，无知识。又云：五福见飞始，主减其福，虽富贵不久。

五福　四神

五福四神临旺位，

日时身命总相宜。

鱼盐水利舟船发，

申子辰兼亥上推。

还得徵音人助力，

为人钦敬福相随。

湖海生涯要问津，

四神临亥是其人。

如何又作华封客，

五福生时却在身。

五福四神同旺宫，

日时身命类相逢。

不因羽姓人成福，

自是鱼盐水利中。

四神临命号孤神，

五福同来却在申。

必是清闲林下客，

火炉丹灶妙通灵。

四神四季中，生逢入命宫。

儿孙招疾苦，自己亦终凶。

四神四土位，困厄作灾危。

纵有儿和女，终身未可期。

五福同四神，为鄙吝之宿。加旺，又得水数更值。丙辛生人，必历江湖河海之职，水中获利，及鱼盐舟船之财。在申为丹客。在寅、卯，人主困苦。

若有凶星混杂，主多学少成，性情流荡，九流僧道之象。大忌土位，不利子孙，自不善终。

如五福居晦伏，人主多疾病。

如会君基于身命日时之上，不犯凶星、混杂，定是清贵受福之格，亦多高尚之士，人所钦敬悦服。

更同主大，则兵权统众之象。

五福 天乙

天乙如居巳午间，

更逢五福实为难。

此为铸印清奇格，

定列皇朝作大官。

加旺，必于五金中发福得财，更在巳、酉、丑、申之宫，乃从革之象，主兵权万里，若得金数，必获商音姓氏之人力。

五福天乙居火位，

男偷女盗损其身。

长怀贫贱遭凌辱，

纵有千金不济贫。

福天同在午，胞胎失父，褔禖失母，长大强项无羁，多受贫贱，频遭凌辱，少年夭折，不得善终。

五福与天乙，炎炎巳午存。

胞胎失父母，襁褓或离亲。

强巧徒劳虑，贪心不济贫。

何须问凌辱，难得保终身。

金神天乙细推详，天乙同来人旺乡。

主大更逢得金数，清华正色立朝堂。

五福　地乙

五福同宫地乙居，

日时身命数相须。

丝绵财帛独无事，

宫姓之人借力扶。

五福相会地乙星，

最宜身命旺宫临。

更有文昌计神会，

辅佐君王盖世勋。

五福地神居寅卯，

生身奴婢为螟蛉。

破祖亡家身浪荡，

飘蓬流落一孤身。

木宫福地大非良，

男子飘蓬走异乡。

女子风尘为婢妾，

夫君纵有亦为娼。

加旺，必山田中得利发福，或布帛菽粟丝绢之类获利。若遇土数，得宫音人力荣显。禄位，必因天文、地理、历数显达扬名，主田园千顷，金玉满堂。忌寅、卯，主贱，主庶出克母或母恶疾，离祖，为卒伍飘流孤子。女为婢妾为娼。如身命吉星照，可安宁，亦出家命。又云：五福在寅，主安贫乐道。在申，主衣食丰近贵。在酉，自缢投河。

君基　臣基

君基太乙最难逢，

入庙须当禄仕崇。

若得臣基来辅佐，

定知不久位三公。

君臣庆会世间稀，

女命逢之亦后妃。

若是男子遇旺位，

虞廷稷契及皋夔。

名曰庆会立旺，位科甲入相，贵极人臣。三合见之，亦得用，主贵显。若遇陷逢空，福星官禄俱不吉，应主功名退，损事业萧条。臣在亥，三公命。

子、丑、戌际会风云。如君子臣午相对，主先虚后实。生于秋冬则贵显。如君居闲，臣居晦没，主功名难遂。

君基　民基

君基民曜最为良，

福禄荣华在少年。

官福禄德吉星助，

纳粟登科列朝班。

民基性秀近贤君，

财福丰隆基业新。

异日须当作台辅，

初年职任每亲民。

名禄之格也。又云：庭集珠履加旺，主少年俊秀，财旺生官，为民父母，必假贵人之力而发福。如官禄福德宫吉，可纳粟为官。又云：为辅弼之臣，福德空主穷。在未主有恩封。

君基　文昌

君基文宿中三元，
朝中极品列真仙。
天元禄主入身命，
内阁一品掌朝权。
生时身元见君基，
文昌吉宿又相随。
更得主参相助力，
为官列土镇华夷。

加旺，主少年甲第，多因状元入相，晚岁增荣。

在亥子，名为帝座，主文字立身扬名。

若化禄，主干元官星，主大贵。

君基　计神

计神在命本为奇，
更遇君基旺位宜。
若有吉星来辅翼，
身安心苦估明时。
君基计秤临旺宫，
同心同德立大功。
文居台阁武封拜，
名扬四海沾君恩。

加旺，主深谋远虑，料事多中，言听计从。主文武两全，外则决胜千里，内则馆阁之贵，治国安民。再看三方冲照，及官禄福德之官星，以决文武。

君基　小游

君基小游在旺乡，

富贵功名不可量。

若居申酉克妻子，

操持可悯受凄凉。

君基小游同恶地，

或文或武总成空。

妨妻害子身孤独，

衣食奔波落窘中。

　　加旺，主心纯性慧，谋略超群，为国柱石，然不免心强好胜。又云：在寅、卯，为恶绝，不能功名，更主妨妻克子，身孤窘迫。若立陷宫，文而不秀，武而不威。

君基　主大将

君基主大最难逢，

万里封侯定显荣。

五福文昌三合照，

一举成名朝野惊。

金神主大将，偏喜遇君基。

旺位相逢著，公侯命最奇。

　　加旺，主兵权万里，封侯之贵。若三合五福、文昌，主名魁天下，出将入相之功勋。

　　如五福在父宫，主世禄。

君基 客大将

君基客大福招摇，

威镇边方志气高。

济困扶危四方惧，

攘夷安内勇多枭。

君基逢客大，凛凛柏台仙。

骨鲠居清贵，忠言动九天。

　　加旺，有贤师翼圣之德，削除祸乱之威，主为台省或边帅，天子待之以礼。加亥、子，主贵显，更主忠直正大。

君基 主参

君本是贵人星，

主参逢之上辅成。

功名富贵得人力，

一生造化始安宁。

　　加旺，主近贵发福，假令行权，乃帷幄之耳目，必大人成就功名，或为边将，或为游说王侯之客。

君基 客参

君基资福与客参，

游宦功名在远方。

借贵外差求名利，

一生活计始安然。

　　加旺，必因游宦发福，或缘外国成名，富贵须假贵人之力而得，多为内侍近臣，享福悠久。

　　又云：客小在四水位，或木命生人，见之尤的。

又云：母多异迹。

君基　始击

君基始击掩为凶，

岂可同临身命宫。

僭伪无稽不成事，

炎炎不久损霜锋。

君基本是贵人星，

始击同宫实可惊。

性暴刚强孤僻执，

阴谋害物损生灵。

君基伐宿十分凶，

何事名成利又丰。

主大一星居福德，

酉为身命在其中。

名曰掩击，有子弑父，臣弑君，篡逆劫杀之义也。若在身命四柱，有孤僻强项之性，阴谋害物之心，志毒气刚，无耻僭伪，男贪酒色，女好淫妖。限数逢之，或遭国法牢狱之灾，及因阴人有流徒血光之厄。乙庚生人，灾祸尤甚，宜修德以禳之。

戊癸生人，庶几可免。

君基　飞符

君飞临旺位，出世近天光。

更有吉星会，身荣坐庙堂。

飞宿君基亥子方，必为贼盗犯刑伤。

更逢客大来相战，身死刀兵或法场。

加旺，主心明性慧，英武刚断，有辅佐圣明之才，掌握宇宙之能。若临陷宫，

则性情悖逆淫欲，诈伪猖狂无耻。经云：君符同宫，常有犯上之性。

又云；会于寅宫，育痴男女。又云：居亥子方而飞伐同者，主性凶悍奸诈，应防诛戮，重则夷灭值凶数。会凶星者更的，逢客大主参，必主争战，身死兵伤。

君基　四神

四神君基同一位，
切忌当生衰旺乡。
清洁虽然同水旺，
还须贫窘在缁黄。
君基四神临旺宫，
功名富贵有声名。
弃职归湖学范蠡，
无拘无束乐天真。
君基四神理三元，
中主须应禄位迁。
更加五福同临照，
此是人间第一仙。

名曰道荫星，必为遁世真仙。《经》云：非神仙乐道之人，则温雅幽闲之士。又云：君四会同惜，言不愚。又云：在亥、子、丑，主智慧颖达，文华清秀，更见五福方的。如在旺乡，亦作贵人命看，终是高尚挂冠，学佛修仙。性厚纯朴，清洁潇洒，盖君基有遗世之心。四神乃孤洁之宿，此九流之命也。会吉星，享福亦厚。逢凶星，动有纪律，高僻执拗。若立陷空，恶弱会凶，市廛命也。或贫窘缁黄。忌土位。主性悖逆，淫欲阴狡，狂放无耻。不利舟船，多水厄。再见飞始，有刑狱血光，不得善终。

君基　天乙

君基天乙福为真，

喜逢巳酉丑与申。

局中若是遇金数，

必作天子耳目臣。

君基天乙金位真，

文科武烈贵人身。

计神会合为台谏，

主将威权万里名。

君基天乙火宫殃，

奸狠心机豺与狼。

阴谋有失君须记，

必犯兵刑致死亡。

加旺，为人刚柔相济，文章挺特。科甲巍峨，必四金位方妙，丑更好。再得吉星相会，或计神，必作台谏。如逢主大，名魁天下，为国建功，丑上更的。立午官，乃奸细小人，狂狷自任，劲气不伸，多死兵阵。逢始击，法死大忌也。

君基　地乙

君基地乙福渊源，

守土山林司牧官。

平素性情多重厚，

福星相会掌朝端。

地乙君基值寅卯，

为人耿介极难亲。

登山陟岭防颠扑，

痈肿浮灾终及身。

君基乘木不堪论，

地乙从来忌卯寅。

更有小游崖到此，

沿门叉手去求人。

地乙君基入旺乡，

命宫身位细推详。

更兼五福或文计，

品荫官资世代昌。

性重机深不浪施，

规模法则土中奇。

文计二神同相助，

镇边守隅亦可为。

如加旺，为人重厚、纯正，有古人风，必为守土、牧民之职。会文福，三台之贵。会文昌、计神，必有镇守边塞之权。然亦不久远。忌寅、卯，主为人诡诈，或耿介难亲。登陟防颠扑，又主痈肿虚浮之病。又云：孤子无子命也。更见小游，必是贼辈。

臣基　民基

臣基星若会民基，

仕宦亲民自特奇。

百里岂惟曾出宰，

十年五马禄交驰。

加旺，主富贵双全，若会文昌五福，乃世间贤辅英豪，财帛万贯。无文昌，必有禄而无位，文秀命也。

又云：乃清高之位，有青云平步之才。

臣基　文昌

臣基吉宿会文昌，

词馆中间姓字香。

若逢旺位无刑克，

纳诲须当入庙堂。

加旺，主高科贵显，翰林之职，禄秩二品，会四季宫更的。又云：为才文之曜，乃太傅之星，一视同仁，最贤最明。

臣基　计神

旺位臣基同计神，

机谋无敌富无伦。

要知历任当官处，

不理资财也牧民。

臣基若是同计神，

更会文昌入命排。

日时身中逢亥子，

定膺爵士位三台。

加旺，主大富贵，乃是宠幸之权，或司户部钱粮，为财库监司，或牧民之任。不可同小游，为之又文而不秀。若会文昌，立亥子之宫，必大贵。

得四神，主获鱼盐水利。

臣基　小游

小游臣基临旺地，

德行规模人所视。

更加吉宿两相扶，

行看早登科甲第。

巨基小游同旺宫，

惠爱仁慈众所宗。

更得吉星来相辅，

少年黄甲喜登龙。

小游臣基临恶绝，

失志蹇滞或颠狂。

纵有文昌来列位，

残疾终当木石伤。

臣基旺位小游来，

清贵为时俊伟才。

五福文昌相接引，

儿孙继踵上云阶。

臣基小游申酉位，

失目无光口不开。

中位若逢防此厄，

更忧纷乱遇官灾。

加旺，主智识高明，器量宏远，必登黄甲。若在亥、子、未宫，历任清远，更有吉星相辅，为三台八座之贵。得五福、文昌尤妙。在巳上，更得文昌在官禄，主少年公辅著，正直之声，有捐介之名。立陷或空及恶绝衰乡，功名蹭蹬。在申、酉，主平生淹蹇，颠狂失志，盲聋喑哑，或为木石所伤，或遭官刑，或肝肾之疾，或面目破伤。一云：臣基忌小游。

臣基　主大

主大与臣基，相逢旺位时。

貔貅十万众，谋略智才奇。

加旺，乃文武全材，为国柱石。《经》云：资质巍峨，才德莫测，文经武纬，英雄专帅阃之任，节度之权。

臣基　客大

臣基客大同临旺，

边方生杀有威名。

或掌禁军侍卫职，

还作皇家亲信臣。

加旺，主为边帅，掌威权生杀之柄，安内攘外，或掌禁军侍卫，亲信之臣。经云：主为外帅，最有才德。在内为令史之官，在外掌按察之任。

立陷主贸易。

臣基　主参

主参福禄本非隆，

幸得臣基旺位同。

富贵必赖贵人力，

侯门赞助得身荣。

加旺，最利武职，作侯门掌管，而获官禄荣身。经云：为帅府之臣。

臣基　客参

臣基若与客参同，

乘旺亦可得武贵。

乃是中军号令官，

临陷依人度年岁。

加旺，主为军门中军举号施令之职，或参谋把总。立陷，不能自立，倚人为生，多飘蓬泛滥。

《经》云：为人无臧否之别，命元有慵懒之心，志在退休也。在身元时元，依附他人。

臣基　始击

臣基始击本不谐，

若非陷地亦无灾。

更加吉曜相扶助，

祸患消除福禄来。

臣基始击在命宫，

陷害可怜有官刑。

不幸却为囹圄客，

终当凶死不全身。

巳亥申宫臣宿临，

皆为贵达主峥嵘。

莫教伐曜相关照，

口舌官非累及身。

名悖逆格。若在寅、午、戌、巳，亦有贵秀，然旺中有失，富贵不久。若临陷宫，多官府之挠，牢狱之厄。又云：主刑外克内。伐在火位，又戊癸生人，卯时生，主大贵。伐在寅，为臣，亦遭狱亡。又云：臣基在官禄身命贵伐星相生，主科第。一云：臣伐相会，主口舌是非。一云：有勇锐之志，其性不良。一云：主清廉不污。一云，主不善终。

击星为主遇臣基，

戊癸生人遇卯时。

不是提刑持玉节，

定为台谏立丹墀。

臣基　飞符

飞符巳午旺宫游，

烜赫功名世早求。

若是君基文宿助，

男儿威望定封侯。

臣基飞符亥子辰，

火乘水位主伤人。

孤踪漂泊无依倚，

女产男刑为血神。

加巳、午、戌，主颖达果敢，襟怀宽广，更得吉星扶助，定发富贵，仕禄高显，得徵音姓氏之力，然亦先破后成，中道退位。忌亥、子、酉、辰凶，重则文身，轻则徒，或被人害，更主孤独，漂流离祖，克妻害子女，多产难。又云：同居要地，虽贵而心狠性严。

> 臣基不可遇飞符，
> 重则文身轻则徒。
> 若得福星又临贵，
> 却因事贵足珍珠。

臣基　四神

> 四神同亥子，多作富豪翁。
> 亦可食天禄，经营必自丰。
> 四神居旺乡，水利岂能量。
> 更得臣基助，行看食禄长。
> 四神因土克，臣基何所为。
> 主人多泛滥，处世甚灾危。
> 女子情多滥，男儿酒色迷。
> 须防肝肾病，厌世亦由之。
> 臣基四神若同来，
> 临旺仍将富贵排。
> 职掌水利船桥任，
> 羽音人姓又添财。
> 臣四本忌土宫投，
> 无义无情逐水流。
> 更遇凶星来掩迫，
> 田园卖尽走他州。

经云：臣四同会，有清修之德，在身命禄元，有贤节之名。加旺，主清华富贵，职掌水利，或得羽音人扶。四并尊曜，主兵，又云山中宰相。在亥、子，亦可贵，利为商，或得羽音人力。大忌土位，更有凶星掩迫，主破祖漂流，男荡女淫，多肝肾之疾，或水灾而终。

臣基　天乙

臣基天乙立金宫，
文官武将总超群。
更逢主大同临旺，
极品官资荫子孙。
臣基天乙临戌止，
身命之宫若见此。
旺宫吉宿更相加，
禁苑清华衣挂紫。
天乙臣基火旺宫，
传尸痨疫每相从。
男为卒伍多贫贱，
凶恶应亡战阵中。
天乙午巳方，须忧肢体伤。
若还刑害重，一死定非常。

喜申、酉、戌，更会吉，主贵显。加旺在身命，乃仁者之，有勇，主临事有决，可托生死，定嫌疑济，患难如古仁人，身虽懦弱，心必果敢刚决，乃英雄翘楚。三合对照亦是。臣基蕴藉纯厚，似无能为。逢天乙，相辅而有刚明决断。忌寅、午、巳，主性凶恶，肢体不全，多招刑狱，生为卒伍，死主枉魂，或痨疫疾病，多主贫贱，或战斗而死。

臣基　地乙

臣基地乙旺宫逢，

五福君基亦喜同。

复得吉星来拱会，

应知禄位至三公。

性好山林乐有余，

天文地理静中稽。

善能辅佐王侯志，

衣禄清高显俊奇。

土来木位是凶方，

一世忧煎坟墓伤。

疾病缠绵家业废，

跎腰跛足不离床。

　　《经》云：臣地同会，有雄强之性，主化武贵。加旺，当天文、地理、数学、医术动，贵致位显荣，亦乐山林，乃清高之士。会五福君基大贵。

　　在寅、卯，主残疾，须防跎腰跛足。在四季宫，主清高孤洁。会四季宫，亦主清高孤洁。若遇吉神，主宫姓人扶发福。

民基　文昌

民基一宿会文昌，

名姓须沾翰墨扬。

真数吉星相遇合，

名魁多士喜非常。

民基乘旺日时安，

若遇文昌贵可言。

更见计神同照处，

多才措画万千般。

相生若得是民文，

名誉资财总十分。

文若无民空曰秀，

民无文秀必家殷。

民基财宝正偏宜，

积玉堆金父母遗。

若是文星在克陷，

平生发禄也应迟。

因何守土作文官，

文宿民基同位看。

大游禄马同相会，

名魁多士有何难。

命宫文计与民星，

科甲巍峨得大名。

若也不居亏晦地，

他年职任可专城。

加旺，主富民登贵，为民父母，乃先富后贵之象。陷则书写发福，若文陷发达也迟。

在亥，主少年镇名，藩民为福主者应。

男儿发福得妻财，

妻位民基却入来。

更有文昌同入庙，

因妻食禄奋尘埃。

民基　计神

民基喜与计神同，

况义遭逢四季宫。

岂惟媲美陶朱富，

更有田文并石崇。

计神福禄自丰盈，

若得科名更有声。

民基若也来同位，

当为辅世救民人。

民基本是田园利，

那更计神同一位。

居辰定作富豪翁，

只恐平生少荣贵。

民基若与计神会，

积玉堆金富财利。

文昌官禄得相逢，

又主少年登甲第。

满堂金玉说家豪，

计宿民基数内招。

钟鼓不能以自乐，

只因三合客星高。

计为禄元，加旺，名财宝相聚，主良田万顷，金玉满堂，当纳粟求名，喜能斡旋，经营百中。

《经》云：主多算，善营，居旺，所谋必遂。居衰，所望无成，多贪嫉妒，费力劳心。辰位，主大富，计为禄元者，应若会文昌在官禄官，又主少年甲第。

民基　小游

民基已是资财旺，

可喜相逢又吉神。

但须假得贵人力，

必增福禄进前程。

民基小游恶绝宫，

双亲克陷定孤身。

更逢凶杀来刑并，

必是中年横死人。

民基助旺兴，那堪遇此神，

须因贵人力，遂有禄相亲。

经云：民游会合，有慷慨之度，但半成半败，主财不聚。加木局位，主财名双美，因贵荣身。

会恶绝，生克亲。孤身更会，凶，主中年横死。

民基 主大将

民基主大在金乡，

身命逢之福最强。

若到午宫多夭折，

更防凶煞损锋芒。

《经》云：民主同会，主田宅丰厚，爱礼而享荣。加旺，居官掌财宝之权衡，乃文武双全之俊杰。居陷，逢凶忌，临兵阵之间，忌午位，主夭折，主流浪无定。

民基 客大将

民基客大若相逢，

商贾生财比石崇。

游行外郡增福禄，

羽音人助更兴隆。

民基客大同亥子，

旺宫当作富豪郎。

福禄试问从何得，

必自经营至巨商。

临四水，主离乡发福，游商外郡得禄，喜朋友扶持，或得水利，必作巨商大贾，多富足，还得羽音人力。遇刑克而失位，生涯窘迫。

民基　主参

民基本是富财星，

主参相会福便轻。

行藏未必能自立，

享用须当倚贵人。

加旺，作侯门之谋士，富家之从客，依人享福。

又主乐贤好士。

民基　客参

民基若是同客参，

发福须教在远乡。

依人财本为商贾，

成家立业有何难。

加旺，主远乡发福，成家必依人财，本为商贾。

民基　始击

始击星若会民基，

岂可相同身命时。

慎管财物多倾害，

散财方得免灾危。

伐星闪闪遇民基，

多是因财起乱离。

奴仆位中枢宿在，

仆偷财帛走边区。

始击遇民基，相逢身命时。

谨防财物上，萦绊有灾危。

《经》云：主害众成家，易成易败，必因管干财物。破家害命。知天者，肯廉洁自守，散财修福，可以免害。民恶绝伐旺者应。一云：割据英雄。

民基　飞符

飞符旺位遇民基，

文武全才有作为。

仕禄功勋必骤发，

定是英豪富贵儿。

飞民若向陷宫临，

祖基破败不能存。

平生好与人争竞，

临老官刑恐及身。

守土如何定武臣，

伐星禄主最分明。

飞符临命持羊刃，

凛凛霜锋致损身。

加四火，主获田宅财宝，更见吉神，能文能武，富贵双全。

加四水，主男女破败，不孝，夭折刑伤，财物破散。

民基飞符凶与吉，

祖业须防暗消灭。

旺位逢之亦可丰，

陷地临时有灾厄。

民基　四神

民基四神立旺乡，

水利经营主作商。

中年亦可食天禄，

财帛盈余福满堂。

民基四神陷宫临，

破家流落异乡人。

生来若不为奴婢，

也向人家度乃身。

民基土宿克四神，

更在丑戌未与辰。

漂流下贱无依倚，

没世独贫受苦辛。

祖财何所有，流落在他乡。

奴婢犹为幸，穷途更苦辛。

巳午防盗贼，灾祸不离身。

更须防悖逆，死不出公门。

　　忌四土加四水位，主富盛。会吉定然食禄，必主水利兴家。或喜为商。居陷，主财物耗散，异乡流落，或为奴婢，或非良家所生，主孤贫辛苦。

　　身命木宫，主消渴病。《经》云：主为僧道。

民基　天乙

民基天乙旺宫临，

必是武贵显荣身。

财禄盈余家富厚，

奴婢成行富贵人。

天乙火位号为鬼，

更兼火宿来飞始。

一生祸患横伤多，

刑恶刀兵死狱里。

金人酉丑最超群，

文武官清有重名。

不特田园多称遂，

兼之府库足金银。

民基与天乙，当作富家郎。

吉星临照处，天禄寿俱长。

情性好贤，有礼有仁。又云：主悭。

加四金，必生于富贵之家，金宝盈积，家业丰盛，驱役奴婢，必从武贵荣身，得商音人力而发福。

会吉，有天禄而寿长。如申、酉、丑人最利，即五福在寅不忌。

加午宫，必迍遭夭折，多为盗贼，死于狱中。巳亦忌。

民基　地乙

民基地乙若相会，

临于旺宫富无对。

田园厚利积蓄多，

更享安逸之富贵。

二土相逢四季乡，

平生豪富足田庄。

文昌若更来同旺，

承荫名家学术郎。

土神同木位，奔走异乡人。

财土无因有，终身受苦辛。

土神伤木位，况又遇民基。

贫贱无衣禄，奔驰徒尔为。

文昌　计神

计神图计主财丰，

更会文昌馆阁荣。

切忌逢凶与克陷，

一生名利尽成空。

计神最喜遇文昌，

馆阁声名翰墨香。

命度四神居戌上，

一生无怪困科场。

四土宫中计宿良，

旺宫偏喜见文昌。

巍峨高列乌台贵，

鲠直声名四海扬。

计神财宝星，居陷未为荣。

若与文昌共，求财虚有名。

《经》云：计神在辰，定主锦鞲绣勒。一云：孤虚华盖两相逢，僧道寒儒并术士。喜四土加旺，主学问渊博，机谋超群，乃豪杰英俊，贵入馆阁。又云：主利济而有权。在辰，必入翰苑，清贵显达。居陷难求财。

文昌　小游

文昌小游旺宫临，

科甲高显有声名。

若逢恶绝为囚掩，

定遭国法事非轻。

惟有文昌与小游，

卯寅宫会实堪忧。

客参同到须为丐，

若带官符作楚囚。

加木局位，必学业精微，科甲高显。又云：在卯亥达而早阻。立申酉陷绝宫，虽文章冠世，不免尘劳，淹留困苦，还遭国法与图圄。在巳，亦难上第，言秀而不实也。经云：得局，则丹桂飘香，受制将荒，芜门户实博闻之士也。又云：惟照身命而不克不陷，斯有文而有礼。

文昌　主大将

诗书元帅领天兵，

主大文昌同位行。

主大更教为禄主，

巡边奉使有威声。

主大文昌两相逢，

猛士如林立战功。

若在未宫同一位，

提刑御史有威风。

主文章美丽，加旺定作元魁，文武全才，出将入相之官。在巳，主先贫后富，言晚年发迹也。在卯，若有才学可求荣。在未，主有提刑御史之职。

《经》云：禄马遇鞭策，虽九万里，皆在下风。

又云：文主作天魁，夺魁榜首。

又云：禄主为衣锦，宰辅何疑。

文昌　客大将

文昌客大若同临，

科甲声名朝野闻。

职任边方官两府，

临陷官非事自寻。

丙辛客大遇文昌，

富贵荣华翰墨香。

他年异路成功业，

自笑槐花举子忙。

《经》云：主词源沛然。加旺，主少年登科甲，声闻朝野。历任边疆，官至两府。旺官会吉，为帝王师。立陷宫，是非日有。

又云：利丙辛生人，主异路成名而荣贵。

文昌　主参

文昌本是文明宿，

主参福力却轻微。

二星相会必书吏，

近贵兴家事可为。

加旺，作馆教之职，席师傅之任，与吉星三合对照，亦假贵食禄。同陷，主不第，为刀笔吏，有能近贵成名，或技艺九流。一云：水土营生。

掌中模范乃甄陶，

水土营生不惮劳。

文宿主参同日照，

从来此数实难逃。

文昌　客参

文昌相会客参星，

书吏九流技巧人。

吉神若还来合照，

借贵食禄可荣身。

主一毛不拔，乃刀笔书吏、技艺九流之命。若与吉星三合对照，亦主假贵人之力，食禄贵显荣身。

文昌　始击

文昌秀气最多才，

始击相逢定见灾。

空有珠玑藏满腹，

一生逐逐涸尘埃。

始击凶星最不良，

况同文昌身命藏。

莫道亲朋多胶漆，

中间谋算不相当。

《经》云：始击之炁浩然，禄上其才用壮。独喜午戌之宫，贵无二位。若临寅、巳之上，禄享三台。

主文而不秀，或为巫术。立陷，主因文书词讼，杀身害命，凡事不可出头，只宜守静。亲朋宜绝。

如文在晦伐，在官禄身居元气，天干水主难仕。

若伐在妻子位，福宫觅天地元乙，主为僧道。

文昌　飞符

飞符立旺遇文昌，

更见三基倍吉祥。

不作兵官临塞上，

必司刑宪凛风霜。

侮文弄法智奸深，

文与星符共照临。

若在鬼门能禁鬼，

飞符走箓是其人。

《经》云：文昌飞符，自知难达。

加旺，主文章清显。逢陷，为刀笔书吏。

文昌　四神

四神倘若遇文昌，

不过平生巧异常。

寅卯巫师可自许，

其他医卜亦多长。

丹青一笔妙通神，

盖为文昌遇四神。

身命空亡计临福，

天将斯诀付斯人。

加旺，必因医术荣身，亦主文章清秀。若立陷，艺巧绝常九流也。在四水，文名上达，利禄兴家。一云：在申，主福泽。在木，为医卜，主贵。四神在亥三合文昌，主异路功名。在午又日生，主不仕修行显达。

文昌　天乙

文昌若也遇天乙，

身在九流多艺术。

坤申之宫主阴阳，

坎子之宫解音律。

主僧道孤高。加旺，文明刚烈，临事不惧，好谋而成。立陷，非吏书亦术士。

文昌　地乙

文昌地乙若逢君，

飞符带印主临兵。

奠将一例凶星看，

杀若当权是贵人。

主僧道孤高。加旺，主明医卜术数，成名贵显，文秀聪明。

立陷，必幼失父母，虚名虚利，更会凶，为狂放多诈多奸。

《经》云：文地同会，必胸似海之深。

计神　小游

计神小游同在辰，

御史提刑立大名。

主将若来居酉上，

营分细柳逞威声。

小游临亥位，最喜计神同。

若在四季上，相扶亦不凶。

加旺，为典法之官。一云：在辰，主提刑御史，四季俱不妨，亦喜亥。衰则多思劳神，所谋难就。

计神　主大

计主相聚旄头贵，

名播寰区最超异。

出师持节掌兵权，

侍从公卿贵无比。

计神辰戌并丑未，

度支转运分内外。

在人却是财宝星，

主将最宜与同位。

喜金水二局，主兵权万里，文能武勇，智略过人，持节掌兵，出将入相。在四季位，主财宝。计晦伏，主伤身。会天四，盲聋哑。会飞伐，克六亲。

计神　客大

计神客大同一位，

舟车横发谁能比。

却于清禁作谋臣，

张良从游赤松子。

会旺，主为边帅武臣显贵，深谋远虑，智识不凡。

计神　主参

计神主参若同临，

执掌财谷有声名。

发号施令贵因武，

凶星一犯为仆人。

加旺，为武职发号施令，近贵成名。

立陷，权诈不实。会凶，则为贱。

计神　客参

计神若与客参会，

游客兴利得小贵。

陷宫无一凶星到，

刀笔言词多献媚。

计神客参若相同，

主参为吉客参凶。

客参如到非良仆，

主参副之仆必忠。

加旺。主游客兴利、发福。会吉，为承驿之官。

逢陷，不会凶，必与人作谋士，刀笔言词享福。

计神　始击

始击本来恶，那堪遇计神。

谋人反被害，难保善终身。

同宫不利谋人，主被人谋害，或擒捉盗贼，而反伤。经云：欲知贵后，剥官计始之临天禄。一云：辰中恬淡。经云：兵刃如林肯出头，计神持刃与同游，伐星若作天元主，战伐常封万户侯。

一云：克亲损己。

计神　飞符

计神飞符若同临，

机谋变动又多能。

财物破耗家难遂，

百千计较一无成。

加旺，主机谋百出，变动能为，亦是文而不秀，秀而不实，财物多，主破散，凡事皆虚计较不成。

计晦伏，主克六亲。又云：主消条，计神克陷者应。

计神　四神

计宿四神若同来，

鱼盐水利却兴财。

必须立在旺相位，

陷地漂流又苦哉。

加旺，主深谋远虑，足智多机，必兴鱼盐舟船之利。逢陷，漂流失业，事多虚而不实，家道难成。一云：主萧条。

计晦伏，主盲聋喑哑，脾胃浮肿等疾，或水亡。

损气伤人是计神，

四神何事又临身。

若非脾胃生浮肿，

捉月游魂问水滨。

计神　天乙

富贵之家生此身，

必全财宝富商人，

计天若也同旺位，

定因武职显荣身。

主武职，又主萧条。加旺，乃深谋有断之人，心镜虚明，能察隐微。立陷，主虚名虚利。

更得臣基在田宅主富。

计神　地乙

计神地乙若逢之，

规模机巧不妄施。

更明术数天文理，

立旺边方职统师。

立旺亦武贵。

一云：主明术数、天文，智识不凡，妙算神机，百发百中，贵人皆敬，亦得山林土产之利，法度可施。

主萧条，计神克陷者应。

小游　主大将

小游主大格囚凶，

岂可同临身命宫。

逢旺得时灾祸免，

遭逢恶绝法难容。

同宫名囚有拘急之义，盖主大为权星帅星，小游名监将、帅星，二者相会，如水火不投，言不听，计不从，离德离心，主恐惧拘束，擒缩不决。

临旺相时，亦无大失。只是拘急，心不放怀。

《经》云：逢主大之印权，颜子天年何太短。

如同天乙临申酉恶绝之宫，必被木石所伤，面目不全，破相刑伤，颠狂残疾。如限数逢掩击、关囚，兼三才无算者，必遭囹圄国法。亏晦，为艺术立午，主残疾。主大伏刃大凶。

小游　客大将

小游逢客大，水木喜相生。

长揖见天子，茅芦三顾荣。

加旺，主明远显达，有远虑。

陷绝，主久疾消渴，流落他乡。又云：少女无男。

小游　主参

主参星若会小游，

立旺贵人相携游。

临陷是非小人起，

上下不睦主漂流。

加旺，主得贵人扶持，善逢迎阿谀。

立陷，主飘蓬是非。一云：多是仆隶之辈。

《经》云：见主参之辅宿，淳风神术信须闻。

小游　客参

小游客参同一位，

差遣边方获贵荣。

立陷奔波走无路，

劳碌艰辛缘会凶。

加旺，主合德合心，差遣边方发福。

立陷，碌碌辛苦，为技艺之士。

又云：号孤星，难为六亲限。遇吉扶利，逢凶损六亲。

小游　始击

始击宫中见小游，

生来悖逆死方休。

文昌若与临身命，

相识相知亦摆头。

伐宿休教遇小游，

二星相遇即为仇。

若居午上为羊刃，

自缢身亡大可愁。

小游始击莫相逢，

何况同归在命宫。

自是主人多悖逆，

非关国法不相容。

小游始击名为掩，

寅宫同旺福不浅。

若逢陷地主图圄，

就是神仙祸难免。

小游官禄主荣迁，

伐宿当权最可怜。

若不系身倚丛杂，

必然服毒死蛮烟。

主操持不纯。加旺逢寅午，主调和鼎鼐，燮理阴阳。

又云：在午为羊刃，主缢亡。

立陷绝宫，则乖张孤僻，伤妻害子，不正之流，下贱之辈。

小游　飞符

小游临陷遇飞神，

孤苦伶仃克二亲。

更遇空亡在身命，

必为僧道走风尘。

飞符凶星不可当，

那堪小游同一方。

不惟残疾身命值，

限数逢之必夭亡。

监将从来是岁君，

十分福厚是丁壬。

飞符巽巳同身命，

又作疯癞废疾人。

身命飞符与小游，

行年限值更须忧。

他乡卧病谁依倚，

骨葬他方客梦愁。

主残疾。在午，主夭亡，纵是天元禄主入身命日时。更逢限数，亦遭死亡，须反覆详玩，盖木死于午宫，烟灭灰飞。

旺则在外骤发功名，丁壬人有厚福。陷克二亲，主残疾疯癞。身命空为僧道。小游克命在卯，飞符在命，身带羊刃，主夭击。

小游　四神

小游吉宿会四神，

医卜术数妙通灵。

乐于山水远尘俗，

立陷江湖流落人。

加旺，主医卜术数发福成名，喜山水清幽，不染尘事。

立陷，主漂流湖海。

又云：小游在金，主穷途独居。女命多为婢妾。

小游　天乙

天乙飞符占九宫，

小游之星在其中。

定主疯狂与瘫痪，

请君无自逞雄风。

木星亏晦怕天乙，

奴婢立身多不吉。

倚人衣食度平生，

六亲不得分毫力。

夹身命化天枢大贵。加旺，主刚明果敢，乘旺得时则贵，盖北辰前以太乙为右星，以天乙为左星，二曜如挟夹身命，乃卿相之贵。

在申酉为陷，更见飞符，主有疯狂瘫痪之疾，在巳午受克，主体残克父等应。

一云：木神忌金星，主无依倚人，为生六亲少力。

一云：小游同天乙，悭心无了日。一云：系贱格。

小游　地乙

小游地乙旺宫游，

深明历数善运筹。

陷宫强项不可近，

衣禄艰难背义流。

《经》云：秉性执迷，叹一生之多苦。一云：主身矫意傲。乘旺，多得山林田园之利，善推历数，性宽怀广，主运筹帷幄。立陷，必伤手足，亏眼目，颠扑受伤，性情自伐，衣禄难求，强项不堪，背义忘亲之流。土神乙是伤寅卯，那是宫中见小游，强项难回须自伐，终身衣食苦难求。

主大将　客大将

主大客大同临旺，

外为制帅内台谏。

主大旺时福禄臻，

客大旺时灾祸降。

同加亥、子、申、酉，主少年有英猛之勇，喜阵法，为边帅枢相宪台，外为制帅，内为台谏。二大同宫，谓之关，主旺则吉，客旺则凶。在申、辰，主科名，带兵权重，任丙辛人应。在官禄化节，钺星在金局，亦是名将帅星。

二大相逢在亥方，

流年奉使出要荒。

必须伐宿临身贵，

更有民基在旺乡。

主大将　主小将

主参主大两同躔，

禀性生来好自然。

作事淹留更拘束，

号为受杜困中年。

同宫名曰受杜，好安逸，落落寡合，事多淹留，心不放怀，多拘束，乐少

忧多。

一云：因人成事。又云：足恩多礼。又云：主困中年。

主大将　客小将

主大若是会客参，

二曜同宫名曰关。

主大旺处福尤可，

客参旺地必孤寒。

欲知奴仆命，主大客参同，五福三基都，陷了一生人。役走西东。名曰关主大旺则吉，参将旺则凶。必因外人破散家财，塞滞不通，上下招怨，进退不能。

又云：主贱。不问男女，主争斗是非，以致伤身。

主大将　始击

剑提三尺逞风云，

图霸图王事有成。

盖为禄元逢始击，

相从酉戌位中行。

主大如逢始击星，

灾凶亦减获安宁。

如逢火旺居寅午，

不作屠沽亦犯刑。

主大始击若同宫，

名曰相关应主凶。

若同申酉丑宫上，

变凶为吉有功勋。

若临巳午寅戌位，

一生蹭蹬苦劳形。

主大逢始击，奸谋大不忠。

主大能解始击之凶，反变灾为祥。若同午位，则不能制，必主少年贫贱，而终富贵，仍是为人心性谲诈，有消渴痨瘵之疾。

在酉，主玉带金鱼。为禄，主在申酉威镇边疆，在寅午，不作屠沽，亦犯刑。会飞符，多主法死，不全其尸。一云：伐忌亥、子与庚、辛。又云：主大同始击，亲情多不识，故主啬吝。又云：主奸而不忠。

主大将　飞符

主大飞符相值时，

凶神客目又随之。

重重克战须遭横，

刑狱沙场见弃尸。

凡事先失后得，若主大旺，每因强出头而损财物，多招是非。若飞符旺，更会伐星于身命日时宫中，必死军阵，不全其尸。如会照于五福庙胜之地，主大亦旺，一克一泄，化煞化权，贵为边帅翦乱人也。大忌巳、午宫，在戌为亏折。如夹身而命带悬针，主贫贱及犯刑。立陷，飞带羊刃，主裂肤有德神可解。又云：身无进地，行年地乙会，主破财。

主大将　四神

主大之宫会四神，

水金生处可成名。

鱼盐水利舟船发，

僧道逢之亦称心。

主聪明智慧，秉性清奇，得鱼盐舟船之利。又云：兵佐皇图。居水命，更立四水位，亦可言贵。僧道值之，名高服众。临陷，必智大谋小。

主大将　天乙

主大之星逢天乙，

二金立旺勇无敌。

扫荡四海有威名，

乙庚生人又贵极。

加旺，主勇猛过人，扫荡四海。乙庚生人，主大贵。化将帅星。

主大将　地乙

主大居旺地乙同，

必明术数与天文。

陷宫名利多蹭蹬，

中年破败晚方成。

加旺，主山林田土，主领纲领，善明术数、天文，先贫后富。

立陷，必功名蹭蹬，中年成败，耗散财物。

客大将　主小将

主参客大也为关，

算和为福陷凶残。

君基也若来相会，

应运还须作贵谈。

名曰关，招明非暗害，多争竞灾伤。须看二数和与不和，分衰旺，以定祸福。

若会君基，又应运之人，主贵。赋云：客大主参，足恩多礼。又云：主台谏职。

客大将　客小将

客参客大不宜同，

如同其算入中宫。

心性不长量又窄，

淹留成败蹇难通。

必算入中五，为杜主凶，吉难明，人多量窄，寡交心性不长，朋友少，义志大心小，能言不能行。

客大将　始击

欲知客大数之真，

始击不宜同命身。

更值日时逢陷绝，

男迷酒色女风尘。

客大始击同，水火不相入。

流落向他乡，尸首终难觅。

主性烈坐处，亦动不然，主过房离祖，对照亦是自立发福，多偶然会合，意外成就，指拟难定。如客陷始旺，则破祖身孤，招讼凶亡，有消渴之疾，或战斗而死。立陷，男淫女娼，不然守寡。一云：劫杀会大凶。主流徒他乡，尸骨难觅。

播迁乡土若飘蓬，

伐宿来临客大同。

不是雷轰并木压，

照天一炬业归空。

客大相逢伐宿来，

道途失意损资财。

若逢劫杀临身命，

一命刀兵去不回。

客大将　飞符

客符立旺心雄烈，

异术动人身显赫。

若还立陷主无依，

流落他乡遭困厄。

主性烈心雄，神术骤发，动人而得富贵，然在水局命方的。失陷，多险阻艰难，六亲鲜靠，有成败。一云：身无进地。又云：飞符客大，主飘蓬，雷轰木压火焚宅。

客大将　四神

二木立旺为巨商，

发福游行在四方。

会吉亦可以贵断，

陷宫寄食于他乡。

旺为巨商大贾，游行四方，逢陷寄食他乡。更会吉，亦主贵，然水性太重，主男迷酒色，女陷风尘。又云：马在福德咸池，乃孤独入军之命。

客大四神皆人命，

始飞天地坐身宫。

游年恶曜如相混，

下水投河殒此身。

客大将　天乙

客大天乙两相会，

金水相生旺亦贵。

奉使他方远宦游，

陷为僧道九流辈。

主刚烈果断，生来孤独，游历四海。

逢旺，主作远宦，奉使他方。立陷，乃九流僧道。

若在家，则刑妻克子，至老受凄惶。

客大将　地乙

客地同宫水共土，

浪迹他乡先破祖。

更防手眼见伤残，

为商失业多迍苦。

主破祖离乡，奔波外郡，为商失业，多招官司是非。亦主过房庶出。在寅、卯，主手服破损之疾。

主小将　客小将

二参同会是名关，

是非多见几时闲。

若要遂心须立旺，

阴人财物得何难。

主参星与客参同，

每每随星降吉凶。

若更五凶同合照，

为奴作婢走西东。

化投军星，名曰关，主内外不和，多招口舌是非。

立旺，主得女人财物，及所谋阴喜之事。在亥上尤的。会同五凶，则奴仆命。

主小将　始击

主参与始击，同宫非所宜。

谨防奴仆害，非横终及之。

主被奴仆伤害。立陷，必是下贱之辈，或为奴仆卒伍盗贼。

主小将　飞符

主参星若会飞符，

三合逢之亦作奴。

立在陷宫为乞丐，

四神更见贼之徒。

立陷乞丐命，即三合逢亦作奴。一云：主终身羁绊。

主小将　四神

主参四神同一处，

滥于酒色行不顾。

非贫即夭廉耻亏，

陷为僧道数中注。

主好酒色淫欲不正，非贫即夭。立陷，主为僧道。

主小将　天乙

主参星与天乙会，

财富得来由近贵。

技艺屠沽利可图，

不若医官尊为最。

主貌慈心毒，公门吏书，必先破败后方成就，亦防兴讼亡家，或因技艺屠沽中得财，或因医道成业。旺可因贵得财，衰则仆隶之辈。

主小将　地乙

主参忌同地乙居，

乘旺近贵亦相宜。

看管庄田或坟舍，

陷为仆卒更偷儿。

亦是近贵成就，衣食看管田庄，或居坟墓之傍。

立陷，则贱，或为兵卒奴婢，下贱之流。

客参　始击

客参始击同为害，
漂流不定财多散。
更逢小人暗里谋，
立陷难教不乞丐。

立旺，主浪荡无定，财物聚散不常，多小人挠括，暗害破财，一世迍邅。

立衰，乡主乞丐。身命刃更同晦弱，主刺死。

客参　飞符

客参切忌见飞符，
流落他乡定作奴。
陷宫便是街头客，
旺吉同来主贵扶。

主不能自立，漂蓬流落，奔走他乡，奴婢之格。陷为乞丐为贼。克妻。立旺会吉，有贵人扶助而成立。

客参　四神

客参不宜合四神，
孤独无依俯仰人。
心性漂摇无主见，
若为僧道福方真。
四神若与客参同，
须知其人善脱空。

百句千言无一实，

说从西去又从东。

主孤穷脱骗，心性流荡，无主俯仰于人，为僧道，高尚获福，立衰则贱。

客参　天乙

客参天乙不相和，

金木相刑口舌多。

更主机谋称诡诈，

衰宫贫困奈如何。

主无仁义，阴谋毒害，搬斗是非，有伤和气，立衰主下贱，卑微或乞丐。又号孤神，主六亲无靠。逢吉神犹有利，逢凶神主损亲人。

客参　地乙

客参地乙不宜逢，

破祖离乡贫与穷。

害子刑妻应不免，

吉神相遇艺之荣。

主破祖离乡，贫穷劳碌，克子刑妻。会吉，主艺术，陷主贱。

始击　飞符

始击名为酒色星，

男因惑溺女荒淫。

飞符若更来同住，

不犯流徒也作军。

妾生身命在陷宫，

始飞居北亥方同。

更兼地乙居田宅，

天乙又逢官禄中。

主旺从武事贵显，立衰乃下贱之辈，或流徒。会吉或为九流医卜之士。加亥、子，主为盗贼。飞为禄主，更名易姓，而得田庄。名祸起难消格，限数逢之，主惊天祸发，行年值此，主孝服离乡。若值凶数，更会凶星，主为盗贼或灭宗族。

飞符始击名困厄，

冲命冲身冲时日。

饶他伶俐与聪明，

终作飘流浮荡客。

始击 四神

始击四神会，锋刃定灾危。

君基如合照，富贵亦相随。

四神同始击，男命合为僧。

女作娼妓断，淫风且大行。

主孤独，刑克六亲，是非日有，或盗贼，劫夺财宝而死，不然亦赴法场，缁黄则无害。伐带刀砧，主刑亡。女命值之，主为尼，不则娼妓多淫。

始击 天乙

始击天乙若同宫，

金火相刑必有凶。

铁锡多因善烹炼，

不然废疾眼昏蒙。

行年孝服更离乡，

飞伐同居致不祥。

伐宿若逢为禄主，

更名易姓得田庄。

击天同在卯，合照有君基。

若作缁黄士，何愁厄与危。

乃无定见确守之人，盖天乙能自守，始击易失机，有肺经受伤，虚痨之疾。或目疾。命寅卯，不为兵为盗。主犯法。

始击　地乙

始击若还遭地乙，

性刚好逞终无极。

皆因陶瓦度朝昏，

否则投军给衣食。

有肝肾之疾，肝目之患，多遭暗昧辛苦。或为奴婢。或为军。或陶瓦业。

飞符　四神

飞符如守命身时，

四神同到凶可知。

将来未免非横死，

初年徒配好乘危。

身命有飞符，

四神同居处。

客参与会齐，

乞食街头苦。

为人阴谋毒害，气血不足多疾，亦防他人陷害，自己有屈不能伸，有水火脓血，官刑之咎，或流徒死难。一云：遭横死。在日时，主鳏寡，子亦在有无中。

飞符　天乙

天乙岂宜会飞符，

福君不见祸难无。

僭伪灭宗性强暴，

终遭死难或流徒。

禄主在身命化折伤星，主招刑狱官非，心怀悖逆，不和人情，多口舌，常有血光之疾，遭横祸，不得善终。或主僭伪致灭，宗族有福，君可化吉。

《经》云：飞符合天乙，亲情多不识。一名主慳吝。又云：贪名无赖。

飞符　地乙

性无仁义作事乖，

飞符地乙怕同来。

疾多消渴兼气血，

他乡贫乏少资财。

主财物破散，离乡贫乏，多气血消渴之疾。

四神　天乙

四神天乙命难当，

基址卑微主血光。

不是狱中憔悴死，

定遭刀刃阵中亡。

四神天乙性偏执，

九流艺术主清高。

小人暗里常相忌，

只因寡合不通交。

四神天乙是孤星，

荣旺亥宫申子辰。

土宿若逢相照会，

多应一世受艰辛。

主孤独，偏执不通，多招小人所忌，仁义俱伤，主为军卒好善，或为九流医术，清洁孤高。喜水忌土，主艰辛，在午化水疾风劳。

四神　地乙

四神地乙最凶悍，

身命逢之主忧患。

若非疾病久缠身，

还应缧绁长留恋。

主诡诈不实，交人不长，多贫迫困苦。一云：主离祖，又防官非之累。

地乙在卯，主残疾多病。《赋》云：被刺多谋。

女命身官喜逢，更福德逢福，主夫荣子贵。

天乙　地乙

天乙地乙若相遇，

性强好杀无仁义。

学艺方免不困滞，

尤明历数五行理。

主假聪明，伪斯文，作事不实，多淹滞困苦，是非口舌，克妻害子，漂流浪荡，性强好杀，破家亡业，为人刚柔不和，然亦多技艺，明于历数五行。

一云：学艺不滞。一云：孤独失位无子。又云：主聋盲，半世迍邅。

一云：居子前后飞始夹持，主阵亡或法死。一云：行年会遭刑。